Siedler

Buch

Was ist deutsch? Seit Daniel Goldhagen ist die Diskussion über den deutschen Nationalcharakter und seine möglichen Wurzeln zum Nationalsozialismus heftig wiederaufgeflammt. Friedmar Apel nähert sich dem Gegenstand auf inspirierte und inspirierende Weise – über das Bild der Landschaft und seinen hohen Emotionsgehalt bei deutschen Dichtern und Denkern. Nirgends sonst scheint der Wald so geheimnisvoll zu rauschen wie im Zauberreich der deutschen Romantik. Doch schon Thomas Mann hat in diesem Zusammenhang das Wort vom «deutschen Tiefenschwindel» geprägt.
In seiner scharfsichtigen mentalitätsgeschichtlichen Studie analysiert Friedmar Apel anhand literarischer Naturbeschreibungen aus den letzten vier Jahrhunderten, zu welchen Irrwegen die Waldeinsamkeit verführen kann, er entziffert aber auch ihr kritisches Potential gegen die vorherrschende instrumentelle Vernunft.

«Sehr scharfsinnige, teilweise brillant formulierte Essays.»
Der Tagesspiegel
«Ein so erhellendes wie lesbares Buch, ... eine Art Atlas der deutschen Selbstbezüglichkeit.»
Die Woche

Autor

Friedmar Apel, geboren 1948, ist seit 1987 Professor für Vergleichende Literaturwissenschaft in Paderborn. Zahlreiche Veröffentlichungen zur europäischen Literatur- und Kulturgeschichte.

Friedmar Apel

Deutscher Geist und deutsche Landschaft

Eine Topographie

Siedler

Umwelthinweis
Alle bedruckten Materialien dieses Taschenbuches
sind chlorfrei und umweltschonend.

Siedler Taschenbücher erscheinen im Goldmann Verlag,
einem Unternehmen der Verlagsgruppe Bertelsmann.

1. Auflage
Vollständige Taschenbuchausgabe Februar 2000

Satz: Filmsatz Schröter GmbH, München
Umschlaggestaltung: Design Team München
Umschlagabbildung: Adrian Zingg und Otto Dix
(Archiv für Kunst und Geschichte, Berlin)
Made in Germany
ISBN 3-442-75589-1

Hans Blumenberg zum
Gedächtnis

Inhalt

Schweigt der Menschen laute Lust:
Rauscht die Erde, wie in Träumen,
Wunderbar mit allen Bäumen,
Was dem Herzen kaum bewußt,
Alte Zeiten, linde Trauer,
Und es schweifen leise Schauer,
Wetterleuchtend durch die Brust.

Joseph von Eichendorff

Alles Deutsche wächst aus dem Wald.

Otto Brües

Der Wälder sind viele im weiten
Deutschen Reich, aber es gibt nur
einen deutschen Wald, den des
Joseph Freiherrn von Eichendorff.

Baldur von Schirach 1942

Vorwort

Ein halbes Jahrhundert nach dem Erscheinen von Thomas Manns «Doktor Faustus», dem monumentalen Roman der deutschen Mentalität, ist – nicht nur im Gefolge von Daniel Goldhagens «Hitlers willige Vollstrecker» – die Frage nach einer spezifischen deutschen Art und Tradition wieder aufgeflammt. Es ist wenig bemerkt worden, daß Thomas Mann diese Frage sehr wesentlich am Landschaftsverständnis abgehandelt hat. Er ist dabei wie selbstverständlich davon ausgegangen, daß die Deutschen ein besonderes, ein ästhetisches und emotionales Verhältnis zur Landschaft haben. Joseph von Eichendorff, der vermeintlich deutscheste aller deutschen Dichter, hat dem unvergeßlich die Form gegeben. Ewig, so scheint es dem sauren Regen zum Trotz, rauscht der deutsche Wald. Die Besonderheit des deutschen Verhältnisses zur Natur scheint sich auch in der Ökologie-Debatte auszuprägen. Nirgends ist sie mit einer solchen Emotionalität geführt worden, am deutschen Wesen soll am Ende auch der Regenwald genesen. In der Ökologie-Bewegung, zumal in ihren jüngsten Forderungen nach Heilung und Heiligung der Natur, steht noch immer der Begriff der Ganzheitlichkeit im Vordergrund, der das deutsche Landschaftsverständnis spätestens seit der Romantik prägte. Schon Thomas Mann aber hat in seinem Roman zeigen wollen, daß solche Ganzheitsvorstellung in gefährliche Nähe zu totalitärer Ideologie geraten kann. So lassen sich insbesondere am Landschaftsverständnis bedenkliche Züge des deutschen Wesens entziffern. Und bis auf den heutigen Tag werden in Deutschland politische Absichten gern in Naturbildern versteckt; «blühende Landschaften», nicht rauchende Schlote erscheinen als das höchste Ziel metaphorischer Einheitspolitik. Auf der anderen Seite aber waren die literarischen Darstellungen der Landschaft in der romantischen und nachromantischen Tradition immer auch Kritik am Funktionalismus der Moderne und symbolischer Autonomiegewinn: Versuche, ein Selbstsein jenseits der gesellschaftlichen Zwänge zu denken.

Einleitung:
Die Lesbarkeit der Landschaft

Seine Anthologie «Der Deutsche in der Landschaft» (1927) hat Rudolf Borchardt ein «nur innerhalb der deutschen geistigen Geschichte und Charakterwelt, nur deutsch mögliches Buch»[1] genannt. Die hier gesammelten Landschaftsbeschreibungen hätten es nämlich immer mit dem Geheimnis selber zu tun, «in allen seinen dem Menschengeist zugänglichen Formen».[2] Trotz Borchardts zeitweiliger Bewunderung für die Blut-und-Boden-Konstruktionen des ersten Literarhistorikers des Nationalsozialismus, Josef Nadler, der den Führer mit einer «Literaturgeschichte des deutschen Volkes» beglückte, geht es Borchardt in seinem Versuch der «Restitution verlorener deutscher Geistesgröße» nicht darum, Bindungen des deutschen Geistes an Landschaft und Zeit zu erweisen und einen Nationalcharakter geltend zu machen. Vielmehr liest sich die Anthologie als eine tendenziell tragische Geschichte «kummervoller Gelehrsamkeit» und unerfüllter Begehrung, in der der Deutsche als «Wanderer seiner Geschichte» und «Gast auf Erden» figuriert. Der da immer wieder «die sinnliche Decke und Hülle des Erdgeheimnisses»[3] zu entziffern sucht, erscheint so ruhe- und bindungslos wie Borchardt selbst und entziffert in der Landschaft die eigene Seele im kritischen Verhältnis zur jeweiligen Gegenwart.

Mögen Borchardts Ausführungen vom Stereotyp deutscher Tiefe nicht ganz unberührt sein, so interessiert ihn Landschaft doch vor allem in der selbstgesetzten Tradition eines Sprachideals, das auf das Wesen der Dinge zielt, wie es sich in der Erscheinung äußert. Idealiter entspricht der deutschen Landschaftserfahrung vor allem eine Sprache, in der der Unterschied zwischen Dichtung und Wissenschaft verfließt. Zumal die deutsche Romantik habe «immer von neuem Mittel gesucht, um auf die einfachste Weise jenes Wesen der Dinge auszudrücken, in dem es unmöglich wird, schön und wahr zu unterscheiden».[4] In der Geschichte des Landschaftsproblems hat die «Gleichzeitigkeit wissenschaftlicher Objektivierung und ästhetischer Vergegenwärtigung im Verhältnis zur Natur»[5] in der Tat zur Folge gehabt, daß der Landschaftsbegriff ohne Reflexion auf seine ästhetischen Voraussetzungen nicht gebraucht werden kann. Für die spezialisierten und auf Naturbeherrschung fixierten Einzeldisziplinen des 19. und 20. Jahrhunderts wurde er freilich dadurch untauglich. Borchardt versucht in seiner Anthologie, die beiden Paradigmen retrospektiv wieder zusammenzuführen. Die gesammelte Landschaftslektüre soll zum Medium einer objektiven und ganzheitlichen, zu einer geistigen wie sinnlichen Erfahrung werden, die dem modernen Zerfall der geistigen Kräfte in Einzelinteressen kritisch entgegengesetzt werden kann. Landschaft soll als doppelte Evidenz, als zugleich symbolischer wie wirklicher Raum möglichen Handelns begriffen werden.

Walter Benjamin hat in seiner Rezension des Buches einige aufschlußreiche Fragen gestellt. Die erste scheint Borchardts These bestätigen zu wollen, daß ein solches Buch nur deutsch sein könne. Der Leser dürfe sich nämlich fragen, «ob die stilistische und sinnliche Sonderart französischer, englischer, italienischer Prosaisten ebenso klar gerade aus einem Landschaftsbuche herausträte».[6] Falls der Leser dies bejahe, müsse es ihm Benjamin zufolge zu denken geben, «wie durchaus heil die deutsche Reflexion über Landschaft und Sprache, wie hitzig die über Staat und Volk von jeher ausfiel». Das scheint nun die sattsam bekannte These bestätigen zu wollen, der Deutsche flüchte aus der Problematik von Nation und Staatlichkeit in Natur und Literatur, jedoch läßt Benjamin das Bedingungsverhältnis dahingestellt sein. Es könne ja sein, daß «die offenkundige Verlassenheit der besten Deutschen, die einer gleichgestimmten Umwelt, einer volkhaften, gefügten Perspektive ins Vergangene entbehrten, vielleicht weniger Grund [...] denn Ausdruck dieses strengen erfahrungssatten Daseins in der Landschaft»[7] sei. Es ist schwer zu sagen, was sich ein Leser der «Literarischen Welt» 1928 dabei hätte denken sollen, zumal die Rezension auf Hugo von Hofmannsthals Rede «Das Schrifttum als geistiger Raum der Nation» verweist, die Ernst Robert Curtius 1929 als «Hofmannsthals deutsche Sendung» bezeichnen sollte. So zitiert Benjamin auch Hofmannsthals Bestimmung des deutschen Wesens: «witternd nach Urnatur im Menschen und in der Welt, deutend die Seelen und die Leiber, die Gesichter und die Geschichte, deutend die Siedlung und die Sitte, die Landschaft und den Stamm».[8] Curtius wollte daraus ein neues deutsches Gemeinschaftsideal unter geistiger Führung ableiten. Auch Benjamin scheint ganz mit solchem emphatischen Deutschtum einverstanden, wenn er im Titel von Borchardts Anthologie «mehr als eine glückliche Formulierung» sieht. In Wahrheit aber versteckt Benjamin im Typus des «besten Deutschen» seine Vorstellung vom «Glück des Einsamen», die er in seiner Selbstbeschreibung als «Physiognomiker der Dingwelt» preisgab und die sein Schreiben als Motivik der Melancholie durchzieht, die bereit ist, die Welt um des Wissens willen zu negieren, ja zu verraten. Die Antinomie von Einsamkeitssucht und Bindungswillen kennzeichnet in der Tat die Geschichte der literarischen Landschaftsdarstellung.

Bei der sozialgeschichtlichen Erforschung der Entstehung der bürgerlichen Melancholie im Deutschland des 18. Jahrhunderts im Vergleich zu Frankreich ist auch Wolf Lepenies auf diese Antinomie gestoßen,[9] wobei er die Flucht in die Natur von vornherein mit dem Ausweichen in die Innerlichkeit parallelisiert.[10] «Ist der Weg in die Aktion versperrt, bleibt als Alternative zur Innerlichkeit noch Natur.»[11] Der Franzose, so scheint Lepenies zu suggerieren, flieht in den Salon oder zettelt eine Revolution an, der Deutsche geht ins Grüne. In dieser Perspektive erscheint die Zuwendung zur Landschaft als ein bürgerliches und antihöfisches Phänomen, das insbesondere unter den Bedingungen deutscher Kleinstaaterei auftritt. Landschaft werde da «Symbol für einen Begriff von Ganzheit, den das Bürgertum in einer vom Adel (noch) beherrschten Welt nicht zu finden vermochte».[12] Das spezifisch Deutsche der Hinwendung zur Landschaft entstünde dann aus historischen Differenzen, jener Zurückgebliebenheit der staatlichen und wirtschaftlichen Verhältnisse im Vergleich zu Frankreich und England. Jedoch scheint eine gesellschaftlich bedingte Handlungshemmung aufgrund von Klassenzugehörigkeit noch kein hinreichendes Motiv des Naturenthusiasmus zu sein. Auch in England vollzog sich zur gleichen Zeit eine Wiederentdeckung der erscheinenden Natur, die in Literatur wie Gartenkunst freilich schnell in eine Repräsentationskultur überführt werden konnte.[13] So sind Landschaftsgärten dort bis heute Orte öffentlicher Geselligkeit und allgemeiner Kommunikation. In Deutschland dagegen zeigt sich die Landschaftserfahrung durchtränkt von Vereinzelungsgefühlen und dem Streben nach

Autonomiegewinn, die zusammen das antigesellschaftliche Moment der Landschaftslektüre ausmachen. Gerade in der Landschaft möchte sich das Subjekt als mündig im Sinne Kants erfahren. Nicht Machtstreben und repräsentative Erfahrung, sondern gerade der Wunsch nach einem Selbstsein jenseits gesellschaftlicher Zwecksetzungen und Ziele, jenseits von konformistischer Kommunikation und verordneter Wahrnehmung kennzeichnet das deutsche Paradigma der Landschaftsanschauungen. Gültige Wahrheit des Wirklichen zu entziffern, indem man so sieht wie kein anderer, ist das Kunststück, das der deutsche Leser der Landschaft immer wieder zu Wege zu bringen versucht. Daher hat Borchardt als einen Grund seiner Sammlung die Absicht geäußert, «immer auf den schwebenden Punkt des geschichtlichen Lebens abzuzielen, an dem die Unterschiede zwischen Dichtung und Forschung verfließen».[14]

Die erste kanonische Definition der ästhetischen Erfahrung der Landschaft im Deutschland des 18. Jahrhunderts hat Johann Georg Sulzer in dem entsprechenden Artikel seiner «Allgemeinen Theorie der schönen Künste»[15] (1771) gegeben. Sie wurde freilich alsbald von den Stürmern und Drängern als verzärtelt bekämpft. Sulzer geht von der Beobachtung aus, daß «fast» alle Menschen ein Wohlgefallen an schönen Aussichten finden, was die Vermutung nahelegt, daß «die Schönheiten der Natur eine ganz nahe Beziehung auf unser Gemüth haben». In der Struktur der Landschaftserfahrung macht Sulzer ein bestimmtes Verhältnis von Teilen und Ganzem aus, das im Laufe der Geschichte des Problems verschiedenartig aufgeladen werden konnte. In jeder Landschaft machen «tausend verschiedene, unendlich durcheinander gemischte Formen ein Ganzes aus, darin sich alles so vereiniget, daß von der unbeschreiblichen Mannichfaltigkeit der Vorstellungen keine der anderen widerspricht, obgleich jede ihren eigen Geist hat». Das Ganze der Erfahrung löscht also nicht die Individualität der Formen aus, sondern organisiert sie zu einem harmonischen Verhältnis. Eben dadurch eignet sich die Landschaftserfahrung zur Ausbildung des Bewußtseins, daß der Mensch zu mehr fähig ist als zur bloßen Befriedigung von Bedürfnissen. Landschaft wird daher bei Sulzer als Erfahrungsraum bestimmt, der ein Verlangen nach dem Neuen erweckt. Sie wird Medium symbolischer Handlungsorientierung, in dem sich versagte Begehrung künftige Wirklichkeit vorstellt. Dies wird besonders von Dichtern und andächtigen Eremiten, von «Enthusiasten von jeder Art» empfunden. Unter solchen Empfindungen nimmt ein «sanft-schauderndes Gefühl der Einsamkeit» einen besonderen Platz ein, das aber in der Ahnung einer unsichtbar wirkenden Macht, der Erfahrung eines Göttlichen aufgehoben wird. In dieser Spannung wird die Wahrnehmung der Landschaft bei Sulzer zur Anschauung der Möglichkeit der Sprache und des Wissens, zum ersten «Unterricht für den Menschen, der die Sprache der Vernunft noch nicht gelernt hat». Daher wird der Natur von Sulzer Sprachcharakter zugeschrieben. «Einige Wörther dieser Sprache müssen wir in jeder Landschaft lesen, wenn wir ihr einen Werth beylegen sollen.» Die malerische Landschaft zumal erscheint als zeitbezogenes Genre, in dem sich das Ideal eines in sich stimmigen und mangellosen Zustands entwickeln läßt, als Vorschein jener besseren Welt einer erheiterten Vernunft, in der sich der aufgeklärte Mensch mit sich selbst identifizieren, höheres und bewußtes Menschsein erlangen kann.

Hans Blumenberg hat jedoch gezeigt, wie sich die Vorstellung vom Buch der Natur in der Neuzeit verwandelt hat und wie in diesem Prozeß die «Lesbarkeit der Welt» als

Metapher für das Ganze der Erfahrbarkeit einstehen soll. In der Vorstellung einer lesbaren Welt, deren Sinn entschlüsselt werden kann, versichert sich der moderne Mensch gegen die Zersplitterung der Erfahrung und die unübersichtlicher werdende Wirklichkeit. Die Metapher der Lesbarkeit hat daher von vornherein kritisches, ja politisches Potential, weil sich aus ihr unweigerlich die Frage ergibt, «ob unsere Welt die Welt sei, die wir wollen».[16] So liegt ihr Ursprung in einem unbefriedigten Sinnverlangen, das sich freilich in jeder geschichtlichen Epoche anders darstellt. Was man von der Welt wissen kann und was man von ihr erhofft, läßt sich im Nachhinein nur als Frage nach für möglich gehaltenem Sinn klären. Unauflösbar bleibt dabei der Widerspruch, daß die entschlüsselnde Zuwendung zur Landschaft, zur Natur, den entwickelten Kulturzustand voraussetzt. Die durch Kultur angeblich verlorengegangene Ganzheit soll durch potenzierte Kultur zurückgewonnen werden. Mehr noch lockt Natur Walter Benjamin zufolge nur den Geistdurchdrungenen zur Deutung. So muß die Geschichte solcher Begehrungen seit dem 18. Jahrhundert entgegen Sulzers Erwartung eines aufgeheiterten Verstandes immer mehr als Geschichte kummervoller Gelehrsamkeit oder, wie Benjamin – Borchardt variierend – sagt, als Geschichte einer «Fülle aus Not»[17] geschrieben werden, zugleich aber als ein Paradigma einer ins Freie drängenden Produktivkraft, die sich den Vernunftgeboten gegenüber subversiv verhält: «Die Lesbarkeitsmetapher ist in der Aufklärung Leitfaden für die Geschichte der ständigen Unterwanderung einer sich als unbestechlich befindenden Vernunft durch die heimlichen Wünsche, die Welt möge mehr Bedeutung für den Menschen haben und ihm mehr zeigen, als vernünftigerweise von ihr erwartet werden darf. Das Sinnverlangen, rational des Feldes verwiesen, schafft sich Zugänge, ist listiger als die sich selbst zur List ernennende Vernunft.»[18]

In England und Frankreich ging die neuzeitliche Naturauffassung bei ihrer Entstehung zunächst von der Analyse der Sinnesempfindungen aus, hernach von der Frage nach faktischen Kausalitäten, wie sie sich in der Vorstellung von der Welt als Uhrwerk und Maschine ausprägte. In Deutschland hingegen hat die Naturlehre ihre spekulativen Wurzeln nie verleugnen können oder wollen. Entsprechend erscheint die Natur als ein lebendiger und beseelter Organismus. Ohne etwas Mystik, etwas elementare Mythologie und ohne den Bezug auf Literatur und Kunst kam bis zur Mitte des 19. Jahrhunderts, noch bis zu Carl Gustav Carus, auch naturwissenschaftlich fundierte Landschaftsanschauung nicht aus. Der Positivismus des späteren 19. Jahrhunderts wollte solche Chimären auflösen, aber er erschuf nur eine neue Phantasmagorie: die der Allerklärbarkeit der Welt aus linearen Kausalitäten. Gegenwärtige Wissenschaftstheorie rückt dagegen in der Bestimmung des Verhältnisses zwischen Wort und Gegenstand den von Herder und den Romantikern entwickelten Grundlagen eher wieder näher. Unter der Metapher der «Wurzeln der Referenz»,[19] die das Verhältnis von Wort und Wirklichkeit als Wachstumsvorgang anschaulich macht, hat Willard V.O. Quine ausgeführt, daß sich die Wissenschaft besser mit einem «relativen Empirismus»[20] zufriedengeben sollte. Nach Quine kann der Mensch aufgrund angeborener Fähigkeiten, die sich im Verlauf der Naturgeschichte entwickelt haben, bei der Wahrnehmung der Natur Ähnlichkeiten und Kontraste unterscheiden. Gesteuert wird dieses Prinzip von einem Lust/Unlust-Mechanismus, der für die Verstärkung oder Löschung von Reaktionen sorgt. Die Verknüpfung von Gegenstand und Wort geschieht dabei nicht kausal und nicht durch einfache Verhaltenswiederholung, gesehen und erkannt wird vielmehr in einem veränderlichen Netzwerk, in einer wechselseitigen Abhängigkeit von Sprache und Objekterkennen. Gesteuert wird dies von einem Prinzip des «Hedonismus der Vergangenheit», das als Glück des Wiederhabens und Erinnerns als geschichtlich im evolutionären wie im persönlichen Sinn zu betrachten ist. Nicht allein «sinnliche Elemente» machen die Empfindung der Natur aus, sondern «wesentlich strukturierte Ganzheiten».[21] Zumal wird Landschaft von vornherein als Ganzheit wahrgenommen, nicht als Addition von erkannten einzelnen Gegenständen.

Quine schließt zwar nicht aus, daß für das Verhältnis von Wahrnehmung und Gegenstand dereinst physikalische Erklärungen gefunden werden können, vorerst aber greift auch der Logiker und Erkenntnistheoretiker auffallend häufig zu Metaphern. Referenz wird als wechselseitiger Übertragungsvorgang, gleichsam als Übersetzung in beide Richtungen begriffen. Wort und Gegenstand stehen in einem metaphorischen Verhältnis zueinander, ohne daß dies etwas gegen den Realitätsgehalt besagen muß. Beobachtungssätze sind daher paradoxerweise zugleich fiktional und realistisch. Die Art, wie der Mensch lernt, solche Sätze zu äußern, ist nach Quine nur «verhältnismäßig wenig geheimnisvoll»,[22] es bleibt aber ein unerklärlicher Rest, der vor allem die Funktion von Ähnlichkeitsbeziehungen betrifft. Was sich nach Quine gleichwohl nicht leugnen läßt, ist, daß sich bei empfangenen visuellen Eindrücken unabhängig davon, ob man beim Wort beginnt oder beim beobachteten Gegenstand, wunderbarerweise «die Spur einer früheren Episode und eine gegenwärtige Episode gegenseitig wachrufen. Ähnlichkeiten rufen die Spur wach [...]. Und umgekehrt [...]: die Spur verstärkt die Auffälligkeit der jetzigen Episode da, wo sie der vergangenen ähnelt.»[23] Ungeachtet des Einwands, daß Worte auch Trugbilder hervorrufen können (weshalb ja schon Platon die Schriftsteller aus seinem Staat verbannen wollte), bedeutet dies, daß Beschreibungen eine sinnliche Realität erzeugen können, wenngleich «die wachgerufene Spur eines Gesichtseindrucks»[24] blasser erscheint als das ursprüngliche Seherlebnis. Wurzeln aber gründen in der Erde, und so wird man auch von Quines Leitmetapher auf die bestimmte Erfahrung der Landschaft rückverwiesen. Das Lesen der Landschaft dient der Orientierung.

Von diesen Überlegungungen her erscheint die Rede von der Sprachlichkeit der Landschaft nicht haltlos, und auch die Maxime der Vereinbarung von Wahrheit und Schönheit in der Landschaftsdarstellung fände ihren Sinn in der Analyse der Wurzeln der Referenz. Wie subjektiv oder objektiv solche Wahrheit ist, bedeutet auf der Ebene des ursprünglichen Erlebens, einer handelnden Auseinandersetzung mit der Natur in der Jagd oder im Landbau, kein grundsätzliches Problem, obwohl der Wahrnehmungsvorgang offensichtlich von individuellen Faktoren abhängt. «Man kann nämlich von einer erheblichen sozialen Gleichförmigkeit der Maßstäbe der Wahrnehmungs-Ähnlichkeit ausgehen.»[25] Will man dagegen etwas über die Individualität oder Privatheit von Wahrnehmungen aussagen, benutzt man keine anderen Daten als jene, die in der Beobachtung der weitgehenden sozialen Gleichförmigkeit gewonnen wurden. Freilich hat die nichtrassistische Anthropologie von Herder bis zu Gehlen gezeigt, daß der Mensch niemals ein für allemal vorgegebenen Bedeutungen gegenübersteht. Seine Umwelt bleibt auch im fortgeschrittenen Kulturzustand ein «Überraschungsfeld», innerhalb dessen der Mensch komplexitätsreduzierend und zugleich Vielfalt produzierend Chancen seiner Lebensfristung erarbeitet.[26] Daß dem Menschen solche Überraschungen im postmodernen Weltzustand nicht mehr blühen, ist höchst zweifelhaft. Für die literarische Landschaftserfahrung bedeutet dies, daß jede einzelne Darstellung Allgemeines und Besonderes unter je neuen historischen Bedingungen miteinander vermittelt und dabei selbst Überraschungen, also Neues produzieren kann. Die bestimmte Weise zu bezeichnen, in der das mit welchem Ertrag an Wertorientierung geschieht oder auch scheitert, ist die Aufgabe einer ästhetischen und mentalitätsgeschichtlichen Betrachtung des Problems.

Die Analyse dargestellter Landschaft hat in der deutschen Germanistik eine lange Tradition, die bei Wilhelm Dilthey als Erlebnisanalyse einen glanzvollen Höhepunkt erreichte, um bei Josef Nadler im politischen Morast einer «deutschen Wissenschaft» zu versinken. Nach dem Krieg hat erst Richard Alewyn die Untersuchung erlebter Landschaft wieder in einem Zusammenhang betrieben, der die Angewiesenheit der Kunst- auf die Naturerfahrung deutlich macht, ohne daraus ein rassistisches Prägungsprinzip abzuleiten. Allein durch die Präzision, mit der Alewyn Eichendorff als dem angeblich deutschesten aller Naturlyriker eine artistische Sprachstrategie nachweist, löst er dessen Texte aus aller Bindung an die Prägungsvorstellungen deutscher Heimatideologie. Dies war als Wertsetzung durchaus beabsichtigt; es ging Alewyn darum, Eichendorff von jenem «Sektierertum» abzugrenzen, das den Dichter «für seine weltanschaulichen, politischen oder landsmannschaftlichen Ressentiments»[27] in Dienst nimmt.

Alewyn hat dagegen Eichendorff als einen Dichter verstanden, dessen Landschaften nur als sprachliche Bewegung verständlich werden, in der sich Autonomiestreben und Bindungswillen eigenartig miteinander verbinden. Natur hat Alewyn zufolge bei Eichendorff von vornherein Sprachcharakter: «Die ganze Natur ist ein einziges Grüßen, Rufen, Locken. Das Rauschen der Wälder und Quellen, das Schlagen der Nachtigall, die Töne des Waldhorns, das Ziehen der Wolken, das Blitzen des Stroms, das Wetterleuchten in der Ferne und der Morgenstrahl, der durch das Fenster hereinfällt, sind Botschaften, die ein Verlangen wecken, das sich steigert zum unwiderstehlichen Zwang, sich in Bewegung zu setzen [...].»[28] Die Landschaft befindet sich zwar «mit dem Betrachter in der engsten Korrespondenz und Kommunikation, aber sie steht ihm autonom gegenüber».[29] Ihr zentraler Ort ist der einer Ferne, die gleichwohl *in* der Landschaft wahrgenommen wird. Sie ist keinesfalls mit Unendlichkeit gleichzusetzen, sondern geht von der Präsenz der sichtbaren irdischen Dinge aus. Eichendorffs als Sprache erscheinende Natur ist «die endliche und gegliederte Landschaft, aber nun freilich auch wiederum nicht die enge und schroffe Landschaft des Hochgebirges, denn auch diese wird, soweit sie vorkommt, mit Bedeutungen versehen, die negative Wertvorzeichen tragen, sondern eine Landschaft, die zwar Raum läßt für Ferne, bei der aber der Zwischenraum zwischen dem Hier und der Ferne nicht leer bleibt».[30]

Was Alewyn hier beschreibt, ist die Struktur einer versprachlichten deutschen Musterlandschaft, einer, in der sich das Subjekt in der Dialektik von Freiheit und Bindung entziffert. Darin offenbart sich die Hoffnung auf eine Umwelt, in der das Individuum geborgen ist, der es sich aber gleichwohl mit eigener Stimme entgegensetzen kann. In solcher Landschaft ist der Traum von einer Gesellschaft zu entschlüsseln, die den Eigensinn nicht bestraft, dem Individuum ein eigenes Sein beläßt. Das wird im «erlebten

Raum» Eichendorffs als Kommunikation zwischen Hier und Ferne erfahrbar. Seelische, sittliche, soziale und religiöse Verhältnisse setzen sich Eichendorff kraft der Korrespondenz, die zwischen Natur und Seele waltet, «unwillkürlich in Raumwerte» um. Wie sich ein Subjekt in seiner Zeit und Umwelt bestimmt, wird in der Struktur des dargestellten Raums entzifferbar. Landschaftliche Literaturbetrachtung bestimmt sich daher als analytische Topographie, die von einer Poetik des Raums ausgeht.

Trotz der Fruchtbarkeit von Alewyns Ansatz ist das Thema in der gesellschaftlichen und methodologischen Wendung der Germanistik aus dem Blick geraten und erhält erst jüngst wieder neue Aktualität. Warum die Landschaftsdarstellung seit dem 18. Jahrhundert gerade in Deutschland die reichste und eigentümlichste Tradition ausgebildet hat, ist noch bei weitem nicht genügend erforscht, die Frage wird aber gegenwärtig zum Gegenstand internationaler und vergleichend ausgerichteter Studien.[31] Die vorliegende Darstellung wurde von Hans Blumenberg angeregt und sollte ursprünglich ein literaturgeschichtliches Gegenstück zu seiner Metaphorologie der «Lesbarkeit der Welt» werden. Im Laufe der Arbeit aber drängten sich die Probleme der unterliegenden politischen Bedeutung und der nationalen Eigenart immer mehr auf. Aber auch darin bleibt die topographische Verfahrensweise an Blumenbergs Frage gebunden, welches denn die Welt gewesen war, die man haben zu können glaubte.

Die Sprache der Natur

Jacob Böhme

Es ist der von Hegel zum «philosopho teutonico» ernannte und auch später immer wieder als «urdeutsch»[32] bezeichnete Jacob Böhme, der die ersten Ansätze zu einer neuzeitlichen Sprachlehre des sinnlich Wahrnehmbaren entwickelt und einer gleichsam von oben verfügten Naturvorstellung in augustinischer Tradition provokativ die Magie einer sprechenden Natur entgegensetzt, deren Ausdruck vom Individuum entziffert werden kann und sogar soll. Die Idee einer Sprachlichkeit der Welt ist freilich uralt, sie scheint sich in der ein oder anderen Form bereits in der Entstehungsphase von Schriftkulturen einzustellen und hat ihre wirkungsmächtigste Formulierung in der Bibel gefunden. Die Natur als Wort blieb dabei freilich gänzlich in der Verfügung Gottes. Die überragende poetische Gestaltung findet bereits im Grundbuch der abendländischen Literatur statt, in Ovids «Metamorphosen». Dort wird das ursprüngliche Chaos als ein sprach- und bilderloser Zustand gedacht, während sich der elementare Schöpfungsvorgang als Ausbildung von Qualitäten zu einer sinnhaften Ordnung der Welt als ein sprachliches Geschehen vollzieht, das in der Poesie neuerlich Text wird.[33] Die Metaphorik von Sprache und Schrift meint aber bei Ovid noch die Erde selbst ebenso wie hernach die christliche Metapher vom Buch der Natur. Die Schrift des Dichters ist nur der Abdruck der Natur. Der Sinn der Welt ist gegeben, er liegt in ihrem Ursprung, und es steht nicht im Ermessen des Menschen, der Natur eine eigene Deutung zu geben. So hat die Metaphorik des Lesens einen anderen Status als in der Neuzeit. Der Mensch kann nur über die Natur lesen, nicht sie selbst. «Man liest *über* etwas, weil man es *selbst* nicht haben und anschauen kann.»[34] Jacob Böhme scheint der erste zu sein, der sich über das angeblich göttlich verfügte Leseverbot symbolisch hinwegsetzte, den Anspruch erhob, die Welt mündig selbst zu lesen. Es war der Grundwiderspruch des ausgehenden Mittelalters, daß eine Welt als göttlich gerechtfertigt zu akzeptieren war, obwohl das Übel darin nicht übersehen werden konnte. So verloren die sichtbaren Dinge ihren Wert, und Anträge auf ein erfülltes Leben waren an das Jenseits zu richten. Böhme wird daher das Erbe einer stoischen und resignativen Haltung ablehnen, die von der «Sinnlosigkeit der Selbstbehauptung»[35] ausging.

Angesichts der spärlichen biographischen Zeugnisse läßt sich der Ursprung der eigentümlichen Verquickung von Selbsterfahrung und Naturlektüre als Hinwendung zum Sichtbaren schwerlich sicher lokalisieren, auf seine zeitweise melancholische Befindlichkeit freilich hat Böhme selbst immer wieder hingewiesen, und auch die Kritik an der eigenen Zeit ist mannigfaltig dokumentiert. In der Reihe der Ausprägungen der Idee einer ausdrucksvollen Natur wird man jedenfalls immer wieder auf die Erfahrung des Getrenntseins, der Fremdheit in der Welt stoßen. Was die Landschaft betrifft, so gilt, daß sie «dem in der Natur wohnenden ländlichen Volk fremd und ohne Beziehung»[36] ist. «In Zeitläuften, in denen Natur den Menschen übermächtig gegenübertritt, ist fürs Naturschöne kein Raum; agrarische Berufe, denen die erscheinende Natur unmittelbar Aktionsobjekt ist, haben, wie man weiß, wenig Gefühl für die Landschaft.»[37] So läßt sich annehmen, daß eine der Grunderfahrungen des Bauernsohns Böhme in der Distanz zur genutzten Natur besteht, mag sie durch seine überlieferte schwächliche Konstitution oder durch seine geistigen Anlagen zustande gekommen sein. Die anekdotisch mythisierenden Ereignisse, die bereits sein erster Biograph hervorhebt, fügen sich allerdings verdächtig genau in das Bild eines Lesers des Buchs der Natur, den bereits Cusanus traditionskritisch entworfen hatte:[38] das des Laien, der gerade aufgrund seiner Unverbildetheit für die Wahrheit des Erkannten einsteht. Böhme geht «ins Grüne», um eine Einsicht zu überprüfen, statt in den Büchern nachzuschlagen, er polemisiert gegen die Fremdworte der Buchgelehrten und schreibt in seiner eigenen, der deutschen Sprache. Auf der anderen Seite ist er angeblich in der Lage, richtige von falschen hebräischen Schreibungen zu unterscheiden, obwohl er der fremden Sprache und Schrift nicht mächtig ist. Blumenberg hat jedoch schon in diesem Typus des Skeptikers die Präformation einer freien Subjektivität gesehen, die erst im 18. Jahrhundert im neuen Wirklichkeitsverhältnis erfaßt werden konnte. Jedoch: «Der skeptische Zug steht nicht unter der Nötigung neuer Gewißheitsbegründung im Subjekt, wie es im folgenden Jahrhundert bei Descartes sein wird, sondern eher unter der Signatur der Gleichgültigkeit äußerer Erfahrung für die innere, der souveränen Entschärfung aller Evidenznöte am Objekt durch die Ausschließlichkeit, mit der das Subjekt sich selbst entdeckt und von dieser neuen inneren Landschaft überwältigt ist.»[39]

Böhme wird freilich bei Blumenberg mit keinem Wort erwähnt, allerdings deutet vieles darauf hin, daß dem Görlitzer Schuster vor der Mechanisierung der Welt, bevor noch die Vorstellung von der Natur als Maschine sich durchsetzte, die Idee einer spezifischen Organisiertheit des Menschen für die Erkenntnis der sichtbaren Natur aufging, die die Erfahrung einer freien Subjektivität im Medium der Sprache symbolisch ermöglicht. Seinem ersten Biographen mögen schon die Entfernungsverhältnisse sowohl vom Gesellschaftlichen wie von der Nutzung der Natur aufgefallen sein. Ehe er Ereignisse in Böhmes Leben als Metaphern des geistlichen Eingangs in innere Wesenheiten interpretiert, betont er die selbstgegründete und neugierige Erfahrung der Sichtbarkeit der Landschaft. Auffälligerweise sind es Distanzerlebnisse, die als Voraussetzung der Erkenntnis beschrieben werden. So sei Böhme während seines Hirtendaseins «dies begegnet, daß er einstmals um die Mittagsstunde sich von den anderen Knaben abgesondert und auf den davon nicht weit abgelegenen Berg, die Landeskrone genannt, allein für sich selbst gestiegen [...]».[40]

Der Weg des Subjekts wird hier schon unmißverständlich als Aufstieg zu einem Selbstsein geschildert. Umgekehrt scheint die sichtbare Landschaft nicht, wie vom Bodenständigen hätte erwartet werden können, als Widerlegung der Erleuchtung, einer der allgemeinen Erfahrung widersprechenden inneren Schau zu fungieren, sondern als ihre Bestätigung: «Da er als in etwas zweifelhaft um solche vermeintliche Phantasie zu Görlitz vor dem Neißtore [...] ins Grüne gegangen, und doch nichts destoweniger solchen empfangenen Anblick je länger je mehr und klarer empfunden, also daß er vermittels der angebildeten Signaturen gleichsam in das Herz und die innerste Natur hineinsehen können [...]».[41] Landschaft wird zum Medium der Bestätigung eigensinnigen Sehens gegenüber den Wahrnehmungsgeboten der Gesellschaft, die daher alsbald gefährlichen Enthusiasmus wittern sollte. Die Görlitzer Bürger betrachteten Böhmes Lehren als Gefahr für die öffentliche Ordnung und diffamierten ihn als Trinker.

Bei Böhme erscheinen Natur und Seele tendenziell schon in dem Wechselverhältnis, das die Landschaftsdarstellung der Romantik bestimmen wird, was bei dem Einfluß, den Böhme insbesondere auf Tieck, Novalis und Runge ausübte, nicht verwunderlich ist. Bereits in «Aurora oder Morgenröthe im Aufgang» (1612) entziffert Böhme das Erdleben immer wieder als Metapher freier Produktivität: «So aber ein wilder Zweig in einen süssen Acker gesezt wird, und wird mit etlichen darzu dienenden Reisern und gutem Geschmack eingepfropft; so wächst ein milder Baum, obgleich der Zweig wilde war. [...] Denn ein jeder Mensch ist frey, und ist wie sein eigener GOtt, er mag sich in diesem Leben in Zorn oder ins Licht verwandeln; was einer für ein Kleid anzeucht, das verkläret ihn [...].»[42] Das Geist, Seele und Sinnlichkeit integrierende Medium der Vermittlung von Innen und Außen aber ist die Sprache. Daß Wirklichkeit sich im Medium der Sprache konstituiert und solchermaßen durch das Subjekt form- und bildbar ist, daß man sich in der Sprache erfinden kann, diese Erkenntnis umkreist Böhme im 18. Kapitel der «Morgenröthe» fast erschrocken als großes Geheimnis. Fortan jedoch wird sich Böhme immer furchtloser, auch den Autoritäten gegenüber, als sein eigener Gott begreifen und darstellen, und das heißt vor allem als ein frei Sprechender, der der Legitimation durch scholastisch kodifiziertes Wissen nicht bedarf. Freilich bleibt von Melancholie nicht verschont, wer solche Einsicht errungen hat, und so blickt Jacob Böhme dem Betrachter auf allen Bildnissen in kummervoller Gelehrsamkeit entgegen.

Die subtile Ausführung der Organisationslehre und Grundlegung des Naturverständnisses hat Böhme in seiner Schrift «De signatura rerum, oder von der Geburt und Bezeichnung aller Wesen»[43] (1622) niedergelegt. Die Signatur ist das den Dingen Eingeschriebene, das sprachliche Wesen der Dinge und Kreaturen, gestalteter Ausdruck, den der Mensch – als Signatur Gottes – kraft einer prästabilierten Erkenntnisfähigkeit entziffern kann. Als ein Sprachwesen ist er für die Erfahrung der Signaturen organisiert, wie er Gott in sich, im eigenen Gemüt entziffern kann. Unübersehbar, wenngleich erstaunlich gerade angesichts des protestantischen Milieus, ist dabei Böhmes Bestimmung der sinnlichen Erfahrung in diesem Wechselverhältnis. Der Mensch kann und darf seinen Sinnen trauen: «Und ist kein Ding in der Natur, das geschaffen oder geboren ist, es offenbaret seine innerliche Gestalt auch äußerlich, denn das innerliche arbeitet stets zur Offenbarung, als wir solches an der Kraft und Gestaltniß dieser Welt erkennen [...].»[44] Der Mensch ist genetisch dazu bestimmt, sich in charakteristischer Weise in die äußere Wirklichkeit hineinzubilden. Das Medium dafür ist die Sprache in ihrer sinnlichen Qualität: «Denn mit dem Hall der Sprache zeichnet sich die Gestalt in eines anderen Gestaltniß ein, ein gleicher Klang fanget und beweget den andern, und im Hall zeichnet der Geist seine eigene Gestaltniß, welche er in der Essenz geschöpfet hat, und hat sie im *principio* zur Form bracht, Eins, daß man im Worte verstehen kann, worinnen sich der Geist geschöpfet hat [...].»[45] So ist die Sprache für Böhme Instrument und Form des menschlichen Geistes, sie entsteht als Widerhall der Sprache der Natur, als Auseinandersetzung mit ihr aufgrund von Korrespondenzverhältnissen. Als solche ist sie nur als Kraft und Kompetenz gegeben, sie kann und muß bewegt und fortgebildet werden zur Individuation. Tatsächlich findet sich bei Böhme die Präformation eines dialektischen und evolutionären Sprachbegriffs bis hin zur anthropologischen Begründung in einer Lust/Unlust-Dialektik, die mit der Bildlichkeit des Zornes- und des Liebesfeuers bezeichnet ist. Das ist dem Berufsphilosophen Hegel in seiner Würdigung des «philosopho teutonico» entgangen, weshalb er das barbarische und und begriffslose Selbstbewußtsein Böhmes einseitig hervorhebt. Bei Böhme sei alles «Gegenwart, ein aus sich selbst sprechen, – alles in sich selbst haben und wissen».[46] Dahinter steht immer noch die etwas gönnerhafte cusanische Vorstellung vom Laien. Dagegen betont Böhme immer wieder die Evidenz einer sinnlich erfahrbaren äußeren Welt und das qualitative Fortschreiten der Deutungsarbeit. Böhme denkt dies allerdings nicht als vollkommen freie Aktivität. Seine Vorstellung von Progression ist an ein Ursprungs- und Erlösungsdenken gebunden, das sich aber in erstaunlich prägnanter Weise als Bewußtsein von Vorläufigkeit der Erfahrung äußert. Die volle Verständlichkeit der Sprache der Natur ist nur in ihrem Ursprung gegeben. In den biblischen Erzählungen vom Sündenfall oder in der Babel-Episode ist der Prozeß der Verdunklung des ursprünglichen Wortes bezeichnet. Gleichwohl haben die diversifizierten Sprachen, auch und zumal die deutsche, noch einen gegenwärtigen Anteil an diesem Ursprung. Im Bild der aufgehenden Morgenröte wird die Entzifferungsbemühung als Wiederannäherung an den Ursprung gedacht, in Wahrheit vollzog sich bei Böhme eine Entdeckung neuer Seinsmöglichkeiten.

Was Böhmes Schriften die eigenartige Prägung gibt, ist das im Laufe seiner Schreiberfahrung wachsende Vertrauen in die Gewißheit der sinnlichen Erfahrung und des Realitätsgehalts des Wortes. Die Vermutung, Böhme frage «anscheinend keiner biologischen, sondern einer geistlichen Naturgeschichte nach»,[47] ist nur zur Hälfte plausibel, evident ist viel mehr, daß Böhme im Laufe seiner Schreiberfahrung immer deutlicher eine sinnliche und ästhetische Wahrnehmung der Welt konstruiert. Eine der menschlichen Erfahrung grundsätzlich entzogene Welt denkt daher Böhme nicht, darin vor allem äußert sich der Bruch mit der mittelalterlichen Denktradition. Auch hat die Natur für ihn nichts Dämonisches im strengen Sinne, ihre dunkle und zerstörerische Seite ist in den bitteren Qualitäten ebenso so sinnlich faßbar wie ihre lichte als Süße in der Signatur erfahrbar wird. Daher findet sich in der Signaturenschrift eine Verstehenslehre der sichtbaren Welt, die von vornherein davon ausgeht, daß «das Innere das Auessere bezeichnet».[48] Was Böhme sucht, ist die sinnliche Evidenz geistiger Prozesse. In der unterscheidenden Erfahrung der Signaturen lernt sich der Mensch nicht nur «selber kennen, sondern er mag auch darinnen das Wesen aller Wesen lernen erkennen, dann an der äusserlichen Gestaltniß aller Creaturen, an ihrem Trieb und Begierde, item, an ihrem ausgehenden Hall, Stimme und Sprache, kennet man den verborgenen Geist [...] Ein jedes Ding hat seinen Mund zur Offenbarung.»[49] Ohne sie noch in voller Konsequenz begriffen zu haben, erkennt Böhme, daß Subjektivität nichts schlechthin Unhintergehbares ist, sondern ihre bestimmte Form je einem Erfahrungsprozeß verdankt.[50] So ist Böhmes Lehre von der Natur-Sprache eine Anleitung zur Selbsteinschätzung des Subjekts, dessen Hinwendung zur sichtbaren Natur auf symbolische Evidenz zielt, das Recht des Subjekts begründet, mit eigener Stimme zu reden: «Und das ist die Natur-Sprache, daraus jedes Ding aus seiner Eigenschaft redet, und sich immer selber offenbaret [...].»[51]

Hegel lobte ein wenig von oben herab das «fromme Wesen» Böhmes , seine Tiefe und Innigkeit,[52] und übersah dabei etwas ganz und gar Unfrommes und diesseitig Orientiertes: den notorischen Verstoß gegen die biblische und scholastische Vorschrift, nicht nur zu glauben, was man sehe. Das Bestehen auf Sichtbarkeit und sinnlicher Gewißheit ist bei aller Bindung an mystische und alchimistische Erlösungsvorstellungen der erste Schritt zur ästhetischen Erfahrung der Natur wie zu einer Ästhetisierung des Göttlichen in der Überschreitung des Vorhandenen. Vor allem aber ist sie die Präformation der aufklärerischen Grundmaxime, nach der der Mensch sich mündig selbst im irdischen Element zurechtzufinden habe. Man trifft diese Maxime bei Böhme gleichsam im Stande der Unschuld an, entfernt noch von einem mechanisierten Naturbegriff, der die Natur zum bloßen Material degradieren sollte. Das Subjekt, das sich bei Böhme vorsichtig ins Freie denkt, zur Autonomie bildet, konnte noch nicht vergessen haben, daß es nicht alles sich selbst verdankt. Die Ermächtigung des Subjekts wird von der Natur selbst legitimiert. Ihr entnimmt es die Maxime der individuellen Fortbildung. In seiner Signatur entziffert fortan der Mensch die Idealität seiner Zukunft.

Natur als Bild und Text

Johann Georg Hamann

Hamanns Erleuchtung 1758 in London war ein Leseerlebnis, das die ein Ganzes der Erfahrbarkeit suchende Metapher vom Buch der Natur wörtlicher nahm als je, und er hat darin eine Freiheit im Widerspruch gefunden, die noch den heutigen Betrachter in Erstaunen versetzt: «Verglichen mit seinen Zeitgenossen, selbst mit solchen relativ freien und beweglichen, ja kritischen und selbstdenkenden Geistern wie Lessing und Kant, fällt die Unabhängigkeit und Freiheit Hamanns auf. Er urteilt in einer Selbständigkeit, deren kritische Kraft die eines Kant in bestimmter Hinsicht überbietet und zugleich vertieft; indem Hamann dem Rationalen nicht etwa das Irrationale entgegensetzt, sondern Verstand und Sinnlichkeit, Zeit und Ewigkeit, zufällige Geschichtswahrheiten und notwendige Vernunftwahrheiten, Gesinnungen und Handlungen in lebendiger Ganzheit [...].»[53] Im Gegensatz zu Böhmes Distanzfindung, seinem «Durchbruch» durch die Beschränkungen einer kodifizierten Welt, findet Hamanns «Erleuchtung» nicht zufällig im Getriebe der Hauptstadt des heraufziehenden Kapitalismus statt. Ähnlich wie bei Böhme, aber den heutigen Leser schon moderner anmutend, gründet sie gleichzeitig in einer massiven körperlichen Unlusterfahrung. Des Warenverkehrs und seiner Begleiterscheinungen, der Völlerei, Sauferei und der entleerten Geselligkeit müde, unter körperlichen und seelischen Beschwerden verschiedener Art leidend, erlebt Hamann die gesellschaftsabgewandte Lektüre als Natur. So findet er wie schon Böhme in der Bibel eine Ästhetik des Selbstseins, die auf das mündig redende Subjekt vertraut, das seine Ermächtigung aus Natur und Schrift als den «Materialien des schaffenden Geistes»[54] bezieht. In einem symbolischen Akt der Selbstbehauptung und Selbstermächtigung nimmt Hamanns Subjekt das Buch der Natur in die eigenen Hände.

Aus der Entgegensetzung von Lesen und Rechnen als Tätigkeit der materialistischen Naturbeherrschung entwickelt Hamann auch sein kritisches Verhältnis zur «politischen Arithmetik des preußischen Staates», der sich seinem Blick nun als ein seelenloses funktionales Zwangsgebilde darstellt. Das sich aus der Anschauung der Natur ermächtigende Subjekt scheint im Zeitalter der Herausbildung der modernen Staaten aus dem Zusammenhang von Kritik und Krise[55] wie unwillkürlich in ein kritisches Verhältnis zum Obrigkeitsstaat zu geraten. Der Zusammenbruch der mittelalterlichen Weltordnung, die Religionskriege und die Infragestellung des anthropozentrischen Weltbilds durch die entstehenden Wissenschaften hatten der Kritik ein moralisches Recht verschafft, das auch in der preußischen Institutionalisierung des Gehorsams nicht völlig beseitigt werden konnte. Es gehört auch zur Tragik des hier dargestellten mentalitätsgeschichtlichen Prozesses, daß ausgerechnet derjenige, der sich im 20. Jahrhundert die meisten Verdienste um Hamann erwarb, Josef Nadler, auch der war, der Hamanns Metaphorik der ganzheitlichen Erfahrung und des widerständigen Denkens am brutalsten in ihr Gegenteil verkehren und an den Totalitarismus verraten sollte. Hamanns «doppelten Rettungskampf zugunsten der Seele» hat Nadler allerdings 1931 noch erstaunlich einfühlsam dargestellt, und das wirft ein sonderbares Licht auf den verqueren Konformismus des zum Völkischen übergelaufenen Bildungsbürgers. Hamanns Kampf richte sich «gegen die überhebliche Bewertung der werbenden Arbeit, die nur nach dem verkäuflichen Gegenwert berechnet wird; gegen eine bürgerliche Gesellschaft, die ihr Ethos auf die Fähigkeit zu erwerben und das Erworbene durch den Staat zu schützen gründete; gegen die zum Selbstzweck gewordene Arbeit. Diesen sittlichen Ansprüchen der Gesellschaft stellte er das höhere Recht des Einzelnen auf das Geschäft seiner Seele entgegen.»[56] Nadler konnte den scheinbaren Widerspruch aufklären, daß durch Text und Sprache hindurch gerade die Rettung der Unmittelbarkeit betrieben werden sollte: «Was bei Hamann Sprache heißt, das deckt sich beinahe mit Leben ja mit Wirklichkeit, sofern alles was in unsere Sinne fällt Laut und Wort einer ewig strömenden Rede ist, in der das Sprechen von Anbeginn sich Tag für Tag bezeugt.»[57] Ein Begriff von lebenswertem Leben erschließt sich auch in Nadlers Sicht nur dem mündigen Subjekt.

Aus dieser Gleichsetzung von Sprechen und Leben aber resultiert auch die Vereinnahmung Hamanns. Nadler sieht ihn als das entscheidende geschichtliche Bindeglied zwischen dem deutschen Mittelalter, das überhaupt erst die Schau einer Gesamtgeschichte ermöglicht, «in der es nur einen Helden gab, den Menschen».[58] Geradezu mit Neid blickt Nadler 1931 noch auf den Selbstdenker Hamann zurück, bindet ihn aber zugleich schon in ein heroisches Geschehen ein, wie es Borchardt mit ganz anderer Motivation, nämlich mit dem Blick auf die tragischen Aspekte der Entwicklung der Landschaftsvorstellung getan hatte. Im 2. Band der nun offen nationalsozialistisch zugerüsteten «Literaturgeschichte des Deutschen Volkes»[59] von 1938 wird dann Hamann in gewaltsamer Dialektik landsmannschaftlich und national vereinnahmt, indem dessen Begriff der Menschheit an den der Deutschheit herangeführt und tendenziell damit identifiziert wird. Im Verein mit Kant wird Hamann zunächst für die Idee «preußischer Ganzheit» in Anspruch genommen. Er erscheint als notwendiger Widerpart der Disziplin, die Kant die Preußen angeblich lehrte. So konstruiert Nadler eine «Gemeinschaft des Schicksals», die beide gleichermaßen zu Protagonisten «des geistigen und seelischen Umschwungs der Deutschen»[60] weg von der französischen Fremdbestimmung macht, der das «deutsche Jahrhundert» geistig möglich werden ließ. So wird Kritik vereinnahmt und dienstbar gemacht.

Der anthropologischen Frage, auf die Nadler unweigerlich immer wieder zu sprechen kommt, hat sich Hamann, so muß der beste Hamann-Kenner seiner Zeit dann doch einräumen, nur «ganz von ferne genähert». Gleichwohl wird in der Begegnung Hamanns und Kants ein diffuser Zusammenhang zu dem hergestellt, was Nadler Kant zuschreibt: «er sah, daß in jedem organischen Körper der Grund einer bestimmten Entwicklung liege, daß eine solche dauerhafte Entwicklung Rasse begründe, daß die Natur sich dem Boden anpaßt, daß Vererbung und Klima wirksam sind, daß eine organische Stufenfolge vom rohesten Stoff zum Menschen emporführe.»[61] So wird der Eindruck erzeugt, daß die Gedanken des kritischen Subjekts im Schicksal des Stammes und der Rasse erst zu sich kommen, was dann in gerader Linie zu Herder und Goethe weitergeführt wird. An den dialektischen Kunststücken, die Nadler an Kant und Hamann vollführt, zeigt sich freilich nur um so deutlicher, welcher Verbiegungsleistung es bedurfte, sie für die völkische Tradition in Anspruch zu nehmen, und nirgends zeigt sich deutlicher, wie sehr Nadler seine frühere Arbeit ideologisch entehrte.

In seiner «Aesthetica in nuce» von 1762 hat Hamann alle Erfahrbarkeit der Natur als metaphorisch bestimmt, schon deshalb gibt er für eine rassistische Sicht der Natureinbindung so wenig her: «Sinne und Leidenschaften reden und verstehen nichts als Bilder. In Bildern besteht der ganze Schatz menschlicher Erkenntniß und Glückseeligkeit. Der erste Ausbruch der Schöpfung, und der erste Eindruck ihres Geschichtsschreibers; – die erste Erscheinung und der erste Genuß der Natur vereinigen sich in dem Worte: Es werde Licht!»[62] Was Böhme als Möglichkeit der Autonomie des Subjekts bei gleichzeitiger Rückbindung in der sichtbaren Welt erst tastend entdecken mußte, ist für Hamann von vornherein gegeben: der Mensch erfährt die Natur und seine Natur als Sprache. Alle Erkenntnis folgt aus der sinnlichen Präsenz der Dinge, in der sich der Mensch in seinem eigenen Sein erfährt. Die Sichtbarkeit der Dinge bedingt die Rede von vornherein: «Rede, daß ich Dich sehe! – Dieser Wunsch wurde durch die Schöpfung erfüllt, die eine Rede an die Kreatur durch die Kreatur ist [...].»[63] Menschliches Sein realisiert sich im schöpferischen Verständnis angeschauter Natur, auf die er angewiesen ist, um *sich* zu verstehen. Der Text der Natur aber ist in Hamanns Sicht durch die rationalistische Naturkonzeption in der Tradition Newtons verstümmelt und zerschnitten worden, weil sie die Werkzeuge der Naturerfahrung, Sinne und Leidenschaften, verkümmern ließ. So erkennt Hamann in der Natur bereits die Spuren der Gewalt, die ein auf Naturbeherrschung angelegter Funktionalismus darin immer deutlicher hinterlassen sollte. Vor allem aber jene Dialektik der Aufklärung, die Naturbeherrschung, Macht und Selbstknechtung aneinander bindet: «Ihr wollt herrschen über die Natur und bindet euch selbst Hände und Füße durch den Stoicismus, um desto rührender über des Schicksals diamantene Fesseln in euren vermischten Gedichten zu fistulieren.»[64] Hamann erkannte schon die verhängnisvolle Verschränkung von Mythos, Kunst, Arbeit und Herrschaft, die auch die Aufklärung nicht löste. Es ist nunmehr der aufgeklärte Bürger selbst, der sich angesichts der Verlockungen des Seins wie der Kunst in Disziplin und Arbeit fesselt.

Analog wirft Hamann dem Rationalismus vor, in der Abstraktion von der Sichtbarkeit der Dinge und ihrem Bildcharakter, von den «Farben der schönsten Welt», zugunsten von Zwecken die Ermordung der Natur zu betreiben: «Eure mordlügnerische Philosophie hat die Natur aus dem Wege geräumt, und warum fordert ihr, daß wir selbige nachahmen sollen? – Damit ihr das Vergnügen erneuern könnt, an den Schülern der Natur auch Mörder zu werden.»[65] Damit wird wie nebenbei die Forderung nach Nachahmung der Natur durch den Künstler abgewiesen. Die Natur hat für den Menschen Bildcharakter und ist daher von vornherein ästhetische Erfahrung, die nicht selbst wieder nachgeahmt werden kann. Landschaftsdarstellung ist freies Spiel und schöpferische Rekonstruktion, in der der Mensch seine Zugehörigkeit zu dieser Welt entwirft, sich zugleich aber seiner selbst bewußt wird. Die «ausgestorbene Sprache der Natur»[66] wiederherzustellen ist eine virtuell magische Tätigkeit; im poetischen Wort soll die Probe auf einen ursprünglichen und natürlichen, von den Wahrnehmungsgeboten der Gesellschaft nicht deformierten Gebrauch der Sinne gemacht werden. So ist die Poesie Auslegen der Natur im doppelten Sinne: Ausbreiten der zerschlagenen Teile und Interpretation als «ins Geschick bringen»,[67] als Akt der Verbindung zu einer Ganzheit der Erfahrung, die allein einem autonomen Subjekt zukommt. Seit Hamann hat die Kunst nicht mehr die Aufgabe, die gegebene Wirklichkeit feierlich überhöht darzustellen, sie wird vielmehr zum Medium widerständiger Erfahrung. Darin werden unbefriedigte Wünsche Gestalt, in einer als Text erscheinenden Natur erschließt sich das Subjekt seine eigene Befindlichkeit: Landschaft wird dabei zum Spiegel des Verhältnisses von Geist, Seele und Sinnlichkeit in seiner je bestimmten Form und zeigt damit immer auch an, was die geschichtliche Stunde geschlagen hat.

Der sinnliche Mensch und Leser

Johann Gottfried Herder

Herders Abhandlung «Ideen zur Philosophie der Geschichte der Menschheit» ist die historisch-systematische Einlösung des Programms der Rettung der Sinnlichkeit, die Herder und Goethe in ihrer Sturm-und-Drang-Zeit mit dem Schlachtruf «Natur!» entwickelt hatten. Als Impuls bleibt darin der Drang zur Autonomie des schöpferischen Subjekts erhalten, jedoch führen Herders vertiefte Einsichten in genetische Prozesse ihn zu einer stärkeren Betonung der Wechselwirkungen des Subjekts und der sich wandelnden Umwelt. Der Mensch ist im Gebrauch seiner geistigen Kräfte kein «Selbstgeborener»: «Nicht nur der Keim unsrer innern Anlagen ist genetisch wie unser körperliches Gebilde; sondern auch jede Entwicklung dieses Keimes hängt vom Schicksal ab, das uns hie oder dorthin pflanzte und nach Zeit und Jahren die Hülfsmittel der Bildung um uns legte. Schon das Auge mußte sehen, das Ohr hören lernen: und wie künstlich das vornehmste Mittel unsrer Gedanken, die Sprache, erlangt werde, darf keinem verborgen bleiben.»[68] So ist die Freiheit des Subjekts nur innerhalb seiner vorgängigen Organisiertheit für die Erkenntnis der Umwelt zu denken. Für Erziehung und Selbsterziehung des Menschen bleibt als Wahl zwischen Perfektion und Korruption ein weiter Spielraum. Für Herders Bestimmung des Verhältnisses des Menschen zur Natur ist entscheidend, daß der Geistliche aus der historischen Einsicht in vergangene und gegenwärtige Gewaltverhältnisse, auch und gerade im Christentum, den Begriff des Menschen als vorläufig begreift und das Dogma der Ebenbildlichkeit Gottes erheblich relativiert: «zeigt doch eben dies von der Gottheit erwählte Mittel die Unvollkommenheit unsres irdischen Daseins, indem wir Menschen noch nicht *sind* sondern täglich *werden.*»[69] So steht der Mensch nach Herder in der Bindung und hat die Pflicht, sich trotz der Einsicht in seine Sterblichkeit mit dem irdischen Element auszusöhnen. Ein Gott zu werden ist ihm auf der Erde nicht nur gestattet, sondern aufgegeben – aber eben nur auf der Erde. Nichts aber würde Herder zufolge diesen Prozeß der Menschwerdung mehr behindern als Konformismus: «Jeder Einzelne muß davon und da es ihm sodann gleich sein kann, was die Nachwelt mit seinen Werken vornehme, so wäre es einem guten Geist sogar widrig, wenn die folgenden Geschlechter solche mit toter Stupidität anbeten und nichts eignes unternehmen wollten.»[70]

Den Freiheitsspielraum des menschlichen Geistes begründet Herder aus der spezifischen Natur des Verhältnisses von Sprache und Ding: «Dächten wir Sachen statt abgezogener Merkmale und sprächen die Natur der Dinge aus, statt willkürlicher Zeichen: so lebe wohl, Irrtum und Meinung, wir sind im Lande der Wahrheit.»[71] Die Bildung der Humanität, die in solcher Zeichenhaftigkeit dem Menschen aufgegeben ist, besteht zuvörderst im «Genuß der Natur», in der sinnlichen Zuwendung zur Erdrinde, zum «gesunden Duft der Erde».[72] Trotz der Gefahr des Irrtums und des Trugs weist Herder jegliche abstrakte Reglementierung der Naturerfahrung ab: «Wer seinen Sinnen nicht traut, ist ein Tor und muß ein leerer Spekulant werden [...].»[73] Die Beziehung zwischen den Sinnen und den Gegenständen ist heikel gegründet, bei rechtem Gebrauch aber hinreichend, um Wirklichkeitszweifeln keinen Raum zu geben. Gleiches gilt für die «Sprache des Herzens»: sie sagt wenig, doch genug. Im Zusammenwirken der Kräfte von Sinnlichkeit, Seele und Geist, vermittelt durch die Sprache, erfährt der Mensch in der Schöpfung zugleich sich selbst, die Sache und die anderen.

Die Möglichkeit des Naturverständnisses sieht Herder, wie ansatzweise schon Böhme im metaphorischen Charakter der Bildung gegeben, der auf der genetisch vermittelten Fähigkeit beruht, Ähnlichkeiten wahrzunehmen.[74] Von vornherein aber nimmt der Mensch als Sprachwesen in der Natur nicht einzelne Elemente auf, sondern «organisierte Formen»,[75] die seiner Organisation anbildbar sind. So begreift Herder in Opposition zur rationalistischen Ansicht, die die Natur als bloße Materie zu bestimmen sucht, jede Wahrnehmung als metaphorisch und medial.[76] Der Mensch hat die Natur nur als Bild, nicht als Sache, auch nicht als bloßen Reflex von Sinnesempfindungen: «es ist aber nicht das Bild d. i. der lichte Punkt, der aufs Auge gemalt wird und der das Gehirn gar nicht erreichet; das Bild der Seele ist ein geistiges, von ihr selbst bei Veranlassung der Sinne geschaffenes Wesen. Sie ruft aus dem Chaos der Dinge, die sie umgeben, eine Gestalt hervor, an die sie sich mit Aufmerksamkeit heftet und so schafft sie durch innere Macht aus dem Vielen ein Eins, das ihr allein zugehöret. Dies kann sie sich wiederherstellen, auch wenn es nicht mehr da ist: der Traum und die Dichtung können es nach ganz anderen Gesetzen verbinden als unter welchen es der Sinn darstellte und tun dies wirklich.»[77] Das ist die Fundamentalbestimmung einer notwendig ästhetischen Wahrnehmung der Natur, die sich auf eine erstaunliche Weise noch mit heutiger wissenschaftstheoretischer Reflexion deckt. Sie bildet die Grundlage des Goetheschen wie des romantischen Landschaftsverständnisses.

So hat auch die Rede von der Sprache der Natur eine feste Grundlage. Nach Herder ist der Mensch zur Sprache organisiert, seine Wahrnehmungsfähigkeit resultiert aus einer untrennbaren Vernetzung der an Sprache beteiligten Organe (Lunge, Kehlkopf, Zunge, Gehirn usw.) mit den Sinnesorganen (Auge, Ohr, Nase, Mund, Haut). Seine Sprache organisiert die sinnliche Erfahrung zu einer freien Produktivität, die gleichwohl im Natürlichen gründet. Dieses zugleich metaphorische und wirkliche Verhältnis hatte Herder schon in seiner Schrift über den Ursprung der Sprache unvergleichlich dicht formuliert: «Indem die ganze Natur tönt: So ist einem sinnlichen Menschen nichts natürlicher, als daß sie lebt, sie spricht, sie handelt.»[78] Durch die Reflexionsfähigkeit des Menschen wird die Sprache zum Mittel, den sinnlichen Eindruck aus den blinden Steuerungsmechanismen der Natur herauszulösen und sich dem Zwangszusammenhang zu entziehen. Als Sprachwesen wie als aufrecht Gehender ist der Mensch «der erste *Freigelassene* der Schöpfung».[79]

Als «freies Geschöpf» aber ist er gleichwohl in der Bindung eines Ganzheitsprinzips. In dieser Bestimmung ist einer der zentralen Gedanken des deutschen Idealismus vorgeprägt, der ein kritisch distanziertes Verhältnis zur umgebenden Wirklichkeit keimhaft in sich trägt. Die Anstrengungen des Selbstseins, die Herder fordert, sollen in einem einheitlichen Zusammenhang aufgehoben sein: «Die vertraute Wirklichkeit des Menschenwesens ist diese Einheit nicht. Eine Ordnung der Welt, in der sich seine Wirklichkeit begreifen ließe, ist entzogen, seit Selbstbewußtsein und seine Modifikabilität für mögliche Welten zur Wesensbestimmung des Menschen gehören.»[80] Derart bildet das Neue, Andere und Ferne eine Verlockung, erzeugt aber auch Ängste. Freiheit und Mündigkeit sind keine ein für allemal zu erreichende Zustände, sondern nicht wenig mühselige Tätigkeiten.

Das führt zurück in den Zusammenhang der Lesbarkeit der Welt. Blumenberg hat Herders spezifische Stellung in diesem Zusammenhang in der Formel charakterisiert, die Natur werde bei Herder zur Metapher der Geschichte: «In der Geschichte allein gibt es immer diesen freien Ausblick auf das Ungesehene und Unentdeckte als Totalität [...].»[81] So blickt der Leser der Landschaft doppelt ins Freie. Dieses besondere Verhältnis zur Landschaft ist aber nach Herder vor allem dem Deutschen gegeben.[82] Der *deutsche* Leser ist aufgrund seiner historischen Zurückgebliebenheit, was Sprache und Kultur angeht, per se «lernender Leser»; einer, der die Seinsmöglichkeiten mit offenen Augen betrachtet. In den «Briefen zur Beförderung der Humanität» hat Herder den fehlenden Nationalruhm der Deutschen als Vorzug hinsichtlich dieser Haltung betrachtet: «Der Nationalruhm ist ein täuschender Verführer. Zuerst lockt er und muntert auf; hat er eine gewisse Höhe erreicht, so umklammert er den Kopf mit einer ehernen Binde, der Umschlossne sieht im Nebel nichts als sein eigenes Bild, keiner fremden neuen Eindrücke mehr fähig.»[83] Festgefügte nationale Stereotypen sind der Feind der Humanität wie der progressiven Welterfahrung, und vor solchem Nationalruhm möchte Herder den Deutschen bewahrt sehen. Dessen durch Geschichte, Landschaft und Klima spezifisch geprägte Eigenart besteht Herder zufolge nicht oder noch nicht in rühmenswerten Eigenschaften, sondern in der Beweglichkeit des Geistes, einer reflektierten, besonnenen Offenheit für das Andere und das Fremde: «wir sind noch nicht und wissen, warum wir noch nicht sind! Wir streben aber und wollen werden.»[84] Deutschsein fällt für Herder mit dem Selbstsein des Subjekts in der Aufmerksamkeit für das Andere zusammen. So wünscht Herder den Deutschen, es möge ihnen ihre «Verlegenheit»[85] erhalten bleiben. Damit wird der tumbe und verschlafene, aber brave «teutsche Michel», dessen Karikatur schon zu Böhmes Zeiten entstand, in die positive Figur des immer lernenden sinnlichen Lesers umgedeutet.

Naturerfahrung und Autonomie

Immanuel Kant

Hans Blumenberg hat gezeigt, wie unentbehrlich die Metapher der Lesbarkeit der Natur für «den orientierenden Hintergrund von Kants Erfahrungsbegriff»[86] ist. Der Mensch muß die Erscheinungen der Natur buchstabieren lernen, um sie als Erfahrung ganzheitlich lesen zu können. Kant hatte diese Vorstellung ursprünglich empiristisch gründen wollen, jedoch erwies sich das in der schärferen Analyse der Natur des Verstehens als unhaltbar: «Buchstabieren führt zwar zur Zusammensetzung der Wörter, aber schon deren Verständnis als der Indikatoren dessen, was an Bedeutung das Lesbare ist, erfordert den Besitz eben des Wortschatzes und der sprachlichen Strukturen, die in den Akten des Lesens nur aktualisiert werden.»[87] So kann die Erfahrung der Natur nicht aus Fakten begründet werden, sondern hat ihre Wurzeln in der Organisation menschlicher Wahrnehmungsfähigkeit. In der «Kritik der Urteilskraft» von 1790 hat Kant diese Einsicht maßgeblich erläutert.

Seine Analyse beruht auf der Beobachtung einer weitgehenden Trennung von Freiheit und Funktion in der Herausbildung natürlicher Formen, dem Vermögen der Natur, «durch Absetzung der zur Organisation erforderlichen Materie, auch ästhetisch-zweckmäßig zu bilden».[88] Zwar haben Gestalt, Farbe und Konsistenz der Dinge der Natur Funktionen, die sich empirisch bestimmen lassen, eine spezifische Kausalität der Gestalt läßt sich aber nicht erweisen. Von dieser Einsicht gehen auch neueste evolutionäre Forschungsansätze aus. Die Herausbildung von Formen und Farben kann im ganzen nur als freies Spiel und chaotische Kompetenz begriffen werden.

Daraus folgt aus der Sicht Kants, daß der Mensch als Bedingung möglicher Naturerfahrung lediglich eine «Idealität der Zweckmäßigkeit im Schönen der Natur» zugrunde legen kann, ein «Realism eines Zwecks» kommt als Erklärungsgrund dagegen nicht in Frage. Das Richtmaß der Beurteilung liegt also im Menschen selber, das Geschmacksurteil kann nicht «empirischen Prinzipien unterworfen» werden. Der Mensch kann nicht von der Natur lernen, was er schön oder häßlich zu finden hat, sein Urteil ist selbst gesetzgebend. Entsprechend kommt es in der Landschaftserfahrung nicht darauf an, welches überhaupt ihr Zweck ist, nicht einmal darauf, welchen Zweck sie für den Menschen hat, sondern allein darauf, wie der Mensch die Landschaft aufnimmt. In der Landschaftsbetrachtung geht es daher nicht um die Gunst, die die Natur dem Menschen erzeigt, sondern um die Gunst, mit der das Subjekt sie aufnimmt. Es gibt keine absoluten oder übersinnlichen Determinationen des Verhältnisses zur Natur. Der Mensch steht zwar in Abhängigkeiten von der Natur, in ihrer Anschauung aber ist er frei: sie hat «Autonomie zum Grunde».[89] Dieses idealistische Prinzip ist in der Kunst noch deutlicher zu erkennen, sie unterscheidet sich aber diesbezüglich nicht von der Naturerfahrung.

In der Landschaftserfahrung wird das Problem noch komplexer als in der Betrachtung einzelner Naturphänomene, weil die erfahrungsabhängigen Verbindungsoperationen verschiedene Sinnesebenen betreffen, und weil die Menge der Sinnesdaten jedes analytische Maß übersteigt. So ist die Landschaftserfahrung von vornherein und bereits vor ihrer Versprachlichung lust- oder unlustgesteuerte Interpretation. Diese funktioniert als Selektion und Kombination von Wahrnehmungen unter bestimmtem Interesse, nämlich im Hinblick auf Orientierung in der Welt, als Entwurf der Zukunft.

So wird deutlich, daß die Analyse der notwendig ästhetischen Landschaftserfahrung den Kern des aufklärerischen Projekts berührt, das dem Menschen die Angst vor der Natur nehmen sollte. Die Degradierung der Natur zum bloßen Material menschlicher Herrschsucht folgt daraus nicht, sie muß vielmehr der vorkantischen Instrumentalisierung der Natur, der zwischen Descartes und La Mettrie entstandenen Vorstellung von der Welt wie dem Menschen als Maschine, zugerechnet werden.[90] Die reflektiert ästhetische Naturinterpretation würde in der Art und Weise, in der der Mensch die Natur aufnimmt, die Strategie entschlüsseln, wie er sie zu behandeln gedenkt. In den Wundmalen der Natur würde er seine eigene Beschädigung gespiegelt finden.

Unverändert aktuell ist an Kants Gedankengang, daß eine Natur, die als freie Verwirklichung von Form und Wachstum begriffen wird, nicht mehr zur Beglaubigung normativer sozialer Anforderungen in Anspruch genommen werden kann: Die gegenseitige Bindungswirkung von sozialer und natürlicher Ordnung löst sich ebenso auf wie der rousseauistische Gegensatz von Natur und Zivilisation, wie er in dem Ausdruck «Flucht in die Natur» erhalten geblieben ist. Dem Menschen sind mit Kants Analyse damit nicht nur mehr Freiheiten im Verhältnis zur Natur konzediert, sondern ebensowohl zur Gesellschaft. Landschaft und Gesellschaft werden ihm gleichermaßen zur Umwelt, zu der er im Verhältnis einer notwendigen Differenz steht. Gerade in dieser Differenz kann sie ihm zum Medium werden. In der ästhetischen Erfahrung der Landschaft entziffert das Individuum seine Option. Welches Verhalten unter sozialem Konformitätsdruck daraus folgt, ist leider eine andere Frage.

Landschaft und unglückliches Bewußtsein

Karl Philipp Moritz

In Karl Philipp Moritz' psychologischem Roman «Anton Reiser» (1785–1790) wird das für die Romantik so bedeutsameThema der Jugend als eigener Epoche negativ in die Literatur eingeführt. Der von einer überharten frömmelnden Erziehung um seine frühe Jugend gebrachte und zum Hypochonder gewordene Anton setzt seine Hoffnungen im Alter von dreizehn Jahren gut rousseauistisch auf «die Natur, die alles heilet».[91] Nach der Erziehungstheorie von Rousseaus «Emile ou de l'Education» (1762) ist es freilich für diese Hoffnung schon zu spät. Nach Rousseau hätte die Beobachtung und Förderung des natürlichen Verhaltens und die Übung der Sinnlichkeit schon im frühkindlichen Alter einsetzten müssen. Insbesondere in der Periode zwischen dem fünften und dem zwölften Lebensjahr hätte das Kind auf dem Lande in der engsten Beziehung mit Natur und Landschaft leben sollen, um Sinne und Verstand ungezwungen von gesellschaftlichen Wahrnehmungsgeboten und gesellschaftlicher Moral zu schärfen. Die Ausbildung einer Eigenliebe wäre in dieser Phase durchaus erwünscht gewesen, die gesunde Selbsterkenntnis würde sich im nächsten Entwicklungsabschnitt natürlicherweise entwickeln. Vollends widerspricht dem Rousseauismus, daß Anton schon vor dem Beginn des Mannesalters religiöse Unterweisung aufgezwungen wurde, da diese ohne natürliche Erfahrung des Gottesgedankens nur zu zwanghaften Abstraktionen führen kann.

Gleichwohl fühlt Anton Reiser nach einer Periode der Abstumpfung im Frühling seines dreizehnten Lebensjahres neue Lebenskraft, die ihn zu einer Auseinandersetzung mit sich selbst führt. Entsprechend häufen sich im Text die selbstbezüglichen Ausdrücke. So beginnt er wieder, «für sich allein spazieren zu gehen», aber wie zwanghaft führt ihn der Weg an «die mit Weiden bepflanzte breite Heerstraße»,[92] auf der ihn sein Vater zu den Zieheltern an den Ort seines jugendlichen Unglücks gebracht hatte. Das regt den Erzähler zu einer Reflexion über die frühe Prägung durch Landschaft an: «So mächtig wirkt die Vorstellung *des Orts*, woran wir alle unsere übrigen Vorstellungen knüpfen. [...] In der Kindheit ist es insbesondere nötig, daß sich alle übrigen Ideen an die Ideen des Ortes anschließen, weil sie gleichsam in sich noch zu wenig Konsistenz haben, und sich an sich selber noch nicht fest halten können.»[93] Die von Sulzer unter Einbeziehung Rousseauscher Motive ausgeführte Theorie, daß angesichts der Landschaft sich der «Verstand erst mit schwachen und dunkelen Begriffen angefüllt, die sich hernach allmählig entwikeln und aufheitern»,[94] wird bei Moritz auf den vereinsamten Helden übertragen.

So ergibt sich für Anton die Hoffnung, daß mit der Ortsveränderung auch eine Stimmungsveränderung eintritt: «Seine Seele erweiterte sich dann immer, es war ihm, als ob er aus dem engen Kreise seines Daseins einen Sprung gewagt hätte; die alltäglichen Ideen verloren sich, und große angenehme Aussichten, Labyrinthe der Zukunft eröffneten sich vor ihm.»[95] So sucht auch Anton Reiser im Blick auf die Gegend nach einem Ganzen der Erfahrbarkeit, aber die Zusammenfassung «in einen einzigen vollen Blick» will sich nicht einstellen. Wo ihm dies ansatzweise gelingt, führt es ihn immerhin zu einer Vergegenwärtigung und Bewußtmachung seiner Lage, die ihm den Plan einer Selbstbefreiung eingeben.

Nach einer weiteren gesellschaftlichen Demütigung in der Armenschule wendet Anton der Stadt den Rücken und sieht nun die Landschaft als Raum der Befreiung und der Schärfung des Blicks vor sich liegen: «er fühlte sich aus alle den *kleinlichen* Verhältnissen, die ihn in jener Stadt mit den vier Türmen, einengten, quälten, und drückten, auf einmal in die große offene Natur versetzt, und atmete wieder freier – sein Stolz und sein Selbstgefühl strebte empor – sein Blick schärfte sich auf das, was hinter ihm lag, und faßte es in einem kleinen Umfang zusammen.»[96] Die Stadt wird zum Bild der Unterdrückung und Überwachung, die in Antons Jugend immer auch sexuelle Überwachung gewesen war, die Natur wird zum Versprechen der Freiheit und zugleich zu dem eines erektiven Stolzes. Aber diese Erhebungsgefühle halten nicht vor, Anton erinnert sich sogleich, «daß verdrängt zu werden von Kindheit an sein Schicksal gewesen war».

Anton versucht daher, sein unerträgliches «Nichtbemerktwerden», seine Außenseiterposition in der Gesellschaft als Auszeichnung zu empfinden. Bei seinen einsamen Spaziergängen glaubt er mehr zu lernen als in jeder Schule. Er nimmt seinen isolierten Gesichtskreis für das gesuchte Ganze der Erfahrung: Der einsame Spaziergang gibt ihm «eine anschauliche Vorstellung von seinem eignen wahren, isolierten Dasein», das nunmehr «in sich und für sich selbst»[97] Wahrheit und Ganzheit verbürgen soll. «Alles was ihn gekränkt hatte, schien ihm klein, unbedeutend, und nicht der Mühe des Nachdenkens wert.» Dieser Autismus erscheint aber in Moritz' Roman nicht, wie Rousseau es sich gedacht hatte, als vorübergehendes Stadium der Naturerfahrung, das sich notwendig in der Hinwendung zum anderen auflösen wird, sondern als Folge angestrengter und fahriger Gedankenarbeit. So halten Antons einsame Selbsterhöhungen niemals lange vor, sondern enden immer in Melancholie, Niedergeschlagenheit und neuerlicher Erfahrung der Zerrissenheit des Daseins und der eigenen Seele.

An die Stelle der Ganzheitserfahrung einer Außenwelt tritt im geschilderten Sommer 1775 gemäß dem Kult der Empfindsamkeit die Freundschaft und die Literatur. Aber auch in dieser Phase bleibt bei Anton die Liebe zur Einsamkeit erhalten, die sich nun inmitten der Landschaft als Folge einer versagten Geborgenheit in der Kindheit herausstellt. «Dies Plätzchen war ihm nun, weil er es immer wieder besuchte, auch gleichsam eine *Heimat* in der großen ihn umgebenden Natur geworden; und er fühlte sich auch *wie zu Hause*, wenn er hier saß, und war doch durch keine Wände und Mauern eingeschränkt, sondern hatte den freien und ungehemmten Genuß von allem, was ihn umgab. – Dies Plätzchen besuchte er nie, ohne seinen Horaz oder Vergil in der Tasche zu haben.»[98] Moritz macht freilich die Ersatzfunktion eines solchen Entrinnens aus den Mauern des schlechten Gesellschaftlichen ganz deutlich. Landschaft wie die von der Literatur bezogene Vorstellung eines idyllischen Orts stehen für etwas, das das Subjekt als Wirklichkeit nicht haben kann. Herders Idee der Organisiertheit für die Natur, die den Menschen dazu befähigt, diese Welt als die seinige zu betrachten, bleibt immer noch im Bannkreis einer isolierten Seele gefangen; das Subjekt behält seine Automie für sich, und so kann sie sich nicht realisieren. Deshalb gelingt auch der Ausweg in die eigene literarische Produktion nicht, das in sich selbst befangene Subjekt wird dabei nur zum Heuchler, spiegelt den anderen etwas vor, was es nicht ist. So bleibt es – und auch das kann Anton immer nur für Augenblicke angesichts der Landschaft bewußt werden – bei dem Wunsch, «unsere wirkliche Welt, an die wir so oft als an eine bloß idealische Sache denken», an dem Ort zu erfahren, an dem man ist.

Wie Anton Reiser es auch anstellt: das Erlebnis der Landschaft gerät ihm nur zur freilich immer differenzierteren Erfahrung der eigenen Einsamkeit: «Diese einsamen Bäume machten ihm seine eigene Einsamkeit, indem er unter ihnen einherwandelte, gleichsam heilig und ehrwürdig.»[99] In der Landschaft liest er nichts als seine eigene selbstbezügliche Befindlichkeit, und nicht anders ergeht es ihm beim Lesen von Literatur. In Goethes «Leiden des jungen Werthers», die er in jenem Sommer erhält, findet er nichts als sich selbst in seiner Isolierung. Die «Teilnehmung an den Leiden der Liebe» dagegen bringt er nicht zustande: «ein Mensch der liebte und geliebt ward, schien ihm ein fremdes, ganz von ihm verschiedenes Wesen zu sein.»[100] Reiser ist auch zum beginnenden Mannesalter noch pubertär-onanistisch geblieben, hat die in der natürlichen Entwicklung angelegte Umwandlung der Selbstliebe zur Menschenliebe nicht einmal gedanklich vollzogen. Auch zum eigenen Körper kann er deshalb keine realistische Beziehung entwickeln.

So fällt Anton Reiser immer wieder in Depressionen, die mit Selbstmordgedanken einhergehen. Im Gegensatz zu Goethes Werther bringt sich Anton aber nicht um; der Konflikt wird nicht aufgelöst. Wie kein anderer Text des 18. Jahrhunderts beschreibt die Geschichte kritisch die Schwierigkeiten der Selbstwerdung eines Jugendlichen vor dem Zeithintergrund einer Auflösung fester sozialer und religiöser Normen. Trotz seiner Einsinnigkeit und der offensichtlichen Gesellschaftskritik hat der Roman erheblich zum Stereotyp des deutschen Wesens beigetragen. Heine hat das Buch in seiner «Geschichte der Religion und Philosophie in Deutschland» zwar als eines «der wichtigsten Denkmäler jener Zeit» bezeichnet, liebevoll spöttisch aber gleichzeitig darauf verwiesen, Moritz sei «von einer köstlichen Naivität»[101] gewesen. Hier liegen die Anfänge einer Mentalitätsgeschichte, gegen die Hofmannsthal noch 1927 in seiner Rede «Das Schrifttum als geistiger Raum der Nation» in Form einer Absetzung gegen «das Treiben um 1770» ankämpfte: «dieses Weiche und Vage, alles in allem Auflösende, welches das Stigma ist, womit die Romanen diese Geistesart als die deutsche bezeichnen zu dürfen meinen und uns als Knaben, gleichsam schwärmende und schwelgende, unmündige, von ihrem Reich der Klarheit und männlichen Festigkeit absondern».[102] Der Vergleich zwischen Rousseaus «Emile» und Moritz' «Anton Reiser» läßt eine solche Meinung freilich nicht abwegig erscheinen. Daher taucht der Typus des Anton Reiser auch in Thomas Manns «Doktor Faustus» wieder als der ewig jugendliche und ewig problematische Deutsche auf.

Waldeinsamkeit

Ludwig Tieck

Tiecks märchenhafte Erzählung «Der blonde Eckbert» von 1796 bildet die Ouverture der vielstimmigen romantischen Auseinandersetzung mit dem Problem der Autonomie des Menschen. Sie gestaltet den Schauder der Seele vor sich selbst, ihre Angst vor der Selbsterfahrung, vor der Isolierung ebenso wie ihrer Öffnung. Im Gegensatz zur örtlichen Unbestimmtheit und Zeitenferne im Volksmärchen situiert die Erzählung das Geschehen unmittelbar in einer deutschen Landschaft, die im Zentrum der Topographie der klassisch-romantischen Epoche angesiedelt ist: «In einer Gegend des Harzes wohnte ein Ritter, den man gewöhnlich nur den blonden Eckbert nannte.»[103] Zugleich wird bereits in dem ersten Satz deutlich, daß auch das innere Geschehen sich nicht in einer märchenhaft entfernten oder exotischen Person abspielen wird, sondern im nordischen, deutschen Menschen. Es ist freilich keineswegs jener lichte und klarblickende Siegfried aus der germanischen Mythologie.

Bereits in der Exposition der Erzählung häufen sich Ausdrücke der Isolierung und der Selbstbezüglichkeit. Eckberts Gesicht (auch als Blick) ist «eingefallen», in sich gekehrt, er lebt «sehr ruhig für sich», man bemerkt an ihm «eine gewisse Verschlossenheit, eine stille zurückhaltende Melancholie». Die Spiegelbeziehung mit seiner Frau Bertha zeigt sich bereits in der Namensähnlichkeit, auch sie liebt die «Einsamkeit». Ihre Beziehung ist unfruchtbar, die Ehe bleibt kinderlos. Auch die Öffnung der verschlossenen Seele gegenüber dem Anderen kommt nur über eine Spiegelbeziehung zustande; der Freund Philipp Walther hat «ohngefähr dieselbe Art zu denken». Allerdings beschäftigt er sich auf eine geheimnisvolle Weise mit der Natur, und es wird betont, daß er von «niemand abhängig»[104] ist. Im Thema der Öffnung der Seele gestaltet Tieck die Wiederkehr des von der aufklärerischen Vernunft Verdrängten, in der genaueren Bekanntschaft der Seele mit sich selbst tun sich neue Ängste auf.

Berthas Erzählung ihrer Schicksale hebt mit einem Volksmärchenmotiv an, mit der Untauglichkeit und Unbeholfenheit des Helden in der gewöhnlichen Welt, wie sie auch dem «teutschen Michel» gern zugeschrieben wurde. In der Erwähnung von Berthas «Eigensinn» aber werden diese Eigenschaften mit dem Motiv der Autonomie des Subjekts verknüpft. Bertha flieht aus der Bedrückung der gesellschaftlichen Welt ins Freie, und das heißt zurück in den Naturstand. Dort aber wird sie mit der Angst vor der Natur konfrontiert, die die Aufklärung hatte austreiben wollen: «ich sah jetzt etwas Dunkles vor mir liegen, welches ein dichter Nebel bedeckte. Bald mußte ich über Hügel klettern, bald durch einen zwischen Felsen gewundenen Weg gehn, und ich erriet nun, daß ich mich wohl in dem benachbarten Gebirge befinden müsse, worüber ich anfing mich in der Einsamkeit zu fürchten. [...] Ich hatte nicht das Herz zurückzugehn, meine Angst trieb mich vorwärts; oft sah ich mich erschrocken um, wenn der Wind über mir weg durch die Bäume fuhr, oder ein ferner Holzschlag weit durch den stillen Morgen hintönte.»[105] Die unbekannte Sprache der Natur hallt in der Seele wider, das Verlangen nach ganzheitlicher Erfahrung und Autonomie erzeugt Angst vor der Isolierung, die der Blick des Individuums in die Natur rückprojiziert: «der Tag war grau und trübe, und keinen Baum, keine Wiese, selbst kein Gebüsch konnte mein Auge erspähn, einzelne Sträucher ausgenommen, die einsam und betrübt in engen Felsenritzen emporgeschossen waren.»[106]

So sehnt sich das nach Freiheit strebende Subjekt in die Abhängigkeit der Menschenwelt zurück, aber ein unbezähmbarer Wunsch, «die Lust zu leben», läßt es seinen Weg weitergehen. Diese Überwindung wird als Rückkehr zu ursprünglicher Erfahrung, als Wandel des Blicks auf die Natur gestaltet: «ich werde den Anblick und die Empfindung dieses Abends nie vergessen. In das sanfteste Rot und Gold war alles verschmolzen, die Bäume standen mit ihren Wipfeln in der Abendröte, und über den Feldern lag der entzückende Schein, die Wälder und die Blätter der Bäume standen still, der reine Himmel sah aus wie ein aufgeschlossenes Paradies, und das Rieseln der Quellen und von Zeit zu Zeit das Flüstern der Bäume tönte durch die heitere Stille wie in wehmütiger Freude. Meine junge Seele bekam jetzt zuerst eine Ahndung von der Welt und ihren Begebenheiten.»[107] In diesem nun angstfreien Blick hat die Seele mit sich selbst auch die Welt.

Die aus der Zerrissenheit des Ich in der Gesellschaft erträumte Ganzheit erscheint als paradiesische Erfahrung der Landschaft, in der sich der Mensch in spannungslosem Anteil am Handeln der Weltseele imaginiert. Solche Ganzheitserfahrung fällt in den Zeugnissen des späten 18. und frühen 19. Jahrhunderts auf verdächtige Weise immer wieder mit dem Preis eines engen, beschränkten Lebens zusammen. Gerade jene, die ihre Selbstwerdung durch Literatur und Wissen betreiben, kokettieren mit der Sehnsucht nach dem Einheimischsein «in einem so kleinen Familienzirkel»,[108] der freilich mit der realen bürgerlichen Familie des Zeitalters wenig Ähnlichkeit aufweist. Dieses

Ineinanderdenken von Weite und Enge, Nähe und Ferne scheint sich unauflöslich mit dem Problem des Verhältnisses von deutscher Denkart und deutscher Landschaft zu verbinden. Als eine Chiffre dieses widersprüchlichen Erfahrungskomplexes hat Tieck in dieser Erzählung das Wort «Waldeinsamkeit» neu in die deutsche Sprache gebracht.

Bei Moritz sollte die Literatur als symbolische Idylle fungieren, die in der Lebenswelt für das isolierte Subjekt nicht zu haben war. Bei Tieck vollzieht sich die Aufsprengung der Idylle selbst wieder durch Literatur. Berthas Schuld beginnt nämlich damit, daß sie lesen lernt und nun eigensüchtige Begehrungen entwickeln kann. So bildet Tieck die ganze Widersprüchlichkeit des Verhältnisses von Wunsch nach Ganzheit und Autonomiestreben märchenhaft ab: «Ich war jetzt vierzehn Jahre alt, und es ist ein Unglück für den Menschen, daß er seinen Verstand nur darum bekömmt, um die Unschuld seiner Seele zu verlieren. Ich begriff nämlich wohl, daß es nur auf mich ankomme, in der Abwesenheit der Alten den Vogel und die Kleinodien zu nehmen, und damit die Welt, von der ich gelesen hatte, aufzusuchen.»[109]

Es ist Berthas Schuld, daß sie ihre Autonomie an die Habsucht verrät. Nun vollzieht sich der Prozeß der Verdrängung des Naturstandes ein weiteres Mal, das Vergessen führt zu einer schuldhaften Verstrickung ins Eigene: es stellt sich heraus, daß sie ihren Bruder geheiratet hat. Falsches Selbstsein als Abkapselung, so suggeriert die Erzählung, führt zu Mißtrauen gegenüber dem Anderen, schließlich zu Krankheit, Unnatur und Wahnsinn. Die Landschaft aber gerät darüber aus dem Blick, sie wird auf Berthas Rückweg kaum noch erwähnt, am Ende hat sie sich wieder in einen angsteinflößenden Raum verwandelt, in dem schemenhaft die Inkarnationen der Schuld als Widergänger auftauchen. Aufklärung hat nicht stattgefunden. So ertönt die Sprache der Natur wie ehedem «dumpf und verworren».[110] Die zerüttete Seele spricht dunkel von mißlungener Autonomie, während die Natur in bedrohliche Sprachlosigkeit zurücksinkt.

Individualismus und Naturerfahrung

Friedrich Schlegel, F. W. J. von Schelling, Heinrich Heine

Es gehört zu den Stereotypen einer kulturkritisch motivierten Literaturgeschichtsschreibung, daß in der deutschen Romantik die Ursprünge des modernen Individualismus lägen: «Der polemische Charakter der Romantik äußert sich vor allem darin, daß sie sich nicht nur in individualistischen Formen bewegt, sondern aus ihrem Individualismus ein Programm macht. Sie vermag ihr Persönlichkeitsideal, so wie ihre Weltanschauung überhaupt, zunächst nur als Widerspruch und Verneinung zu formulieren.»[111] Dieser vorwurfsvoll gemeinte sozialgeschichtliche Befund Arnold Hausers nimmt ein Vorurteil auf, das in mehr oder weniger verdeckter Form seit dem 19. Jahrhundert überlebt und sich auch von den Kollektivexzessen des 20. nicht hat beeindrucken lassen. In jeder Krisensituation taucht die Individualismuskritik als ein schlichtes, aber vielseitig verwendbares Erklärungsmodell wieder auf: «Die Orientierungslosigkeit im Lande ist groß. Schuld sind die Institutionen in unserer Gesellschaft, die einen hemmungslosen Individualismus preisen. Viele Menschen bleiben sich dadurch alleine überlassen.»[112] Dieser Leserbrief aus dem Jahre 1997 endet mit der Diagnose: «Heute sind wir in Deutschland wirtschaftlich, sozial und kulturell auf die Notwendigkeit elementarster Selbsterhaltung angewiesen.» Dafür bedürfe es der Rückbesinnung auf preußische Tugenden.

Solches Ganzheitsdenken in der Tradition des preußischen Staatsphilosophen Hegel wird der hämischen Freude teilhaftig, daß die radikalsten frühromantischen Verfechter einer Autonomie des Subjekts, Friedrich Schlegel, Brentano und Schelling, alsbald wieder die Einbindung in die bergenden Institutionen der Kirche und des Staates suchten. Umgekehrt aber hat sich die Deutschtümelei immer wieder gern auf die Romantik und ihre Ganzheitsentwürfe berufen. Der widersprüchliche Problemzusammenhang ist von den Romantikern selber schon früh gesehen worden, und gerade im Zusammenhang der Naturwahrnehmung stellt sich das romantische Verhältnis von Individualismus und Bindung wesentlich differenzierter dar als in den skizzierten grobschlächtigen Alternativen.

In seiner Theorie der Anschauung von 1804 resümiert Friedrich Schlegel die zwischen Hamann, Kant und Herder entstandenen Einsichten in die Möglichkeiten der Naturerfahrung dahingehend, daß er das Bild von den Dingen als Mittelglied zwischen dem Gegenstand und der Selbsttätigkeit des Ich bestimmt. In der Bildfähigkeit erfährt sich der Mensch in seiner Freiheit, jedoch bedarf sie zur Bekräftigung des Wortes: «Es gibt dem Menschen die Bestätigung, daß er bei der Anschauung doch nicht ganz der Tyrannei der Dinge unterliege, sondern daß er frei darauf wirken und sie handhaben könne [...].»[113] Damit ist wie schon bei Herder die Sprache als das vorzügliche menschliche Vermögen bestimmt, «sich mit gemeinsamen Kräften gegen die Übermacht der Welt zu stärken und davon zu befreien».[114] Alle individuelle Aktivität, die auf eine Vergrößerung des Freiheitsspielraums hinausgeht, wird von Schlegel zugleich als eine gemeinsame und dialogische gedacht, damit «der äußere Gegenstand nicht wie es scheint, etwas von uns ganz und gar Verschiedenes, ein Ding, sondern sein eigentliches Wesen ein uns verwandtes, verborgenes Du sei».[115] Auch Schlegel kommt zur Begründung dieses Verhältnisses auf die Vorstellung einer Sprache der Natur zurück, «die sich in der Gestalt der Gegenstände offenbart». Daraus folgt nun, daß bei rechtem Gebrauch der Sinne, nämlich einem der durch Kunstgeschmack, durch ästhetische Erfahrung gebildet ist, die Naturgegenstände der Produktion von Sinn zugänglich werden. Dabei kommt dem Gesichtssinn besondere Bedeutung zu: er ist «gleichsam der Sinn für den Sinn, der Sinn für das einzige, was Sinn und Bedeutung hat in der Anschauung, der Sinn für das *Geistige* im Körperlichen».[116] Schlegels Anschauungstheorie entfaltet hier bereits wesentliche Momente einer Kritik der Verdinglichung.

Zu dieser Sinnproduktion als einem Beseelungsvorgang gehört ein spezifisches Streben, das Schlegel als (romantische) Sehnsucht identifiziert und das im Verein mit dem Vermögen der Erinnerung die Einbildungskraft konstituiert. In diesem Zusammenhang verwirft Schlegel überraschend heftig einen Begriff des Genies als Naturgabe eines Einzelnen: «Dieser Begriff von Genie ist durchaus unmoralisch, weil dadurch dem Hochmute und der Selbstvergötterung gar zu großer Vorschub getan wurde.»[117] Genie ist für Schlegel dagegen nur hochgradig tätige Einbildungskraft, die in ihrer Stärke an den Grad der Liebe gebunden ist, die darin wirksam wird. In Liebe und Sehnsucht aber wird sich der Mensch gerade inne, daß der Glaube, «ein Mensch sei spezifisch verschieden von allen andern und könne eben dadurch mehr tun»,[118] nicht zu rechtfertigen ist. So ist, so hofft jedenfalls Schlegel, «das menschliche Bewußtsein nie einsam und allein, sondern immer symproduktiv».[119] Diese Hoffnung offenbart sich freilich als Reflex der Angst des Subjekts vor seiner Isolierung, die dem Gedanken einer Beseelung von Natur und Landschaft aber schon in der ältesten Mythologie lokaler Gottheiten zugrunde liegt. Gleichwohl wird deutlich, daß die frühe Autonomiekonzeption der Romantik weder auf Herrschaft und Autorität zielt noch auf Abkapselung, sondern auf die Kommunikation freier und gleicher Subjekte. So sucht das Individuum im Blick auf die Natur eben nicht Einzelnes und Abgespaltenes für sich, sondern unendliche Fülle in einem Blick, jene vergegenwärtigende ganzheitliche Wahrnehmung, die auch Schlegel jeder Naturbegeisterung zugrunde legt.

Tatsächlich waren es ja die Romantiker, die auf eine nie gekannte Weise die Zusammenarbeit suchten. Bereits ihre Programmzeitschrift «Athenäum» (1798–1800) war ein Gruppenunternehmen. Friedrich Schlegel, Novalis, Schleiermacher und Schelling betrieben «Symphilosophie», Brentano und Arnim verfaßten neben «Des Knaben Wunderhorn» zahlreiche Texte miteinander, vollends war der romantische Shakespeare ein Kollektivunternehmen (August Wilhelm Schlegel, Ludwig und Dorothea Tieck, Baudissin). Die ganzen Wohnprojekte, das gemeinsame Wandern nebst dem kollektiven Kunstgenuß in der Dresdner Galerie, die Tischgesellschaften und literarischen Salons zeugen von einem enthusiastischen Bedürfnis nach Kommunikation. Freilich erscheinen diese Institutionen auch als Ersatz einer fehlenden Öffentlichkeit und als Kompensation wenig freiheitlicher gesellschaftlicher Zustände.

In Schlegels Theorie der Natur wird die Freiheit als das Höchste und die Notwendigkeit als das Untergeordnete gesetzt.[120] Das findet seine Anschauung in einer poetischen Topographie, in der Erfüllung des Raums, die das höchste Ziel der Sehnsucht ist.[121] In seiner Interpretation der Erdgeschichte als eines Kampfgeschehens zwischen Bewegung und Beharrung, Licht und Finsternis entziffert Schlegel dann gleichwohl den Trieb zur Absonderung. Diese Absonderung aber darf nicht so weit gehen, daß sie eine Wiedervereinigung mit dem Ganzen ausschließt, es darf keine selbstsüchtige Absonderung sein. Die selbstsüchtige Individualität kennzeichnet Schlegel als luziferisches Prinzip: «Dies ist Luzifer, der aus Hochmut und egoistischer Freiheitssucht sich gegen Gott empört, sich der Herrschaft der Liebe entzieht und aus dem Reiche des Lichts in das des ewigen Feuers herabgestoßen wird.»[122] Eine solche falsche Absonderung wird sich als innere und äußere Leere letztendlich selbst negieren. Ein Individuum, das radikal kritisch bei sich stehenbleibt, kann seine Autonomie nicht realisieren.

Die notwendige Absonderung als Ausbildung von Individualitäten produziert dagegen Fülle und Mannigfaltigkeit von Seinsmöglichkeiten. Das Prinzip der «Nachahmung und Gewohnheit», die konformistische Maxime, ist auf stattgehabte Individuation selbst angewiesen: «die Tätigkeit findet dann schon geebnete, gebahnte Wege, die sie nun mit leichter Mühe betritt.»[123] Wenn aber alle konformieren, so kann nichts gewonnen werden. Friedrich Schlegel denkt also die Vorstellungen der Individualität, der Selbstheit und Selbstbehauptung, die sich aus der Beobachtung der produktiven Kraft der Natur ableiten, immer unter dem Bezug auf das Ganze. Das Erdleben als ganzes zeigt schon den Trieb zur Produktion von Individualität. Im Menschen ist dieser Trieb derart wirksam, «daß ein Streben nach Freiheit entsteht und die Sehnsucht nach dem Unendlichen, zur Rückkehr in das Reich des Lichtes und der allgemeinen Freiheit erwacht».[124] So wird schließlich die Ausbildung von Individualität als Weg der Rückkehr in eine verlorene Ganzheit gedacht, die sich in einer durch Kunst gebildeten sehnsüchtigen Naturerfahrung überhaupt erst wieder erschließt. Böhmes ketzerische These einer Ermächtigung des sprechenden Subjekts durch den Individuationsprozeß, der in den Signaturen der Natur entziffert werden kann, wird bei Schlegel zum differenzierten Modell der romantischen Symbolisierungsstrategie.

Die Frühromantik war zweifellos in vielen Zügen mehr oder weniger jugendlich-unreife Negation der Gegenwart, sie begriff aber diese Negation als produktiv und hoffte zunächst unverdrossen in aufklärerischer Tradition, daß ein positiver Weg des deutschen Geistes als Menschheitsgeist durch die Kräfte der Trägheit und Beharrung letztlich nicht aufzuhalten sei. Freilich konnte Schlegel angesichts der Geschichte des Menschengeschlechts und im besonderen der Entwicklung der Französischen Revolution die Wirksamkeit eines «bösen Prinzips» nicht übersehen. Das Böse sieht Schlegel in einem selbstzerstörerischen Egoismus gegründet. Dieses Prinzip habe zwar nicht die Macht, «auf eine zerstörende Art direkt in die Welt einzuwirken, und andere Wesen zu zerstören, aber es kann diesen den Hang der Selbstzerstörung epidemisch mitteilen».[125] Das wäre aber eben nicht als Wirkung des Individualismus, sondern als ein Kollektivphänomen zu verstehen. Die Art und Weise, wie Natur und Landschaft als Bindung und Freiheit gedacht werden, berührt so virtuell bereits das Problem des Totalitarismus.

Blumenberg hat die Rückwendung der Romantiker zu vergangenen Ganzheiten auf den geschichtlichen Augenblick bezogen, «in dem die brutale Exekution der rationalen Umwälzung das Jahrhundert seinem Geist der Toleranz zuwider enden ließ und die Epoche um das Bewußtsein ihrer Selbstbegründungsfähigkeit brachte [...]».[126] Die schockhafte Erkenntnis, daß die Periode der Vernunft und der Toleranz geradewegs in die Barbarei, nicht nur in die des jakobinischen Terrors, geführt hatte, ließ plausiblerweise gar nichts anderes zu als die Idee eines vermittelten Verhältnisses von Individualität und Ganzheit. Sollten die gewonnenen Freiheitsspielräume gerettet werden, so mußte ein ganzheitliches geistiges Gegengewicht gegen die falschen Ganzheitsansprüche des Terrors und des Despotismus gefunden werden, das dem autonomen Subjekt seine Integrität bewahrte. Die eine Ganzheit bestand in einer mehr oder minder phantasmagorischen geschichtlichen Vorstellung von einem von geistigen Werten zusammengehaltenen mittelalterlichen Reich deutscher Nation (das also bei seiner formellen Liquidierung 1806 schon längst zu einer poetischen Chiffre der Ganzheit geworden war), die im antinapoleonischen Affekt alsbald in Deutschtümelei umschlug. Die andere in einer Vorstellung von einer Natur, die die Ausbildung von Freiheitsspielräumen evidentermaßen garantiert. Die Verbindung dieser Vorstellungen hatte Ludwig Tieck bereits 1796 in «Franz Sternbalds Wanderungen» geleistet. Aus der metaphorischen Überlagerung dieser beiden Folien ergab sich eine ideale Vorstellung von einer Um- und Mitwelt, in der das Subjekt mit unverwechselbar eigener Stimme sprechen kann, ohne dafür mit Ausgrenzung und Einsamkeit bestraft zu werden.

Die Lebenswelt der Romantiker entsprach dieser Vorstellung jedenfalls nicht, sie mußte also poetisiert werden. Das aber konnte angesichts der historischen Vorgänge keine Idealisierung der gesellschaftlichen Wirklichkeit bedeuten, sondern nur eine als vorläufig gedachte Verlegung der Kommunikation in den imaginären Raum der Kunst. Für das künstlerische Subjekt war der auch darin zu beschreitende Mittelweg jedoch eben nicht der am leichtesten begehbare. Vielmehr stand das emphatische Individuum fortan in der doppelten Gefahr, sich im Konformismus bedeutungslos oder in zu radikaler Individuation unverständlich zu machen. Das blieb das Problem der modernen Kunst.

Schelling erklärte als erster öffentlich die Herausbildung einer «durchaus eigentümlichen Kunst» zu einer vaterländischen Angelegenheit, versuchte das Kunststück, den Nonkonformismus als Nationalcharakter zu bestimmen. In seiner Münchener Akademierede von 1807 verschwieg er freilich die Entstehung dieser Wendung aus der preußischen Krise. Die Ganzheitsfolie blieb hier weiterhin das Naturverständnis, um das sich aber Schelling zufolge die Deutschen im neuzeitlichen Europa besonders verdient gemacht hätten: «Dieses Volk, von welchem die Revolution der Denkart in dem neueren Europa ausgegangen, dessen Geisteskraft die größten Erfindungen bezeugen, das dem Himmel Gesetze gegeben und am tiefsten von allen die Erde durchforscht hat, dem die Natur einen unverrückten Sinn für das Rechte und die Neigung zur Erkenntnis der ersten Ursachen tiefer als irgendeinem anderen eingepflanzt, dieses Volk muß in einer eigentümlichen Kunst endigen.»[127] Vorsichtshalber und mit durchsichtiger Motivation ist es freilich das nächste Vaterland, nämlich

Bayern, wohinein Schelling seine Hoffnungen setzt. Hier nämlich habe «ein erhabener Regent dem menschlichen Verstande Freiheit, dem Geiste Flügel, menschenfreundlichen Ideen Wirksamkeit gegeben».[128] Das «Band Einer Liebe und Eines allgemeinen Enthusiasmus»,[129] der tragende Gefühlsgrund also, den die romantische Sehnsucht als Voraussetzung der Kreativität dachte, weil sie ihn in den gegebenen Verhältnissen vermißte, läßt sich vorerst nur als machtgeschützt denken.

Heinrich Heine hat hier spöttisch den Umschlagpunkt in der Entwicklung des deutschen Geistes ausgemacht. Als eigentlich deutsche Philosophie sieht er eine in der Tradition Kants, die «sich wenig um politische und religiöse Verhältnisse, desto mehr aber um die letzten Gründe aller Erkenntnis bekümmerte».[130] Aus dergleichen Spinnweben, so hält Heine dieser Tradition zugute, könnten weder der Jesuitismus Lügennetze noch der Despotismus Stricke verfertigen. Seit Schellings Münchener Wendung aber hätten die deutschen Philosophen nach Gründen gesucht, «das Vorhandene zu rechtfertigen, sie wurden Justifikatoren dessen, was da ist [...], sie wurden Staatsphilosophen, nämlich sie ersannen philosophische Rechtfertigungen aller Interessen des Staates, worin sie sich angestellt befanden.»[131]

Heine erscheint dies als besonders ärgerlich, weil er gerade in der Naturlehre des frühen Schelling eine nun verspielte geschichtliche Möglichkeit des vernünftigen Ausgleichs zwischen dem Spiritualismus der Deutschen und dem Materialismus der Franzosen sieht. Indem nämlich Schelling gelehrt habe, daß die «Natur nicht bloß in unserem Geiste, sondern auch in der Wirklichkeit existiere [...]».[132] Die Differenz als Kontinuität eines Lebenszusammenhangs zu denken, das Aushalten von Widersprüchen zwischen Individuum und Gesellschaft als vitalisierendes Prinzip zu betrachten war in der Tat Heines Option einer Aufhebung frühromantischer Motive in einer Theorie des abweichenden Verhaltens. Heines Standhaftigkeit gegenüber politischen Vereinnahmungen jeglicher Art beruht auf einem Nonkonformismus, der gegen jegliche Tradition eine Gegenwärtigkeit des Lebenswillens geltend macht, der der Verbindung mit einem realen Ganzen gar nicht bedarf.[133] Dies hat er durchgehalten, nicht nur gegen deutschen, sondern auch gegen französischen Druck, sei es auch um den Preis des Scheiterns und des Schmerzes, was sich in Heines Sprache wie immer heiter als Dissonanz zwischen Form und Inhalt niederschlägt. Das aber mag selber schon die hingenommene Konsequenz einer Ausgrenzung gewesen sein, die zu einer erzwungenen und darum nicht selten krampfhaften Überbetonung der Individualität führt. Es ist in diesem Zusammenhang Heines spöttisches Verhältnis zur Natur, das in Borchardts Anthologie zu einer nochmaligen Ausgrenzung aus einem deutschen Paradigma führt, da er «die heilige Natur und die fromme Erde nur zu einem Vorwande nimmt um die eigene Gefallsucht und Rührwitzigkeit an den Mann zu bringen».[134] Freilich berührt es merkwürdig, wenn ein Individualist, der alsbald ausgegrenzt und verfemt werden sollte, einem anderen, dem die Integration nicht verstattet war, den Individualismus vorwirft. Im Heine-Kapitel von Nadlers Literaturgeschichte der Deutschen wird dann diese symbolische Ausgrenzung stammesgeschichtlich wiederholt. Selbst Adorno aber hat Heines Texte als traurige Dokumente eines historischen Bruchs gelesen, der die Möglichkeiten einer unbeschädigten Individualität beschnitten hat. So besteht Heines Aktualität Adorno zufolge darin, daß er den Verlust eines menschenwürdigen Verhältnisses zwischen Einzelnem und Ganzen, Mensch und Natur schmerzhaft vor Augen führt. «Heute, nachdem das Schicksal, das Heine fühlte, buchstäblich sich erfüllte, ist aber zugleich die Heimatlosigkeit die aller geworden; alle sind in Wesen und Sprache so beschädigt, wie der Ausgestoßene es war.»[135] Diese Sätze werden aus Adornos Schicksal und dem der deutschen Juden verständlich, auf der anderen Seite aber bildet Heine das aufmunternde Beispiel eines ironisch-heroischen Individualismus, der seine Mitarbeit am Ganzen unter Vorbehalt stellt. Auf Heine jedenfalls konnte sich keine illegitime Macht je berufen. Daß die Nazis seine «Loreley» als Volkslied («Dichter unbekannt») deklarierten, ist ein geschichtsphilosophischer Witz, der ihm gefallen hätte.

Die Chiffernschrift der Natur

Novalis

Es war nicht zufällig der bergbaukundige Novalis, der Jacob Böhmes Idee einer sprechenden Natur auf so wahnhafte wie luzide Weise mit der Einsicht in das Problem der Naturbeherrschung verband. Zum ersten Mal in der Geschichte der Neuzeit nimmt bei ihm die Literatur emphatisch Partei für die Natur. Der Sündenfall der Menschheit besteht für Novalis in der Degradierung der Natur zum bloßen Material, mit der sich der Mensch selbst aus der Bewegung der Schöpfung ausschließt. So gehört es zum Kern des Projekts einer Poetisierung der Welt, daß der Dialog zwischen Mensch und Natur wiederhergestellt wird. Novalis' magischer Idealismus geht daher von der Vorstellung aus, daß die Märchen und Mythen von einer Zeit berichten, in der die Dinge und Kreaturen der Natur deutlich vernehmbar gesprochen haben.

In dem Versuch eines sinnbildlichen Naturromans, «Die Lehrlinge zu Sais» (1802), deuten die Lehrlinge das «Märchen von Hyazinth und Rosenblüth» in diesem Sinne: «In jener Zeit verstand er [der Mensch] uns, wie sie ihn verstanden. Seine Begierde, Gott zu werden, hat ihn von uns getrennt, er sucht, was wir nicht wissen und ahnden können, und seitdem ist er keine begleitenden Stimme, keine Mitbewegung mehr.»[136] In dem Märchen wird das «es war einmal» der Volksmärchen als jene Zeit interpretiert, in der Pflanzen, Tiere und Menschen vertraulich miteinander kommunizierten. Zwischen Mensch und Natur aber schiebt sich das funktionale Wissen in Form eines unverständlichen Buches, das den Helden zum Erkenntnisstreben verführt. Erst die rituelle Verbrennung des Buches öffnet den Weg zu einer erneuerten Erfahrung der Natur als Bewegung und Sprache. Im Laufe dieser Bewegung als Wanderung des Helden vollzieht sich die Wiederannäherung von Natur und Mensch: «wie er wandelte, so veränderte sich auch sein Gemüt, die Zeit wurde ihm lang und die innere Unruhe legte sich, er wurde sanfter und das gewaltige Treiben in ihm allgemach zu einem leisen, aber starken Zuge, in den sein ganzes Gemüt sich auflöste. Es lag wie viele Jahre hinter ihm. Nun wurde die Gegend auch wieder reicher und mannigfaltiger, die Luft lau und blau, der Weg ebener, grüne Büsche lockten mit anmutigem Schatten, aber er verstand ihre Sprache nicht, sie schienen auch nicht zu sprechen, und doch erfüllten sie auch sein Herz mit grünen Farben und kühlem stillen Wesen.»[137] Am Ende aber wird Hyazinth die Sprache der Natur wieder verständlich, die Blumen grüßen ihn «mit bekannten Worten», der Mensch hat zu seinem ursprünglichen Wesen zurückgefunden. Alles aber war in seinem Inneren schon längst keimhaft vorhanden.

Der Literarhistoriker des George-Kreises, Friedrich Gundolf, hat die Allbelebung der Natur bei Novalis, «die Verwunschenheit der Natur, die redenden Tiere, die personifizierten Gegenstände und Abstrakta», kritisch betrachtet. Es werde da die «Entmenschlichung der poetischen Welt» betrieben, und es sei, «als könne der Sinn des Geschehens, die Sprache der Erde, die Geheimnisse der Erde erst frei werden, wenn sie von dem Alp der menschlichen Bedingtheiten, Schicksale, Charaktere und Leidenschaften erlöst sind [...]».[138] In der Tat ist eine Abwendung vom Humanitätsideal der aufklärerischen und klassischen Tradition unverkennbar, wenn Novalis mutmaßt, die Natur könnte «vor Schrecken über die Ankunft des Menschen»[139] verstummt sein. Auch der Erzähler von Thomas Manns «Doktor Faustus», der Humanist und Philologe Serenus Zeitblom, wird in der spirituellen Naturverehrung der Romantik einen bedenklichen, latent menschenfeindlichen Zug des deutschen Wesens entziffern.

Das Romanfragment «Die Lehrlinge zu Sais» spielt verschiedene Möglichkeiten des menschlichen Verhaltens zur Natur durch, und dabei fällt die Beschreibung der modernen Naturbeherrschung – auch in der künstlerischen Form – tatsächlich nicht eben menschenfreundlich aus: «laßt unser Geschlecht einen langsamen, wohldurchdachten Zerstörungskrieg mit dieser Natur führen. Mit schleichenden Giften müssen wir ihr beizukommen suchen. Der Naturforscher sei ein edler Held, der sich in den geöffneten Abgrund stürze, um seine Mitbürger zu erretten. Die Künstler haben ihr schon manchen geheimen Streich beigebracht. […] Mit innerm Triumph laßt uns ihren Verwüstungen, ihren Tumulten zusehn, sie soll an uns sich selbst verkaufen, und jede Gewalttat soll ihr zur schweren Buße werden. In den begeisternden Gefühlen unsrer Freiheit laßt uns leben und sterben […].»[140] Im Sinne der romantischen Andachtsästhetik scheint Novalis trotz einer unverkennbaren Lust an der Gewaltsamkeit dagegen für eine fromme Selbstbegrenzung des Menschen im Verhältnis zur Natur zu plädieren. Nur derjenige gelte als ihr Vertrauter, der «mit Andacht und Glauben von Ihr spricht, dessen Reden die wunderbare, unnachahmliche Eindringlichkeit und Unzertrennlichkeit haben, durch die sich wahre Evangelia, wahre Eingebungen ankündigen».[141] In Teilen der heutigen Ökologie-Bewegung lebt diese Idee als Programm der «Lebendigkeit und Heiligkeit der Natur» (Rupert Sheldrake[142]) oder der «Wiederverzauberung der Natur» wieder auf. Insbesondere wird in der «Gaia-Hypothese» des Naturwissenschaftlers James Lovelock die Erde als heiliger und geheimnisvoller Organismus begriffen. «Er knüpft damit faktisch an die große, vor allem durch Plato gestiftete Tradition an, nach der der Welt qua Erde eine Seele zugeschrieben wird und die Erde als großes Lebewesen betrachtet wird. Weiter zurück reicht die Vorstellung der Erde als dem großen mütterlichen Leib der Gaia.»[143]

Im «Heinrich von Ofterdingen» hat Novalis die Landschaftserfahrung, die Analogie von Landschaft und Seelenstand, schulbildend als Wesensmerkmal altdeutscher Kultur geadelt. Gerade dieser Zug des Bildes vom deutschen Mittelalter ist freilich vollständig phantasmagorisch, eine Projektion neudeutschen Bewußtseins, das gegen das universalistische Menschenbild des Klassizismus ausgespielt wird. In den «Zeiten der blühenden Wartburg und der schwäbischen Minnesänger», wie es in Adolf Schlichtegrolls rühmendem Nachruf im «Nekrolog der Teutschen»[144] 1805 heißt, gab es nach allen Zeugnissen keine ästhetische Aufmerksamkeit für die Landschaft. Bei Novalis aber wird jede entscheidende Wendung in der Geschichte des jungen Ritters und angehenden Dichters in einer Landschaftsbeschreibung verbildlicht. So ist der Roman der Versuch einer dichterischen Umsetzung der Idee einer Sprachlichkeit und Lesbarkeit der Landschaft im Sinne Blumenbergs, der Frage, welche Welt man hätte haben können. «Die Gewächse», so heißt es zum Beispiel im Dialog zwischen Heinrich und Sylvester, «sind die unmittelbarste Sprache des Bodens [...]. Über die ganze trockene Welt ist dieser grüne, geheimnisvolle Teppich der Liebe gezogen. Mit jedem Frühjahr wird er erneuert und seine seltsame Schrift ist nur dem Geliebten lesbar wie der Blumenstrauß des Orients. Ewig wird er lesen und sich nicht satt lesen und täglich neue Bedeutungen, neue entzückendere Offenbarungen der liebenden Natur gewahr werden.»[145] So wird die Metapher der Lesbarkeit der Landschaft zur Kritik der entsinnlichten Gelehrsamkeitskultur der Aufklärung, des «trockenen» 18. Jahrhunderts mit seiner rationalistisch begründeten Überzeugung, die wirkliche Welt sei die beste aller möglichen.

Bereits bei Heinrichs Aufbruch zu seiner Reise identifiziert Novalis die Landschaftserfahrung mit der romantischen Operation der Poetisierung der Welt: «Es war früh am Tage, als die Reisenden aus den Toren von Eisenach fortschritten, und die Dämmerung begünstigte Heinrichs gerührte Stimmung. Je heller es ward, desto bemerklicher wurden ihm die neuen unbekannten Gegenden; und als auf einer Anhöhe die verlassene Landschaft von der aufgehenden Sonne auf einmal erleuchtet wurde, so fielen dem überraschten Jüngling alte Melodien seines Innern in den trüben Wechsel seiner Gedanken ein. Er sah sich an der Schwelle der Ferne, in die er oft vergebens von den nahen Bergen geschaut, und die er sich mit sonderbaren Farben ausgemalt hatte. Er war im Begriff, sich in ihre blaue Flut zu tauchen. Die Wunderblume stand vor ihm, und er sah nach Thüringen, welches er jetzt hinter sich ließ, mit der seltsamen Ahndung hinüber, als werde er nach langen Wanderungen von der Weltgegend her, nach welcher sie jetzt reisten, in sein Vaterland zurückkommen, und als reise er daher diesem eigentlich zu.»[146] In der Überlagerung von Raum und Zeit wird die Struktur der Wunschphantasie deutlich: aus dem Mangel der Gegenwart geht der Wunsch auf die Kindheit zurück, deren Nachklang als Harmonie in die Zukunft projiziert wird. Alle Poesie aber ist Novalis zufolge Überlagerung von Erinnerung und Ahnung, die in den Raum gedacht wird. Auratisch wird so die Ferne vorgreifend mit der Nahwelt identifiziert. Reisen als Bewegung hat zuletzt das Eigene, gesteigertes Selbstsein zum Ziel. Im Augenblick der erfüllten Liebe wird Heinrich die Landschaft zur Zeit- und Raumekstase werden, sie wird ihm «innere Phantasie», nämlich zur Poesie selbst. So erscheint die Landschaft von vornherein als Medium der Entzifferung einer «Erwartung».

Auch die Notizen zum geplanten zweiten Teil, der «Die Erfüllung» heißen sollte, beginnen mit der «Beschreibung einer Gegend»: «Der Himmel war dunkel und durchsichtig – Nur leichte, glänzende Wölkchen streiften langsam durch sein blaues Feld. [...] Ein ziemlich starker Wind ließ sich in der Luft verspüren und seine dumpfe, verschwebende wunderliche Musik verlor sich in ungewissen Fernen. Sie wurde lauter und vernehmlicher in den Wipfeln der Bäume – so daß zuweilen die Endsilben und die einzelnen Worte einer unbekannten menschlichen Sprache hervorzutönen schienen. […] Es hatten alle Gegenstände einen ungewissen Schein. Doch lag Ein Sinn in allem […].»[147] So spricht viel dafür, daß «die Erfüllung» im Wiedererscheinen einer dem Menschen verständlichen Sprache der Natur abgebildet werden sollte. Der wesentliche Inhalt des Romans deckt sich so mit der Metapher der Lesbarkeit der Landschaft als dem Wunsch nach ganzheitlicher Erfahrung, letztlich nach einer anderen Wirklichkeit.

Der Roman sollte ein Durchbruch zur poetischen Kreativität werden, der nie gelang. Im Brief an Tieck vom 23. Februar 1800 verspricht sich Novalis «mannigfachen Nutzen» von dem Roman und behauptet, der Kopf wimmele ihm «von Ideen zu Romanen und Lustspielen». Keiner der romantischen Versuche, der unablässig beschworenen Ganzheitsvorstellung in der Form des Romans Konkretion zu verleihen, gelang freilich, wurde überhaupt nur beendet. Auch die Verlegung der Handlung ins deutsche Mittelalter konnte das Scheitern nicht verhindern. Zu sehr widersprachen diese Versuche der Tendenz zum spezialisierten Kunstproduzenten. Die Romantiker hatten das freischaffende Individuum gerufen, sie wurden es auch in der Beschwörung mittelalterlicher Einheit nicht wieder los. Thomas Mann wird dagegen im «Doktor Faustus» die Geschichte jenes Scheiterns gelingen. So bleiben Novalis' Romanfragmente nur als ruinöse Denkmäler eines Unbehagens in der neuzeitlichen deutschen Geschichte. Die Uneingelöstheit dieser Ansprüche aber mag den Fortbestand einer diffusen und antimodernistischen Sehnsucht nach Ganzheit, wie sie in der deutschen Kultur immer wieder auflebt, gerade gefördert haben.

Die Landschaft der Kindheit und das Ganze

Clemens Brentano

In Thomas Manns «Doktor Faustus» (1947) hält der jugendbewegte Student Deutschlin vor einer Wanderung durch die romantische thüringische Landschaft, wie sie bei Novalis erschien, eine kleinen Vortrag über Jugend als spezifische Lebensform: «Der Jugendgedanke ist ein Vorrecht und Vorzug unseres Volkes, des deutschen, – die andern kennen ihn kaum, Jugend als Selbstsinn ist ihnen so gut wie unbekannt, sie wundern sich über das wesensbetonte und von den höheren Altersklassen gebilligte Gebaren der deutschen Jugend und selbst über ihr unbürgerliches Kostüm. Mögen sie nur.»[148]

In der Tat ist die literarische Gestaltung der Jugend als spezifischer Lebensform ein konstitutiver Bestandteil der romantischen Ästhetik. Keiner aber hat eine reflektierte Kindlichkeit und Jugendlichkeit so hartnäckig als Voraussetzung künstlerischen Schaffens betrachtet wie Clemens Brentano, keiner sich so wie er als jugendlicher Exzentriker im bunten Rock geriert und die Poetisierung des Lebens als Programm ernst genommen. Und noch der alte und bußfertige Dichter imaginierte sich im Spätwerk im «Tagebuch der Ahnfrau» und «Gockel, Hinkel und Gackeleia» als ein «armes Büblein». Allen Dunkelheiten und Brüchen seines Werks, «all diesem Elementarischen, Dämonischen, Zerrissenen und Zerreißenden steht in Brentanos Welt immer etwas, und auch dies von früh auf, als das Rettende gegenüber: das Kind.»[149] Die romantische Formel von der Poesie als Erinnerung und Ahnung hat bei

Brentano von Anfang an das Moment des Eingedenkens der Kindheit.

Bereits in den frühen, zwischen 1795 und 1800 geschriebenen, mehr oder weniger schlüpfrigen Liebesgedichten, die Brentano in seinen verwilderten Roman «Godwi»[150] einfügte, gründet die Motivik und Bildlichkeit des Wunsches, der Liebe und der Lust in der Idee einer sprechenden und lesbaren Natur. Die Romanform ist hier das oft nur notdürftige Behältnis einer fahrig sich als autonom begreifenden Subjektivität, die Befindlichkeit der Protagonisten wird weniger in ihren Handlungen als im lyrischen Ausdruck entziffert. Das Gedicht «Wenn der Sturm das Meer umschlinget»[151] entfaltet in hingerissenen Naturbildern die Charakteristik jugendlichen Begehrens, das wie unwillkürlich aber wieder die Angst vor der Vereinzelung herbeizieht, wie sie bereits bei Moritz und Tieck in der Landschaftsanschauung fühlbar wurde. Es heißt dort: «An Ufers Ferne wallt ein Licht, | Du möchtest jenseits landen: | Doch fasse Mut verzage nicht, | Du mußt erst diesseits stranden.» In der charakteristischen Ineinsbildung von Nähe und Ferne entziffert das Subjekt die Notwendigkeit, die «tote Wand» der Tradition zu brechen, um die Welt als Liebe zu gewinnen: «Ich will kein Einzelner mehr sein, | Ich bin der Welt, die Welt ist mein.» Im perpetuierten Liebeserlebnis will dieses durchglühte jugendliche Ich die Gegenwärtigkeit des Lebensgenusses auskosten und rechtfertigt dies mit einer gottgegebenen Poesie der Natur: «Mit Liebesflamm' und Licht | Hat Gott sich selbst entzündet | In der Natur Gedicht.»

Bereits im nächsten Gedicht des «Godwi», der «Szene aus meinen Kinderjahren»,[152] aber reflektiert sich das lyrische Ich in einem Vergangenheitsbezug, der die Entstehung und Entwicklung jugendlicher Wünsche geradezu modellhaft an die Erfahrung der Landschaft bindet. Das Elternhaus mit den Gegenständen und Zeugnissen altdeutscher Tradition erscheint dabei als «trübes träges Einerlei». Aus der Erfahrung der Langeweile heraus zieht das Wechselspiel der Natur den Wunsch nach dem «Wechsel eines flücht'gen Lebens» herbei: «Ich wollte damals alles umgestalten», lautet dann die handlungsorientierte Konsequenz daraus. Was das Ich damals noch nicht wußte, ist, daß diese Umgestaltung nur eine des Bewußtseins, des Inneren sein kann. Hier scheinen die Erfahrung der Französischen Revolution in der Vermittlung durch Brentanos Schulfreund, den bekehrten Revolutionsanhänger Joseph Görres, und die Diskussionen in den freigeistigen Studentenzirkeln in Halle und Jena im Hintergrund auf. Jedenfalls gibt das lyrische Ich nun vor zu wissen, daß «jeder, der zerstört, sich selbst zerstört».

Gleichwohl erscheint die Natur in dem Gedicht als ein zerstörerisches Kampfgeschehen:

Die Wolken drängten sich wie wilde Heere,
Gestalt und Stellung wechselnd in dem Streite,
Der Sonne Strahlen schienen blut'ge Speere;
Es rollte leiser Donner in der Weite,
Und unentschieden schwankt des Kampfes Ehre
Von Tag zu Nacht, neigt sich zu jeder Seite;
Dann sinkt die Glut, es brechen sich die Glieder,
Es drückt die Nacht den schwarzen Schild hernieder.

Das tiefe und sehnende Glühen jedoch, das dieses Schauspiel im jugendlich gärenden Ich erregt, führt zu einem Wunsch nach Zeitekstase, die aber nur zur Folge hat, daß sich die Weiten der hochfliegenden Pläne nur immer enger im Herzen zusammendrücken, was sich in der Versgestaltung durch ein Hinausdrängen über die Versgrenzen niederschlägt:

> Da fühlte ich in mir ein tiefes Sehnen
> Nach jenem Wechsel der Natur, es glühte
> Das Blut mir in den Adern, und ich wünschte
> In einen Tage so den Frühling, Sommer,
> Herbst, Winter, in mir selbst, und spann
> So weite, weite Pläne aus, und drängte
> Sie enger, enger nur in mir zusammen.

Im Höhepunkt des Gedichts wird die Landschaft zum Gegenbild eines gefühlskalten, von Vernunft beschädigten Lebens, an dem das Glücksverlangen des Subjekts zuschanden geht. Wiederum ist Landschaft die Chiffre eines Ganzen der Erfahrbarkeit, das aber nun todessüchtig als Auflösung gedacht wird.

> Der Tag war hinter Berge still versunken,
> Ich wünschte jenseits auch mit ihm zu sein,
> Weil er mir diesseits mit dem kalten Lehrer,
> Und seinen Lehren, stets so leer erschien.

Der Blick zurück erfaßt nun nur noch die Bedrückung und Beschwerung des Lebens durch Tradition, die einen Lebensgenuß im Gegenwärtigen nicht zuläßt.

> Dann wünscht' ich mich mit allem, was ich Freude
> Und wünschenswertes Glück genannt, zusammen
> Vergehend in des Abendrotes Flammen.

Das vergeblich begehrende Subjekt imaginiert sich in die ultimative Wunschlosigkeit eines Aufgehens im Elementarischen. Das aber kippt in eine für Brentano charakteristische Weise zurück in die Sehnsucht nach den Wonnen der Gewöhnlichkeit und Häuslichkeit, die nun überraschend mit dem Ganzen der Erfahrbarkeit identifiziert werden.

Da sehnt' ich mich nach Ruhe nach der Arbeit,
Und träumte mancherlei von Einfachheit,
Von sehr bescheidnen bürgerlichen Wünschen.
Ich wußte nicht, daß es das Ganze war,
Das mich mit solchem tiefen Reiz ergriff.

Die Auslotungen der Autonomie des Subjekts bei Brentano changieren zwischen der Vergötterung der schaffenden Phantasie des Künstlers, der sinnlichen Hingabe ans reine Sein und dem kunstfeindlichen Sichaufgeben in der Gemeinschaft und streifen so fragmentarisch das ganze Spektrum möglicher Selbstdefinitionen des Ich im Verhältnis zur Gemeinschaft. Sie bleiben dabei schmerzhaft auf den «Traum zum ganzen Leben» bezogen. Die Trennung aber von der Vaterwelt hat sich im Rückblick des lyrischen Ich als innere Zerrissenheit und äußere Unstetigkeit ausgewirkt.

In diesem Augenblicke fiel mein Los.
Ein ew'ger Streit von Wehmut und von Kühnheit,
Der oft zu einer innern Wut sich hob,
Ein innerliches, wunderbares Treiben
Ließ mich an keiner Stelle lange bleiben.

Nur im Eingedenken des Bildes der Mutter, das bei Brentano abwechselnd marianisch und naturmythologisch gefaßt wird, zugleich in der Imagination des Ich als Kind, stellt sich etwas wie Tröstung ein. Dieses widersprüchliche Verhältnis Brentanos zu Herkommen und Tradition hat Hans Magnus Enzensberger als poetisches Verfahren der Entstellung dingfest gemacht, das die Tradition zugleich ehrt und zerstört, die eigenen Gefühle ernst nimmt und sie zugleich vom Allgemeinen her in Frage stellt und ironisiert.[153] Dem entspricht bei Brentano ein praktisch lebenslanges Schwanken zwischen selbstbewußt und hochfahrend herausgekehrter Autonomie und verzweifelter Suche nach Bindung und Gemeinschaft, die ihn schließlich in die Arme der Kirche und ans Leidenslager der angeblich stigmatisierten Anna Katharina Emmerick trieb.[154] Brentanos Gemeinschaftssucht führte ihn auch in fragwürdige restaurative, nationalistische und antisemitische Zirkel. So besuchte er in Berlin die «Christlich-deutsche Tischgesellschaft», in Wien 1813 den katholisch-restaurativen «Strobelkopf» und die monarchistische «Rebhühnergesellschaft», in Berlin 1815 den «Tugendbund», 1827 die ultramontane «Typusgesellschaft»: Der individualistische Dichter betätigte sich immer wieder als konservativer Vereinsmeier. Nun hat Brentano aufgrund seiner Unrast und notorischen Unzuverlässigkeit wohl nur sehr wenig zur Realisierung radikaler politischer Ziele beigetragen, seine Gemeinschaftsvorstellung blieb weitgehend fiktional. Gleichwohl markiert seine symbolische Formulierung des Verhältnisses von Individualität und Gemeinschaft sehr genau die Bewußtseinslage, die für den totalitären Zugriff anfällig ist. Die Idee, in der Kunst entwickelte symbolische Formen breitflächig auf die gesellschaftliche Wirklichkeit zu übertragen, läuft geschichtlich auf die «Ästhetisierung des politischen Lebens»[155] hinaus, wie sie Walter Benjamin als Strategie des Faschismus beschrieben hat. Von dem «Aufstand der Technik», der die Voraussetzung einer solchen Totalstrategie bildet, wußte freilich Brentano noch nichts.

Gleichwohl erscheint aus der Sicht des Jahres 1947 folgerichtig, daß der skeptische Aufklärer Serenus Zeitblom in Thomas Manns «Doktor Faustus» seinen Einspruch gegen die tendenziell politisch gefährliche Kunstkonzeption des deutschen Tonsetzers Adrian Leverkühn anhand fiktiver Brentano-Vertonungen entwickelt. Er arbeitet somit umgekehrt die politischen Implikationen heraus, die in einem totalitären Mißbrauch der Idee einer Poetisierung des Lebens deutlich werden. «Schein und Spiel haben heute schon das Gewissen der Kunst gegen sich. Sie will aufhören, Schein und Spiel zu sein, sie will Erkenntnis werden.»[156] So sieht Zeitblom auch in Leverkühns Werk das Zugleich des Ehrens und Zerstörens der Tradition und der Ganzheit, als «Verspottung zugleich und Verherrlichung des Fundamentalen». Daher werden die Brentano-Kompositionen als Symbolik der Gemeinschaft beschrieben, in der aber schon jene totalitäre Kompositionskonzeption aufscheint, nach der es in einem Werkganzen keine freie Note mehr geben soll: «Es wendet Musik hier ihr Auge auf sich selbst und schaut ihr Wesen an. Dieses sich tröstend und trauernd Einander-die-Hand-Bieten der Töne, dieses verwandelnd-verwandt ineinander Verwoben- und Verschlungensein aller Dinge, – das ist sie, und Adrian Leverkühn ist ihr jugendlicher Meister.»[157] Aus der Landschaftsanschauung aber bezieht der Erzähler von Thomas Manns Roman seine Einsicht in den kulturell paradoxen Charakter einer solchen Kunstkonzeption, «wie, in Umkehrung des natürlichen Entwicklungsvorgangs, bei dem aus dem Elementaren das Verfeinerte, Geistige wächst, dieses hier die Rolle des Ursprünglichen spielt, dem sich das Einfältige zu entringen strebt.

Wehet der Sterne
heiliger Sinn
leis durch die Ferne
bis zu mir hin.»[158]

In der reflektierten Sehnsucht nach natürlicher Einfachheit erkennt Thomas Mann einen fatalen, zivilisationsfeindlichen Zug des deutschen Wesens. Aber bei allem Vorbehalt gegen die «entartenden Sprachträumereien des Romantikers» Brentano kann sich auch der Humanist Zeitblom ihrer Verführungskraft nicht entziehen.[159] So nimmt auch die Darstellung der gebrochenen Faszination, die das gebildete Bürgertum angesichts des politischen Schauspiels der Überhöhung des deutschen Wesens Thomas Mann zufolge nach 1933 empfand, ihren Ausgang bei Brentano.

Landschaft und Selbstbefreiung

Friedrich Hölderlin

Im zweiten Band seiner nationalsozialistisch umgeschriebenen «Literaturgeschichte der deutschen Stämme und Landschaften» hat Josef Nadler im Gegensatz zu anderen Vertretern der «deutschen Wissenschaft» darauf verzichtet, Hölderlin für die völkische Ideologie zu vereinnahmen. In mehr oder weniger subtiler Diffamierung wird Hölderlin zum erblich vorgeschädigten, verzogenen Weichling erklärt, bei dem in mangelhafter Anpassung die Bindung an die Natur und Identifikation mit Stamm und Volk nicht zur Einheit kamen.[160] Obwohl auch Wilhelm Michels 1940 erschienenes Buch «Das Leben Friedrich Hölderlins» mit stammesgeschichtlichen Erwägungen über die Eigenart der Schwaben einsetzt, stellt sich Michel zur gleichen Zeit das Verhältnis zwischen Individuum und Gesellschaft ganz anders dar als Nadler. Michels vollzieht keine symbolische Einordnung oder Ausgrenzung des Dichters. Er sieht es vielmehr als Charakteristikum des schwäbischen Pietismus, daß er übermäßige Forderungen an das Subjekt stellt: «Da liegt die gültige religiöse Einsicht vor, daß das negative Ich, das Ich des Individualismus, das zu Überwindende ist. Aber es verbindet sich damit leicht der Fehler, daß auch diejenigen Forderungen, die der Mensch als positives Ich, als die einmalige lebendige Seele zu stellen hat, geringgeachtet werden.»[161]

Spät, vielleicht zu spät, hat in der Tat Hölderlin versucht, sich als autonomes Ich neu zu erfinden. Die Liebe zu Susette Gontard hatte ihn zunächst auf ein spannungsloses Glück hoffen lassen – der Wunsch nach «Zufriedenheit» taucht in geradezu quälender Wiederholung immer wieder auf –, brachte ihm aber seinen Gegensatz zur Welt des aufstrebenden deutschen Bürgertums nur um so deutlicher zu Bewußtsein. Im Brief an Schiller vom 20. Juni 1797 fällt der Vorsatz der Autonomie zunächst noch in die alte Unterwürfigkeit gegenüber dem Berühmteren zurück: «Ich habe Mut und eignes Urteil genug, mich von andern Kunstrichtern und Meistern unabhängig zu machen, und insofern mit der so nötigen Ruhe meinen Gang zu gehen, aber von Ihnen dependier ich unüberwindlich […].» Allerdings vermittelt er Schiller bereits seine Einsicht, daß «Ängstigkeit und Befangenheit der Tod der Kunst ist», und so mag es Schiller nicht vollständig glaubwürdig erschienen sein, daß Hölderlin zum Schluß behauptet, er schäme sich nicht, «der Aufmunterung eines edlen Geistes zu bedürfen».

Im Frühjahr 1798 vollzieht er in einem Brief an die Schwester eine symbolische Trennung von der bürgerlich-materialistischen Gesellschaft, die aber noch mit dem vorgeblichen Traum vom Glück im heimatlichen Mittelmaß konfrontiert wird: «nur in einer Gesellschaft, wo die goldene Mittelmäßigkeit zu Haus ist, ist noch Glück und Friede und Herz und reiner Sinn zu finden, wie mir dünkt. Hier z. B. siehst Du, wenig echte Menschen ausgenommen, lauter ungeheure Karikaturen. Bei den meisten wirkt ihr Reichtum wie bei Bauern neuer Wein; denn grad so läppisch, schwindlich, grob und übermütig sind sie. Aber das ist auch gewissermaßen gut; man lernt *schweigen* unter solchen Menschen, und das ist nicht wenig.» Es ist ein merkenswerter Kommentar zum angeblichen Machtstreben des Bürgertums an der Wende zum 19. Jahrhundert, daß die gebildetsten Sprosse dem verheißenen Aufstieg so distanziert gegenüberstehen, daß sie sich in Gesellschaft so oft nicht wohl befinden. Das mag zu den Wurzeln der Tradition des deutschen Antimodernismus gehören.[162] Es war ja Herders Verallgemeinerung der Befindlichkeit des gebildeten Deutschen gewesen, daß er sich in permanenter «Verlegenheit» sieht, aber gerade dies stand Herder als Voraussetzung eines Strebens und Lernenwollens vor Augen. Seinen Adepten aber, ob bürgerlich oder adelig – zwischen Hölderlin und Kleist wird es sinnfällig –, war die Bildung immer noch kein sicherer Grund der Bewegung in der Gesellschaft. Die pietistische Maxime der schweigenden Unterordnung, die Herder im emotionalistischen Wortschwall zu überwinden suchte, um sie gleichwohl als Auszeichnung des abwartenden und lernenden, aber letztendlich zur Perfektibilität bestimmten Deutschen zu empfehlen, scheint freilich in Hölderlins Frankfurter Situation nur noch so eben zu funktionieren. Herder betrachtete es ja mit zunehmender Mißgunst, daß der ehemals hamannisch emotionalisierende Goethe (der Straßburger und Darmstädter Zeit) sich in der adeligen wie der bürgerlichen Gesellschaft immer besser zurechtfand und in kühler Distanz (scheinbar) mit leichter Hand Einflußpositionen aufbaute.

Aber was hätten Goethe und Schiller dem auf Lebensunterhalt angewiesenen Hölderlin raten können, wenn sie denn gefragt worden wären? Die politische und folglich ökonomische Situation war inzwischen derart, daß offen obstruktives Verhalten ebensowenig am Platze war wie Verlegenheit. Jene Sonderlinge, die bei den Weimarer Herren aufmüpfig oder unterwürfig vorsprachen, Lenz, Hölderlin, Kleist, bekamen je nach Situation gönnerhafte oder hilflose Ablehnung zu spüren: Wer unbedingt und krampfhaft ein autonomes Subjekt sein wollte, sollte sehen, wie er zurechtkam. Mit eventuellen Krankschreibungen war Goethe selbst notfalls bei der Hand. «Das Klassische ist das Gesunde, romantisch das Kranke», das stand für Goethe fest.[163] Seine eigenen Strategien des Selbstseins wußte er von den Interessen der Gesellschaft zu scheiden. Die «Gebrechen des Individuums» betrachtete er mit der ihm eigenen Kühle, und das galt auch für Hölderlin. Auf Goethes Beurteilung von einigen Gedichten Hölderlins antwortet Schiller am 30. Juni 1797 mit einer Charakterisierung des Dichters, die die Position der Weimaraner deutlich macht: «Er hat eine heftige Subjektivität und verbindet damit einen gewissen philosophischen Geist und Tiefsinn. Sein Zustand ist gefährlich, da solchen Naturen so gar schwer beizukommen ist. [...] Er lebt jetzt als Hofmeister in einem Kaufmannshause zu Frankfurt und ist also in Sachen des Geschmacks und der Poesie bloß auf sich selbst eingestellt und wird in dieser Lage immer mehr in sich selbst hineingetrieben.» Noch einmal macht sich Schiller am 17. August 1797 am Beispiel Hölderlins Gedanken über das Verhältnis von dichterischer Subjektivität und Außenwelt: «Ich möchte wissen, ob [...] diese Hölderlins absolut und unter allen Umständen so subjektivisch, so überspannt, so einseitig geblieben wären, ob es an etwas Primitivem liegt, oder ob nur der Mangel einer ästhetischen Nahrung und Einwirkung von Außen und die Opposition der empirischen Welt, in der sie leben, gegen ihren idealischen Hang diese unglückliche Wirkung hervorgebracht hat. Ich bin sehr geneigt, das letztere zu glauben [...].» Schiller und Goethe hätten zweifellos für mehr Gelassenheit und Pragmatismus dem Gesellschaftlichen gegenüber plädiert. Übertriebenem Identifikationsstreben standen sie skeptisch gegenüber, und auch der erwachende Patriotismus ließ sie eher kalt.

Hölderlin dagegen entwickelte in seiner von Schiller zutreffend beschriebenen Lage Isaak von Sinclair gegenüber am 24. Dezember 1798 ein postrevolutionäres Gesellschaftsmodell einer radikal individualisierten Gesellschaft gegenüber der absoluten Monarchie, die er offener denn je zugrunde wünscht: «Eine ideale Gesellschaft muß ein lebendiges Ganzes ausmachen, das zwar *durch und durch individualisiert ist* und *aus lauter selbständigen,* aber *ebenso innig und ewig verbundenen Teilen* besteht. Freilich muß aus jedem *endlichen Gesichtspunkt irgendeine der selbständigen Kräfte des Ganzen die herrschende sein,* aber sie kann auch nur als temporär und gradweise herrschend betrachtet werden.» Diese Erläuterung behält den (allerdings nur scheinbar) politikfernen Diskurs der aufsteigenden Sterne des deutschen Idealismus bei, ist aber der Struktur nach, viel deutlicher als Friedrich Schlegel und Schelling zu der Zeit kundgaben, ein Modell radikaler Demokratie. Das ist aber weder besonders verschlüsselt, noch besonders einfach ausgedrückt.[164] Die romantische Vision, daß eine ideale Gemeinschaft durch radikale Individuation erreicht werden kann, war für Schlegel, Novalis und Schelling eine Sache der Kunst und des freundschaftlichen Dialogs. Sie hatten sich geschworen, ihre Kräfte nicht an die Politik zu verschleudern, und so wäre ihnen das Programm einer individualisierten *Gesellschaft* ebenso vermessen erschienen wie Goethe und Schiller.

Hölderlin allerdings war bis in seine Frankfurter Dienstverhältnisse hinein nicht aus dem Schwanken zwischen Veränderungsbegehren und bravem Glücksverlangen herausgekommen, jedenfalls nicht öffentlich und soweit es dokumentiert ist. Daß er sich wenig geäußert hatte, legt der Brief an Susette Gontard vom Herbst 1799 nahe, in dem Hölderlin rückblickend selbstkritisch, aber doch mit leisem Vorwurf, der unmöglichen Geliebten so geradeaus, daß es nicht mehr glaubhaft wirkt, vorschlägt, die selbst auferlegte und zugleich gesellschaftlich erzwungene Schweigepflicht zu brechen: «Immer hab ich die Memme gespielt, um Dich zu schonen, – habe immer getan, als könnt ich mich in alles schicken, als wär ich so recht zum Spielball der Menschen und der Umstände gemacht und hätte kein festes Herz in mir, das treu und frei in seinem Rechte für sein Bestes schlüge, teuerstes Leben!» Der Dichter des «Hyperion» macht hier unmißverständlich den Anspruch auf ein Selbstsein geltend. Der sanfte Mensch wird jedenfalls schriftlich massiv, und bei der syntaktischen Nachstellung bleibt ungeklärt, ob die Anrede «teuerstes Leben!» sich noch in älterer Tradition des Liebesbriefs auf die angebetete Adressatin oder auf den Absender selbst bezieht. Im selben Brief teilt er nämlich der Geliebten mit, daß er Diotima – offenbar entgegen Susettes Wunsch – im «Hyperion» hat sterben lassen. Am Ende des Briefes droht ein mit Schicksalen frei schaltender Dichter auch der empirischen Person dieses Ende an, wenn sie sich nicht befreie, den Widerspruch nicht nach Außen bringe: «dieser ewige Kampf und Widerspruch im Innern, der muß Dich freilich langsam töten.» Aber natürlich formuliert Hölderlin hier zugleich sein eigenes Problem.

Hier beginnt eine symbolische Selbstbefreiungsstrategie, die einer Steigerung der schöpferischen Kräfte Hölderlins parallel läuft: Von nun an wird er, für nur kurze Zeit, Texte schreiben, die in der Tradition der deutschen Dichtung unvergleichlich dastehen. An der Idee einer Bindung ans Ganze hält Hölderlin in seiner Selbsterfindung als autonomes Subjekt nach der Trennung von Susette um so mehr fest, jedoch setzt sich die Vorstellung eines Ganzen immer radikaler von realen Verhältnissen ab, wird zu einer aus der Vorstellung von einem idealisierten Griechentum konstruierten Phantasmagorie, die bei aller braven, aber offenbar immer seltener werdenden Rückmeldung in der Heimat und bei der Familie, nur schwer noch auf die Vorstellung vom tüchtigen und nur in der Übertreibung gefährdeten Schwabentum zurückzuführen ist. So lückenhaft die Dokumente über Hölderlins Wandel der Einstellung sein mögen: daß er im Vergleich zu seinen Zeitgenossen über die politischen Vorgänge mangelhaft informiert gewesen wäre, dafür spricht wenig. Um so mehr liegt angesichts der frühen Revolutionsbegeisterung im Tübinger Stift der Gedanke nahe, Hölderlin hätte sich nunmehr noch einmal am französischen Umsturz aufgerichtet, wie desaströs er auch ausgegangen sein mochte.

Im Aufsatz «Das Werden im Vergehen» kommt, wie Pierre Bertaux gezählt hat, «das Wort *Auflösen, Auflösung* in 174 Zeilen 44mal»[165] vor. Bertaux hat daraus einigermaßen umstandslos geschlossen, in dem Text würde «der historische Prozeß der Revolution» beschrieben. Daß die Französische Revolution den Frühromantikern ebenso wie Hölderlin selbst eine Vorstellung von der Veränderbarkeit der Gesellschaft vermittelt hat, ist nicht zweifelhaft. Mehr aber sagen die überlieferten Dokumente im Hinblick auf den Sinn dieses Textes nicht. Die symbolische Auflösung versteinerter Verhältnisse, die Hölderlin zu Beginn in jenen mystifizierenden Umstellungen des Satzgefüges vollzieht, die den Unverständigen ausschließen sollen, läuft jedoch dem Wortsinn nach offensichtlich nicht auf eine seinerzeit realisierte oder als realisierbar gedachte Gesellschaftsformation hinaus, sondern auf eine Aufhebung in der Sprache und der Kunst. Und zwar vor allem in deren Spannung auf die Natur, in welcher eine andere und neue Welt vorgestellt werden kann. Das «Vaterland» nun, das Hölderlin hier reichlich abstrakt und ohne Beziehung auf eine Nationalvorstellung definiert, nämlich als «Natur und Menschen, insofern sie in einer besondern Wechselwirkung stehen»,[166] läßt er, kraft seiner neukonstituierten Autonomie als dichterisches Subjekt, sogleich symbolisch untergehen. Der nachgelassenen Vorstellung wird in harter Fügung eine «reine, aber besondere Welt» konfrontiert, damit «eine neue Welt, eine neue, aber auch besondere Wechselwirkung sich bilde». Ebenso dunkel und vorsichtig wie gespannt, in den Delphischen Orakelsprüchen nachempfundenen Sätzen, wird die Macht eines sich auf den Ursprung besinnenden seherischen Dichtertums beschworen. Die Einheit von Untergang und Anfang soll in der Sprache Ausdruck und Zeichen werden, die scharfe

Grenze zwischen den Sehweisen markieren, zwischen dem, was ist, und dem, was sein soll, so daß «von einer Seite weniger oder nichts lebendig Bestehendes, von der anderen Seite alles zu liegen scheint».[167] In der Angstlust der Anschauung der Auflösung des Bestehenden wird das Unerschöpfte als Potenz des autonomen Subjekts frei: «Im Zustande zwischen Sein und Nichtsein wird aber überall das Mögliche real, und das Wirkliche ideal, und dies ist in der freien Kunstnachahmung ein furchtbarer, aber göttlicher Traum.»[168] Wenn Hölderlin herrschen wollte, dann als Dichter, auf dessen Wort man hört wie ehedem im Griechentum.

Nicht der Vorgang der Auflösung des Vaterlandes, das Auftreten der Revolution ist Hölderlin zufolge «furchtbar», wie Bertaux falsch zitierend behauptet,[169] sondern die in einer freien Kunst imaginierbare Realität des Möglichen, die einem luziferischen Aufbegehren gleichkommt, und daher vor allem dem pietistisch erzogenen Subjekt Gewissensqualen und Angst bereitet, denen es nunmehr aber, zumindest im Text, heroisch ins Auge zu sehen bereit ist. Bertaux' Annahme, es handle sich hierbei nur vorgeblich um ein poetologisches Programm, ist schwer abzuweisen. Soviel aber ist richtig, daß Hölderlins Bestimmung des Tragischen wesentlich anders ausfällt als diejenige seines Freundes und nachmaligen preußischen Staatsphilosophen Hegel. Das Tragische hat im historischen Zeitpunkt des Sprechens dieses dichterischen und philosophischen Ich nicht mehr, wie in der aristotelischen Tradition der Nachahmungspoetik, die Aufgabe, die Gegensätze zu vereinigen und das aufbegehrende Subjekt mit dem So-Sein der Wirklichkeit und der Gültigkeit des Gesetzes zu versöhnen, sondern den Raum eines Anderen zu öffnen. Symbolisch kündigt sich der Dichter in Hölderlins orakelhaftem Aufsatz als eine der Öffentlichkeit noch unbekannte, auflösende Macht an: sein Wirken führt ins Freie, was sich im Abbruch des Satzes ungelöst oder geheimnisvoll andeutet. Der Dichter situiert sich in phantasmagorischer Geschichtsphilosophie in dem Moment, «wo das Unendlichneue als Lebensgefühl (als Ich) sich zum Individuellalten als Gegenstand (als Nichtich) verhält ...».[170]

In dieser offenen Pointe, die nicht ohne Rancune gegen die angepaßten Altindividualisten Goethe und Schiller formuliert sein mag, erscheinen Zustand und Verfassung von (Klein-)Staaten und Nationen ostentativ so unwesentlich, wie das Obsiegen der einen politischen Position über die andere. Was daher Hölderlin vom Frieden in Lunéville in «einsamer Freude» 1801 erhoffte, war selbstredend nicht die Konsolidierung von Verhältnissen. Vielmehr wollte er darin offenbar jenen in der Jetztzeit aufblitzenden Lichtpunkt eines Neuen erkennen, über den er sich Anfang 1801 dem Bruder gegenüber geheimnisvoll erging: «daß unsere Zeit nahe ist, daß uns der Friede, der *jetzt* im Werden ist, gerade das bringen wird, was er und nur er bringen konnte; denn er wird vieles bringen, was viele hoffen, aber er wird auch bringen, was wenige ahnden.»

Was er erhofft, ist inhaltlich nicht zu bestimmen, und die geheimbündlerisch anmutenden Formulierungen laden in der Tat zu retrospektiven Verschwörungstheorien ein. Jedenfalls scheint Hölderlin die produktive Entwicklung dessen zu erhoffen, was er nunmehr unabhängig vom bestehenden Vaterland das genuin Deutsche nennt: den Willen eines autonomen dichterischen Subjekts, in unerhörten Worten eine andere Welt wahren Gemeingeists vorzustellen. Diese Vorstellung hat Rudolf Borchardt übernommen, für den Hölderlin der Seherdichter der Moderne war. Seine Sicht des tragischen wie geheimnisvollen

Charakters der Geschichte des Deutschen in der Landschaft hat Hölderlin zum geheimen Fluchtpunkt, denn zu Borchardts Verfahren der phantasmagorischen Geschichtsschreibung gehört die Ergänzung ebenso wie die bedeutsame Auslassung, die das Einzulösende markiert. Seine visionäre Evidenz leitet dieses Verfahren wie schon die Vision Hölderlins angesichts des Friedens von Lunéville metaphorisch von der Natur ab. So wird «das deutsche Herz in solchem Klima, unter dem Segen *dieses neuen* Friedens erst recht aufgehen, und geräuschlos, wie die wachsende Natur, seine geheimen weitreichenden Kräfte entfalten [...].»

Am 23. Februar 1801, nach vollzogenem Friedensschluß, stellt sich Hölderlin seiner Schwester von St. Gallen aus im Zustand enthusiastischer, heilig-heiterer Zukunftsfreudigkeit dar, die er an seiner Wahrnehmung der Landschaft abbildet: «Ich kann nur dastehen, wie ein Kind, und staunen und stille mich freuen, wenn ich draußen bin, auf dem nächsten Hügel, und wie vom Aether herab die Höhen alle näher und näher niedersteigen bis in dieses freundliche Tal, das überall an seinen Seiten mit dem immergrünen Tannenwäldchen umkränzt, und in der Tiefe mit Seen und Büschen durchströmt ist, und da wohne ich, in einem Garten, wo unter meinem Fenster Weiden und Pappeln an einem klaren Wasser stehen, das mir gar wohlgefällt des Nachts mit seinem Rauschen, wenn alles still ist, und ich vor dem heiteren Sternenhimmel dichte und sinne.»

Der Dichter sieht sich in der Perspektive des Kindes, der Verjüngung. Von den Höhen, wo «der Gott der Macht» nach der Vermutung Hölderlins seinen Thron hat, steigt im bewegenden Blick und in einem durchströmenden Satz das Göttliche herab ins irdische Element, um es zu beseelen; so vereinigt sich das Nahe mit dem Fernen in einer

Belebung, die im Garten, als einem Abbild des Ursprungs und des Paradieses, die Stimme der Natur vernehmen läßt, die vor dem Sternenhimmel, als der Landkarte der unendlich begehbaren Wege, ins Sprechen und Sinnen des Dichters übergeht. Der Dichter hat das Rauschen für sich, aber was hat er für andere, für jenen Gemeinsinn, den er beschwor, für das, was seiner Hoffnung nach auf das produktiv Individuelle zurückwirken soll? Für die Nachgebliebenen nichts als die Texte selbst. Das ist – im Sprachgebrauch Herders – wenig, aber genug. Im Blick auf die vergegenwärtigte Person Hölderlin, die Borchardt in seiner Anthologie «Der Deutsche in der Landschaft» geheimnisvoll ausgespart hat, scheint er tauglich zum Anschauungsfall tragischer Literaturgeschichte. Die Verlierer aber, wie Kleist und Hölderlin, die von Ruhm und Sieg nur träumen konnten, zu heroisieren, ist so problematisch, wie sie zu marginalisieren. Dazwischen gibt es nichts als vorläufiges Verstehenwollen.

Trotz der weiterhin unglücklichen Umstände seines Daseins hält sich offenbar Hölderlins hoffnungsvolle Stimmung, und auch vor der ungewünschten Abreise nach Bordeaux sieht er im Brief an Casimir Ulrich Böhlendorff (vom 4. Dezember 1801) in landschaftlicher Metaphorik die Welt «heller als sonst» vor sich liegen. Von Frankreich als Nation oder Staat ist in dieser Vorfreude nicht die Rede, einzig von der Landschaft: «auf den Anblick des Meeres, auf die Sonne der Provence freue ich mich auch.» Mit dem Abschied vom Vaterland, vielleicht für immer, macht sich Hölderlin im selben Brief mit dem bitteren Wort vertraut: «Aber sie können mich nicht brauchen.» Sein Deutschsein aber denkt Hölderlin scheinbar unverdrossen als unabhängig von den Verhältnissen, als innerlich und dynamisch und unbeugsam zugleich: «Deutsch will und muß ich übrigens bleiben, und wenn mich die Herzens- und die Nahrungsnot nach Otaheiti triebe.»

Nach dem desaströsen Aufenthalt aber hat er, im Sommer 1802 nach Nürtingen zurückgekehrt und inzwischen von Susette Gontards Tod unterrichtet, dem Freund in herbstlicher Stimmung nichts als Spiegelungen seiner Zustände von Not und Einsamkeit mitzuteilen: «bin indes in Frankreich gewesen und habe die traurige einsame Erde gesehn, die Hirten des südlichen Frankreichs und einzelne Schönheiten, Männer und Frauen, die in der Angst des patriotischen Zweifels und des Hungers erwachsen sind.» Das ist nur noch das Problem dessen, der die Heimaterde gar nicht verlassen wollte und nun in der Fremde angesichts der Landschaft sich selbst scheinhaft objektiviert fand. Auf sonderbare Weise aber das frühere Gegensatzdenken fortsetzend, der unmittelbar folgende Eindruck: «Das gewaltige Element, das Feuer des Himmels und die Stille der Menschen, ihr Leben in der Natur, und ihre Eingeschränktheit und Zufriedenheit, hat mich beständig ergriffen, und wie man Helden nachspricht, kann ich wohl sagen, daß mich Apollo geschlagen.» Als Emblem seiner umdüsterten Stimmung erscheint in der Folgezeit das Gewitter, die einschlagenden Blitze aber symbolisieren das immer wieder aufflackernde luziferische Aufbegehren.

Das nun ist der unaufhebbare Widerspruch zwischen einem vorgestellten Leben in und mit der Natur, über das es nichts Ästhetisches zu sagen gibt und das mutmaßlich über sich nicht hinauswill, und dem Blick des kummervollen Dichters und Intellektuellen, der Schönheit als Stimmigkeit wahrnehmen möchte, aber nicht mehr kann, und so von dem geschlagen wird, was er idealisieren wollte. Auf so schlüssige wie verwirrende Weise endet daher der Brief in der Tautologie des autonom sein wollenden künstlerischen Subjekts, das bei aller Sehnsucht nach Zuwendung nur noch mit sich selbst kommunizieren kann: «Schreibe doch nur mir bald. Ich brauche Deine reinen Töne. Die Psyche unter Freunden, das Entstehen der Gedanken im Gespräch und Brief ist Künstlern nötig. Sonst haben wir keinen für uns selbst; sondern er gehöret dem heiligen Bilde, das wir bilden.» Was Schiller schon 1797 befürchtet hatte, daß Hölderlin immer weiter in sich selbst hineingetrieben werden würde, scheint nun eingetreten zu sein.

Ob solches Kreisen in sich selbst schon den Beginn einer manifesten Geisteskrankheit anzeigt, ist nicht zu entscheiden. Wenn, wie Pierre Bertaux in seiner verschwörerischen Argumentation annimmt, Hölderlin den Narren aus politischen Gründen nur gespielt hätte,[171] so wäre das nur eingeschränkt tröstlich. Die Machthaber tendenziell, rudimentär oder manifest totalitärer Gesellschaften sind freilich erfahrungsgemäß mit der Wahnsinnsvermutung so schnell bei der Hand wie die Konformisten, die später nichts mehr mit jenen zu tun haben wollen und die verblichenen Diktatoren selbst wieder für verrückt erklären. Das läßt sich in der Geschichte literarischer Naturerfahrung einsehen, retrospektive Krank- oder Gesundschreibungen sind ihr aber nicht abzugewinnen, so wenig wie die Unterscheidung zwischen Natur und Unnatur.

Der Held vor der Landschaft

Heinrich von Kleist

In Rudolf Borchardts Versuch, im Drama der Landschaftsbetrachtung einen spezifisch deutschen Weg zur Einheit von Erforschen, Handeln, Empfinden und Sprechen zu präsentieren, tritt der Protagonist als «Wanderer seiner Geschichte» und «Gast auf Erden» auf, der Prozeß der Handlung tendiert zum Tragischen, «schon weil er deutsch ist». In den von Herder und den Romantikern entwickelten Grundlagen der Landschaftsauffassung, an die Borchardt anknüpfte, läßt sich die dialektische Struktur des Tragischen nur retrospektiv erkennen, indem erst dem nachgeborenen Skeptiker deutlich wird, daß das Subjekt in der Landschaft etwas suchte, das es aus gesellschaftlichen Gründen nicht erreichen konnte.

Herder hatte in der Kritik der aufklärerischen Ästhetik Natur- und Kunstlehre in eins gesetzt. In der Rezension von Hagedorns «Betrachtungen über die Malerei» von 1768 verwirft Herder die «angenommenen Begriffe» der aufklärerischen Kunstbetrachtung. Das Wahre, Gute und Schöne sind nach Herder nur Ausdifferenzierungen eines ursprünglichen Qualitätsurteils über das, was natürlicherweise «gut für das Gefühl des ganzen Ich» ist. «Schön» ordnet sich der sinnlichen Empfindung zu, «wahr» dem Denkvermögen. So leitet Herder die Farben und Formen als Wiedererkennungsmerkmale eines ursprünglichen Verhältnisses zur Natur, als Vergegenwärtigung einer handelnden Auseinandersetzung mit ihr ab. Die Gefühlsbewegung, die ein dargestellter landschaftlicher Gegenstand auf einem Gemälde im Menschen erzeugt, denkt sich Herder als inneren Reflex einer realen handelnden Beziehung zur Natur: «Das Auge, wenn es Wasser anblickt, fühlt es gleichsam durch die Assoziation mit dem Gefühl: es kühlt sich in demselben ab, badet sich und schwimmt in demselben. Der sich darin abspiegelnde Himmel verstärkt dies Gefühl noch mehr und entfernt noch weiter von der Erde, gleichsam in ein anderes Element, wo man nicht dörrt, nicht trocknet, schmachtet.» So geht nach Herders Vorstellung die im Gemälde aktivierte Erinnerungsspur einer als gut, wahr und schön empfundenen Handlung über ins Bild des mangellosen Seins, einer paradiesischen Geborgenheit im irdischen Dasein, deren Verheißung Herder gegen die Trockenheit der Kulturlandschaft des 18. Jahrhunderts geltend macht. So sollte in der Landschaft ein Glücksversprechen entzifferbar werden.

Rudolf Borchardt, dem die Identifikation mit deutscher Bürgerlichkeit nie gelang, fand in Kleist einen tragischen deutschen Helden, dem es ähnlich erging, und der ihn zeitlebens beschäftigte. Kleists Würzburg-Beschreibung erhellt daher manches kryptische Wort in Borchardts Nachwort. Kleists Verhältnis zur Landschaft ist bisher wenig betrachtet worden, und die Voraussetzungen seines Landschafts- und Naturverständnisses liegen, von seiner Rousseau-Lektüre abgesehen, weitgehend im dunkeln, obwohl die Landschaft als symbolische Selbstvergewisserung schon im frühen Plan von 1800, «den sicheren Weg des Glücks zu finden», in prägnanter, wenngleich nicht ganz eindeutiger Weise erscheint. In dem Plan erwartet Kleist gemäß einer etwas naiv aufklärerischen Vorstellung von prästabilierter Harmonie, die Schöpfung werde dem Tugendhaften «die Sehnsucht nach Glück nicht täuschen, die sie selbst unauslöschlich in unserer Seele erweckt hat». Ähnlich wie der frühe Herder leitet er den Tugendbegriff aus der sinnlichen Erfahrung ab, in Blick und Wissen soll die Einheit von Seele und Welt gleichsam strategisch realisiert werden: «was wir bei dem Scharfblick unseres Geistes von der Natur erwarten, das leistet sie gewiß.» Das Leben konzipiert Kleist in ältester Metaphorik als Bewegung und Orientierung in der Landschaft: «Die Art unserer Reise verschafft uns ein glückliches Verhältnis mit den Menschen.» Das Motiv der Reise versucht Kleist nun mit der Tugend der Bescheidung zu vermitteln, wenn er wenig überzeugend und wohl auch wenig überzeugt die «Mittelstraße» als sichersten Glücksweg konzipiert. Es sei der Standpunkt auf «außerordentlichen Höhen», wie er auf dem Brocken erfahren habe, wenig beglückend, während die «mittlere mäßige Höhe» etwa des Regensteins beglücke, da man dort «frei und leicht» atme.

In seiner Beschreibung Würzburgs, die er im September 1800, auf der aus ungeklärten politischen oder aus chirurgischen Gründen unternommenen Reise, an die Braut Wilhelmine von Zenge übermittelt, setzt er die Wechselwirkung von Landschaft und Seele voraus, wenn er fragt, «ob sich die Gegend verändert hat, oder das Herz, das ihren Eindruck empfing». Gemäß dem «Glücksplan» scheint die Situierung in der Landschaft als Kennzeichnung der Stellung in der Welt zu fungieren: «Wenn ich jetzt auf der steinernen Mainbrücke stehe, die das Citadell von der Stadt trennt, und den gleitenden Strom betrachte, der durch Berge und Auen in tausend Krümmungen heranströmt und unter meinen Füßen weg fliesst, so ist es mir, als ob ich über ein Leben erhaben stünde.» Von diesem Standpunkt aus entziffert er in der Landschaft für sich und seine Braut ein künftiges Schicksal: «Gerade aus strömt der Main von der Brücke weg, und pfeilschnell, als hätte er sein Ziel schon im Auge, als sollte ihn nichts abhalten, es zu erreichen, als wollte er es, ungeduldig, auf dem kürzesten Wege ereilen – aber ein Rebenhügel beugt seinen stürmischen Lauf, sanft aber mit festem Sinn, wie eine Gattin den stürmischen Willen ihres Mannes, und zeigt ihm mit edler Standhaftigkeit den Weg, der ihn ins Meer führen wird – und er ehrt die bescheidne Warnung, und gibt sein voreiliges Ziel auf und durchbricht den Rebenhügel nicht, sondern umgeht ihn, mit beruhigtem Laufe, seine blumigen Füsse ihm küssend.» In der gleichsam gebremsten und geschlechtlich nicht ganz eindeutigen Erotik dieser Beschreibung ist die Mühe der Bändigung des Drangs zum Unbedingten nicht zu übersehen, die schon die Beschränkung auf die Mittelstraße im «Glücksplan» aufwies. Im folgenden verrutscht Kleist die idyllisch angelegte Darstellung zunehmend zum Heroischen und Erhabenen. Der Strom wird einer bitteren Erinnerung verglichen, wird zur «Scheidewand», zum Trennenden im angestrebten glücklichen Verhältnis der Menschen zueinander.

Das Subjekt aber strebt zunehmend in die Höhe, nämlich zu Phöbus (wie ja später nicht zufällig seine Zeitschrift heißen wird). Dreimal in dem kurzen Text wird die Sonne in der Metaphorik der Ekstase, des Stoizismus und des Kampfes pathetisch heroisiert: «und hinten starb die Sonne, aber hochrot glühend vor Entzücken wie ein Held» – «von Osten her stieg die Sonne herauf, ruhig und schweigend, wie ein Held.» – «aber die Sonne wankte nicht in ihrer Bahn, und nahte sich unerschrocken, und bestieg den Thron des Himmels» – am Ende spricht die Landschaft noch einmal zum Subjekt, sie flüstert von Kampf: «die ganze Natur schien ermattet nach dieser großen Anstrengung, wie ein Held nach der Arbeit des Kampfes.» So deutet sich hier schon an, daß die Bescheidung im Gemäßigten und Lieblichen mißlingt, ein anderer, absoluter Anspruch drängt sich ungeduldig in die als Lebensplan gelesene Landschaft.

Wackenroders «Herzensergießungen eines kunstliebenden Klosterbruders» und Tiecks «Franz Sternbalds Wanderungen», schließlich Novalis in «Die Lehrlinge zu Sais» hatten aber dem Künstler wie dem Betrachter die Haltung der Andacht ans Herz gelegt, schon in den Kunstgesprächen von Tiecks Roman war die als seelenvoll und gotterfüllt angeschaute Landschaft in den Rang des Anbetungswürdigen erhoben worden. In der Dresdner Gemäldegalerie versammelt sich die romantische Gemeinde zur Kunstandacht vor Raffaels Madonna, gemeinsame Wanderungen wurden zum Gemeinschaftserlebnis junger Gebildeter, und Caspar David Friedrich sollte zum Entsetzen der aufklärerischen städtischen Kunstkritik alsbald Landschaftsdarstellungen als Altarbilder konzipieren. Auch bei Kleist finden sich ansatzweise solche Andachtsübungen im romantischen Stil; der ehemalige Soldat scheint dadurch Anschluß an die Erfahrung seiner Generation finden zu wollen. Obwohl man wenig über Kleists Lektüre weiß, erscheint der Einfluß Wackenroders und Tiecks deutlich, auch die Erfahrung Ruisdaels und Claude Lorrains ist zu erkennen. Als Kleist auf seiner Reise nach Dresden kommt, eilt er sofort in die Galerie, ohne sich freilich zunächst besonders ergriffen zu zeigen. Bei der nächtlichen Anreise scheint er aber schon einen frühromantischen Blick auf die Gegend probiert zu haben: «Dicht vor uns lag eine Landschaft, ganz wie ein transparentes Stück. Wir fuhren auf einem schauerlich schönen Wege, der auf der halben Höhe eines Felsens in Stein gehauen war. Rechts der steile Felsen selbst, mit überhangendem Gebüsch, links der schroffe Abgrund, der den Lauf der Mulde beugt, jenseits des reißenden Stromes dunkelschwarze, hohe belaubte Felsen, über welche in einem ganz erheiterten Himmel der Mond heraufstieg.» Das erscheint zunächst durchaus als romantischer Versuch, im Lesen der Landschaft die Probe auf den Zustand der Seele zu machen. Gut romantisch auch betrachtet das Subjekt im folgenden den Mond als Symbol der nächtigen Sehnsucht. Plötzlich aber verfällt der Briefschreiber auf einen Gedanken, der einem frühromantischen Liebenden nicht gekommen wäre: Er berechnet – Einfallswinkel gleich Ausfallswinkel – den Punkt, auf den er sehen muß, um den Blick Wilhelmines zu treffen: «und träumte mich zurück auf der Linie Deines Blickes, um so Dich zu finden, bis ich Dich endlich wirklich im Traume fand». In einem geometrisch konstruierten Traum von Wirklichkeit wendet sich Kleist von der ästhetisch angeschauten Landschaft ab.

Ein ähnlicher Abbruch findet sich in einer Aussicht von der Brühlschen Terrasse im Mai 1801: «Ich blickte von dem hohen Ufer herab über das herrliche Elbtal, es lag da wie ein Gemälde von Claude Lorrain unter meinen Füßen – es schien mir wie eine Landschaft auf einen Teppich gestickt, grüne Fluren, Dörfer, ein breiter Strom, der sich schnell wendet, Dresden zu küssen, und hat er es geküßt, schnell wieder flieht – und der prächtige Kranz von Bergen, der den Teppich wie eine Arabeskenborde umschließt – und der reine blaue italienische Himmel, der über die ganze Gegend schwebte – Mich dünkte, als schmeckte süß die Luft, holde Gerüche streuten mir die Fruchtbäume zu, und überall Knospen und Blüten, die ganze Natur sah aus wie ein fünfzehnjähriges Mädchen –.» Die Erotisierung der Landschaft liegt wiederum deutlich zutage, wobei Kleist das Arkadische nicht in dargestellten

Figuren, traditionsgemäß in der Staffage verspielt lüsterner Schäferinnen, sondern in der Konfiguration der Landschaft selbst aufsucht, die erst im zweiten Schritt in die Vorstellung von Körperlichkeit aufgelöst wird. Dabei scheint das beschreibende Subjekt zunächst in diese naturerotische Phantasie einbezogen zu sein, aber kaum ist das Gemälde einigermaßen fertig, da fällt es schon wieder heraus, scheint die Aussichtslosigkeit dieser Begehrungsverlagerung selbst zu erkennen: «Ach, Wilhelmine, ich hatte eine unaussprechliche Sehnsucht, nur einen Tropfen von Freude zu empfangen, es schien ein ganzes Meer davon über die Schöpfung ausgegossen, nur ich allein ging leer aus.» Die Inszenierung der Landschaft ist auch hier wieder als Probe darauf angelegt, ob die Identifikation mit der Umwelt und die Integration von Gefühl, Körper und Geist nicht zu vollbringen ist. Aber sie scheitert, stößt den Erfahrenden auf sich selbst zurück, vermittelt das Gefühl versagter Begehrung und grundsätzlicher Enttäuschung.

Im Vergleich zwischen dem romantischen und dem Kleistschen Blick auf die Landschaft anhand seiner Bearbeitung des Brentano/Arnimschen Texts über Friedrichs «Mönch am Meer» von 1810 für die von Kleist herausgegebenen «Berliner Abendblätter» lassen sich einige von vornherein angelegte Unterschiede retrospektiv konkretisieren. Bei aller Lust am ironischen und paradoxen Effekt ist die Grundstruktur der frühromantischen Kunsterfahrung in dem größtenteils von Brentano verfaßten Capriccio noch erkennbar. Das Bild, so Brentano doppelsinnig, tut einen Anspruch an den Betrachter, den es nicht erfüllt, es erregt Sehnsucht, ohne die Begehrung zu befriedigen. Eben das aber kann Brentano als «wunderbare Empfindung» bezeichnen, die durchaus nicht einsam macht, sondern im Gegenteil das Bedürfnis nach Kommunikation erweckt, und so besteht der zweite Teil aus munteren Kunstgesprächen, die man als Persiflage des «Gesprächs über Gemälde» von Dorothea und August Wilhelm Schlegel, aber auch als Karikatur der bürgerlichen Kunsterfahrung lesen kann, wie sie mit der Einführung regelmäßiger Ausstellungen seit dem Ende des 18. Jahrhunderts zur öffentlichen Angelegenheit geworden war. Insofern wird bereits bei Brentano die ehrfürchtige Kunstanschauung ironisiert, ohne daß jedoch der romantische Anspruch auf die identifikatorische Funktion der Kunst dementiert würde.

Dieser Bezug auf die Gemeinschaft fällt in Kleists Version fast völlig heraus. Bei ihm wird der Akt der Rezeption zu einer einsamen und singulären Angelegenheit. Die romantische Maxime klingt noch einmal an, wenn Kleist meint, Brentanos Doppelsinn explizieren zu müssen: «einen Anspruch, den mein Herz an das Bild machte, und einen Abbruch, den mir das Bild tat», sie scheitert aber im Parallelismus des Satzes unmittelbar: als signifikante Erfahrung erscheint wiederum der Abbruch der Kommunikation. Bei Brentano steht: «Wohin aus ich mit Sehnsucht blickte», bei Kleist: «blicken sollte»: das Subjekt kann nicht sehen, wie es von ihm verlangt wird. Bei Brentano steckt der Betrachter fortan im Bild, er hat sich buchstäblich identifiziert, deshalb kann er die Dialoge der vorübergehenden Kunstfreunde belauschen; Kleist dagegen hat die Identifikation mit dem dargestellten Mönch nur vorgeblich übernommen, der Fortgang des Texts verhält sich nicht kohärent dazu. Kleists Betrachter befindet sich weiterhin vor dem Bild, nämlich außerhalb der identifizierenden, die Dinge ichhaft machenden romantischen Erfahrung. Das Kleistsche Subjekt sieht auf dem Bild – nichts, jedenfalls nichts Bestimmtes, sondern nur «Einförmigkeit und Uferlosigkeit». Brentano kann die Empfindungen des betrachtenden Subjekts als «wunderbar» bezeichnen, Kleist nur als «verworren». Vor allem aber fügt er dem Ausdruck dieser Erfahrung in der Metapher von den weggeschnittenen Augenlidern[172] die Konnotation des körperlichen Schmerzes hinzu. Die «traurige und unbehagliche Stellung in der Welt» resultiert aus einer Empfindungslage, in der die Möglichkeit, wegzusehen, die Augen zu verschließen, abgeschnitten ist. Das sehende Subjekt scheint der Schmerzerfahrung schutzlos ausgeliefert. Die Probe aufs Glück mißlingt nicht nur, der schmerzhafte Blick macht das Unglück erst ganz bewußt.

Endgültig setzt sich Kleist hier in einen diametralen Gegensatz zum kunstandächtigen und naturreligiösen romantischen Subjekt, das sich nach einem nur halb ironisch gemeinten Wort Friedrich Schlegels Gemälde am liebsten «mit verschlossnen Augen»[173] betrachtet. Der romantische Traum vom Sehen wollte, wie Schelling es 1808 in seiner Münchener Rede über das «Verhältnis der bildenden Künste zu der Natur» genannt hatte, «die harte Form», die bloß äußerliche Materialität der im Werk angeschauten Gegenstände zur seelenvollen Weichheit und Anmut schmelzen; in Kleists Blick dagegen verhärtet sich die Oberfläche des Bildes und sperrt den Betrachter schmerzhaft aus. Diese Aussperrung hat eine seltsame Überschreitung zur Folge: «Ja, wenn man diese Landschaft mit ihrer eignen Kreide und mit ihrem eignen Wasser malte; so, glaube ich, man könnte die Füchse und Wölfe damit zum Heulen bringen.» Das taugt nicht einmal als Ironisierung zur Kritik, geschweige denn zum Lob der romantischen Malerei, sondern greift über die idealistische Kunstkonzeption hinweg nach dem Gedanken einer materiellen Realität des Dargestellten, die jenseits aller Reflexion wieder ursprünglich oder instinkthaft zu erfahren wäre.

Die erboste Reaktion Brentanos über die gewalttätige und unchristliche Veränderung seines Texts, die den Grundsinn geradezu ins Gegenteil verkehrte, nimmt nicht wunder. Kleists Entschuldigung, die er Brentano ausrichten ließ, nahm aber in der Sache nichts zurück und kann nicht verdecken, daß Kleist insgeheim der romantischen Andachtsästhetik schon längst aggressiv gegenüberstand. Die Erzählung «Die Heilige Cäcilie» nimmt schon auf subversive Weise auf die Kunstfrömmigkeit der Romantik Bezug. Als eine Lesart der Erzählung hat Rosemarie Puschmann[174] eine fiktive Verlebendigung des gleichnamigen Bildes von Carlo Dolci nachgewiesen, das Kleist in der Dresdner Galerie gesehen haben muß. Daher erscheint sie auch als Reminiszenz an Kleists Dresdner Versuche, den romantischen Blick einzuüben. Aber die Phantasmagorie der tieferen Wirkung des Heiligenbildes und der katholischen Kirchenmusik, über die Kleist seinerzeit seiner Braut berichtete, die Wundertätigkeit der Kunst, treibt die Bilderstürmer der Erzählung von 1810 nur noch zum Wahnsinn. Zuletzt beten sie im Irrenhaus einen wächsernen Hügel an, dem ein Kreuz aufgesteckt ist. Wenn dieser Hügel, den die Bilderstürmer «gleich als ob ihre Sinne vor jeder anderen Erscheinung verschlossen wären» anstarren, auf C. D. Friedrichs Gemälde «Das Kreuz im Gebirge» anspielt, was einleuchtend dargelegt worden ist,[175] so stellt sich Kleists Verhältnis zur romantischen Kunstkonzeption 1810 als sarkastisch-aggressive Distanzierung von seinen gescheiterten Anpassungsversuchen dar, oder aber als Überbietung des romantischen Anspruchs an die Kunst in der Vermutung, daß deren tiefste Wirkung mit den gesellschaftlichen und ästhetischen Normen von Vernunft, schöner Seele und Mäßigung unvereinbar ist und zur Verrücktheit führen muß.

Kleists Auseinandersetzung mit der romantischen Kunst- und Naturfrömmigkeit schlägt hier endgültig um in eine grundsätzliche Kritik des Geistes als eines Unwahren. Vor dem Hintergrund des Gefühls, leer ausgegangen zu sein, entwickelt Kleist Ansätze zu einer Ästhetik des Habenwollens, einer körperlichen und materialen Kunst. Das ist im Tieferen eine immanente Kritik der bürgerlichen Kunstkonzeption überhaupt, die das kunstsinnige Individuum auf Gehorsam, Disziplin und Mäßigung einschwört. Wer andächtig und verehrend vor dem Bilde kniet, wer die Landschaft und die Welt im gemäßigten Sehnsuchtsblick auffaßt und auf den Mittelstraßen wandelt, verschließt sich dem individuellen Ausdrucksbegehren und knechtet seine ursprünglichen Wünsche. Kleists Individuum dagegen, so scheint es, will besitzen, was die Kunst verspricht, will am Höchsten materiell und körperlich teilhaben.

Was die Landschaftserfahrung betrifft, so scheint Kleists Weigerung, an die Übereinstimmung zwischen Natur und Seele zu glauben, auf ein rousseauistisches Unbehagen in der Kultur, damit auf einen schon überwundenen, letztlich unfruchtbaren Gegensatz von Natur und Zivilisation zurückzufallen. Die Konsequenzen, die Kleist aus der Kantschen These zieht, daß nicht die Wahrheit selbst, sondern nur ihre Bedingung der Erkenntnis zugänglich ist, laufen darauf hinaus, daß Kleist dem sinnlichen Schein des irdischen Daseins wie der Kunst als einem symbolischen Kommunikationsmedium zu mißtrauen scheint.[176] Wenn der Blick nichts Wirkliches erschließt, verhärten sich die Bilder vor dem Betrachter zu undurchdringlichen und abweisenden Objekten und sperren ihn aus. Vor dem Bilde und vor der Landschaft kommt diesem tragischen und paranoiden Helden der deutschen Geschichte, der den Ruhm im Vaterland vergeblich begehrte, zuletzt nur seine unaufhebbare Vereinzelung zu Bewußtsein. So können seine Landschaftsbeschreibungen die eigene trostlose Vermutung nur bestätigen, daß ihm «auf Erden nicht zu helfen» war.

Der Schauer der Landschaft

E. T. A. Hoffmann

Nichts hatte im Programm der Aufklärung höheren Rang, als den Menschen die Angst zu nehmen. Die magischen Mächte, die Ungeheuer und Dämonen, die ganzen Bedrohlichkeiten und Unberechenbarkeiten der Natur sollten verschwinden, an die Stelle der Einbildungen des grundlos furchtsamen Menschen sollte das Wissen treten. Horkheimer und Adorno haben das Mißlingen dieses Projekts als «Dialektik der Aufklärung» erklärt, innerhalb derer jede durch Rationalität beseitigte Mythologie als Wiederkehr des Verdrängten in anderer Form ersteht. Für diesen Prozeß bietet jenes Paradigma, das Mario Praz «die schwarze Romantik» genannt hat, das reichhaltigste Anschauungsmaterial.

«Warum begann man in der zweiten Hälfte des 18. Jahrhunderts die Landschaft mit anderen Augen zu sehen?»[177] Diese Fragestellung verliert Praz merkwürdigerweise über weite Strecken seiner Darstellung aus den Augen, obwohl die Veränderungen in der Erfahrung der Landschaft offenbar in jenen schwarzen Zusammenhang von Liebe, Fleischeslust, Nächtigkeit und Dämonie gehören. Dieser Zusammenhang verdichtet sich auf eigentümliche Weise in einer Zentralfigur der schwarzen Romantik, der des gefallenen Mönchs, der seit Matthew Gregory Lewis' legendärem Schauerroman «The Monk» (1796) zum Prototyp des aus der göttlichen Ordnung gerissenen modernen Subjekts wurde. In merkwürdiger Parallelität versuchte zur gleichen Zeit in Deutschland ein nicht unerheblich von Dämonen umgetriebener junger Mann, Wilhelm Heinrich Wackenroder, in seinen «Herzensergießungen eines kunstliebenden Klosterbruders», die Figur des Mönchs als Utopie des ruhigen und heilen Lebens in der Kunstandacht zu interpretieren. So bekam diese Figur plötzlich eine Konfiguration von Deutungsmöglichkeiten beigelegt, an der sich jene Wiederkehr des Verdrängten zwischen Naturreligion und Antiklerikalismus, zwischen Erotik und Verbrechen, zwischen Wahnsinn und Künstlertum entziffern läßt.

Den von Praz angesprochenen anderen Blick auf die Landschaft hatte allerdings vor Lewis schon die Meisterin des Schauergenres Ann Radcliffe in «The Mysteries of Udolpho» (1794) sehr viel eigentümlicher entwickelt: «Wie kein Epiker vor und neben ihr hat sie alle Kunst auf die Schilderung überhöhter Landschaftspanoramen verwendet: die schroffen Felspartien der Pyrenäen und Abruzzen, die weiten Talblicke und verhangenen Waldschluchten, die bukolischen Ansichten der Umgebung von Neapel sind mit dem offen ausgesprochenen Ehrgeiz entworfen, in Worten mit dem klassischen Vorbild aller Landschaftsdarstellung, mit Claude Lorrain zu wetteifern, und mehr noch mit den düster-leidenschaftlichen Felsen- und Ruinenveduten des Neapolitaners Salvatore Rosa, den auch die Romantiker für einen ihrer Vorläufer gehalten haben.»[178] Aber nicht von ungefähr hat Ann Radcliffe auf Erfolg und Skandal von Lewis' «The Monk» sofort reagiert, indem sie in «The Italian» (1797) Lewis' Ambrosio die ungleich differenziertere Figur des Schedoni entgegensetzte. Offenbar erkannte sie sofort, wie gut sich an der Figur des Mönchs die Problematik des aus der göttlichen Ordnung gefallenen Menschen und Künstlers anschaulich machen läßt. Interessanterweise verändert sich mit dieser Figur auch ihre Landschaftsdarstellung, insofern sie die breite Darstellung heroischer und erhabener Landschaften, die trotz ihrer Düsternis noch im klassischen Sinne genießbar blieben, erheblich zurücknimmt und je in knappen Strichen die Landschaft als Projektionsfläche untergründiger Leidenschaft und Bedrohlichkeit entwirft. So konstituiert sich bereits bei Ann Radcliffe ein Gegenbild zur heroischen wie zur idyllischen Auffassung gerade der italienischen Landschaft, wie es sich auch und gerade bei E. T. A. Hoffmann findet.

Insbesondere die Landschaftsdarstellungen Salvatore Rosas werden von Hoffmann weniger in der Tradition des Erhabenen und Heroischen betrachtet, sondern wie unwillkürlich mit einem Schauerblick, der sich bei Ann Radcliffe geschult haben könnte: «Betrachtet man seine [Rosas] Einöden, und die Männer von fremdem wildem Ansehen, die bald einzeln bald truppweise umherschleichen, so kommen von selbst die unheimlichsten Gedanken. Hier geschah ein gräßlicher Mord, dort unten wurde der blutige Leichnam in den Abgrund geschleudert.»[179] Gerade die Landschaftsdarstellung läßt sich bei Hoffmann immer wieder als erzählerische Entzifferung von Bildern begreifen. Aber auch darüber hinaus erschließt sich seinen Figuren die andere Welt immer wieder durch einen Wechsel des Blicks. Im serapiontischen Prinzip hat Hoffmann die künstlerische Tätigkeit als transformierende Manifestation des Bildes bestimmt. Es müsse der Künstler danach streben, «das Bild, das ihm im Innern aufgegangen recht zu erfassen mit all seinen Gestalten, Farben, Lichtern und Schatten; und wenn er sich recht entzündet davon fühlt, die Darstellung ins äußere Leben»[180] zu tragen. Die Spannung zwischen der Entzifferung innerer und äußerer Bilder im Blickwechsel trägt wesentlich zu der beunruhigenden Doppelbödigkeit von Hoffmanns dargestellter Welt bei, und es scheint diese zentrale Rolle des anderen Blicks gewesen zu sein, die Goethes Urteil über «die krankhaften Werke des leidenden Mannes»[181] herausgefordert hat. An Hoffmann kritisiert Goethe eine Einbildungskraft, die über ihr Ziel hinausschießt und die Sinne verändern will oder selbst schon durch Sinnveränderung bestimmt ist. Wer zu anders sieht, wird tendenziell unter Verrücktheitsverdacht gestellt, scheint sich zu weigern, jenes angstlösende Remedium der Aufklärung einzunehmen, sich seines Verstandes zu bedienen und das Wahre und Wirkliche der Natur als Grundlage der künstlerischen Erfahrung und Gestaltung anzuerkennen.

«Die Jesuiterkirche in G.» von 1817 ist diejenige Künstlererzählung Hoffmanns, in der die Situation des bildenden Künstlers mit dem deutlichsten zeitgenössischen Bezug entwickelt wird, und sie greift nicht von ungefähr auf Sujets und Darstellungsmittel des Schauerromans zurück, wie sie schon Tieck in der Gestaltung der Landschaft als einer Projektionsfläche der Ängste des Subjekts eingesetzt hatte. In der Binnenerzählung geht der junge Maler Berthold nach Rom – wie Franz Sternbald bei Tieck und wie durch die fiktive Künstlerfigur angeregt seit 1810 Friedrich Overbeck, Franz Pforr, Julius Schnorr von Carolsfeld und die weiteren Genossen des romantischen Malerbunds der Lukasbrüder. Ungleich jenen jedoch, die sich nach Wackenroders und Tiecks Muster von vornherein an Raffael zu schulen vorhatten, kommt Berthold mit der Absicht, sich als Landschafter auszubilden. Beeinflußt von der herrschenden Geringschätzung der Landschaft, wendet er sich vorübergehend und ohne wirkliche Überzeugung davon ab. Dann aber erklärt sich Philipp Hackert in Neapel bereit, Berthold als Schüler anzunehmen, bei welchem er, wie der Erzähler mit gelinder Ironie bemerkt, lernt, «die verschiedenen Baum- und Gesträucharten der Natur getreu darzustellen; auch leistete er nicht Geringes in dem Dunstigen und Duftigen, wie es auf Hackerts Gemälden zu finden.»[182] Berthold aber ist ein Geschöpf Hoffmanns und so vermißt er an den eigenen wie an Hackerts Bildern ein Unnennbares, das er bei Claude Lorrain und Salvatore Rosa, jenen Landschaftern also, an denen bereits Ann Radcliffe ihre Landschaftsbeschreibungen geschult hatte, immer wieder findet. Ein alter Malteser endlich sagt ihm, was seiner Kunst fehlt; es ist, wie sollte es verwundern, das serapiontische Schauen, der romantische Blick auf und in die Landschaft: die «Auffassung der Natur in den tiefsten Bedeutungen des höheren Sinns, der alle Wesen zum höheren Leben entzündet».[183] «Bist du eingedrungen in den tiefern Sinn der Natur, so werden selbst in deinem Innern ihre Bilder in hoher glänzender Pracht aufgehen.»[184]

Aber die Darstellung der «Urtöne der Schöpfung», ihrer «Hieroglyphenschrift»[185] – Begriffe, die Hoffmann zunächst ganz in der Tradition der frühromantischen Idee einer rätselhaft sprechenden Natur verwendet – gelingt dem Berthold nur im Traum. Der andere Blick auf die Landschaft verwandelt sich im Scheitern der künstlerischen Bewältigung zur Entfremdung, in jenen Schauerblick, der die verdrängte Bedrohlichkeit der Natur wieder zutage fördert: «Schritt er durch den dunklen Wald, so überfiel ihn ein unheimliches Grauen; trat er heraus und schaute in die fernen Berge, so griff es wie mit eiskalten Krallen in seine Brust – sein Atem stockte – er wollte vergehen vor innerer Angst. Die ganze Natur, ihm sonst freundlich lächelnd, ward ihm zum bedrohlichen Ungeheuer, und ihre Stimme, die sonst in des Abendwindes Säuseln, in dem Plätschern des Baches, in dem Rauschen des Gebüschs mit süßem Wort ihn begrüßte, verkündete ihm nun Untergang und Verderben.»[186] Wie in Herders Landschaftskonzeption tönt die ganze Natur, ihre Botschaft aber ist nicht Vitalität und Autonomie in der sinnlichen Erfahrung, sondern angsterregendes Ausgeliefertsein des unbeschützten Individuums.

Hoffmann gestaltet hier in der Landschaftsproblematik idealtypisch die Situation des deutschen Künstlers am Beginn der Moderne, der gewillt ist, anders zu sehen. Schon die Idealisierungen des Künstlertums bei Wackenroder und Tieck konnten über einen Hintergrund an Beängstigung und Unsicherheit nicht hinwegtäuschen, denn die Befreiung aus der Abhängigkeit von Hof, Kirche oder Staat führten gerade den Maler tendenziell in eine gesellschaftliche Ortlosigkeit. Die Abkehr von der verordneten Naturauffassung der klassizistischen Akademien, die Entdeckung der Subjektivität des Sehens, erfolgte um den Preis der Angst vor der Unverständlichkeit, des Kommunikationsverlusts, die das romantische Liebäugeln mit dem Wahnsinn zumindest auch dokumentiert. Daß C. D. Friedrich, Runge oder Overbeck damit rechneten, für wahnsinnig gehalten zu werden, ist nur der Reflex dessen, was man im bürgerlichen Zeitalter zunehmend vom Künstler hielt. Allerdings war dieser Zusammenhang als Auseinanderfallen individueller und gesellschaftlicher Wahrnehmung eben zugleich literarisch vorformuliert.

In dem Schauerroman «Die Elixiere des Teufels» gestaltet Hoffmann die Figur des Mönchs als Prototyp des modernen Künstlers und aus der Schöpfung gefallenen Subjekts gerade auch im Blick auf die Landschaft. Der Weg des Medardus ins Verderben spiegelt sich immer wieder in der Landschaftserfahrung: «Schon mehrere Tage war ich durch das Gebirge gewandelt, zwischen kühn emporgetürmten schauerlichen Felsmassen, über schmale Stege, unter denen reißende Waldbäche brausten; immer öder, immer beschwerlicher wurde der Weg. [...] Immer dichter und dichter wurde der Tannenwald [...]. Ich trat einige Schritte weiter und erstarrte beinahe vor Schreck, als ich dicht an einem jähen entsetzlichen Abgrund stand, in den sich zwischen schroffen, spitzen Felsen ein Waldbach zischend und brausend hinabstürzte [...].»[187] Hoffmanns Blick auf die Landschaft sieht den Künstler und damit das Individuum in der Gefährdung. Einer Gefährdung freilich, deren Ursachen nicht in der Landschaft selbst liegen, sondern in der vom gesellschaftlichen Prozeß deformierten Seele, die in der Landschaft ihrer selbst ansichtig wird.

Auflösung im Spiegel

Annette von Droste-Hülshoff

Das erste, 1819/20 begonnene, autobiographisch gefärbte Prosafragment der Annette von Droste-Hülshoff entwickelt den Konflikt zwischen der Titelheldin «Ledwina» und der Gesellschaft gleich anfangs aus einer sonderbaren bewegten Spiegelung von Mensch und Landschaft: «Der

Strom zog still seinen Weg und konnte keine der Blumen und Zweige mitnehmen; nur eine Gestalt, wie die einer jungen Silberlinde, schwamm langsam seine Fluten hinauf. Es war das schöne bleiche Bild Ledwinens, die von einem weiten Spaziergang an seinen Ufern heimkehrte.»[188] Dieser Spiegelblick des Subjekts führt im folgenden zu einem Entgrenzungserlebnis, in dem sich narzißtische Erotik mit Todessehnsucht verbindet: «Ein großer, aus dem Flusse ragender Stein sprühte bunte Tropfen um sich, und die Wellen strömten und brachen sich so zierlich, daß das Wasser hier wie mit einem Netze überzogen schien und die Blätter der am Ufer neigenden Zweige wie grüne Schmetterlinge davonflatterten. Ledwinens Augen aber ruhten aus auf ihrer eigenen Gestalt, wie die Locken von ihrem Haupte fielen und forttrieben, ihr Gewand zerriß und die weißen Finger sich ablösten und verschwammen, und wie der Krampf wieder sich zu lösen begann, da wurde es ihr, als ob sie wie tot sei und wie die Verwesung lösend durch ihre Glieder fresse und jedes Element das Seinige mit sich fortreiße.»[189] Die Lösung aus dem Krampf der Existenz wird als orgasmische Auflösung in der Natur gedacht, als Rückkehr ins Elementarische. Für Ledwina wird die Erfahrung eines «furchtbar durchbrennenden Geists»[190] zum symbolischen Ausbruch aus der frommen und behüteten Welt des katholischen, westfälischen Landadels, zum luziferischen Aufbegehren. In Ledwina imaginiert sich Annette von Droste-Hülshoff in kaum verstecktem Protest gegen die kühle und verschlossene Mutter als verkommene Tochter.

Bereits in diesem ersten Prosatext zeigen sich die Umrisse dessen, was Peter von Matt das «Familiendesaster» nennt, und schon hier wird seine These nachvollziehbar, daß Verkommen und Mißraten in der Literatur immer auch als Autonomiegewinn und existentielle Ablösung verstanden werden kann.[191] Mißraten kann von Matt zufolge heißen, mündig zu werden und selbst zu denken, verkommen: sich den eigenen Glücksweg zu suchen, freilich oft um den Preis des tiefsten Schmerzes der Erkenntnis. So weiß auch Ledwina um die «gewöhnliche bittre Frucht, der ihr so süßen, aber zerrüttenden Streifereien».[192] In seiner Lektüre der Texte der Annette von Droste-Hülshoff hat Peter von Matt gezeigt, wie die Literatur zum Medium des lustvollen Erlebens einer Verkommenheit werden kann, die im äußeren Leben versagt bleibt. Das Gedicht «Die Schwestern» deutet er dabei als seelisches Trauerspiel eines einzigen Subjekts. «Ich bin eine Irre leider!»: nur im Wahn kann die Frau von Stand die Aufkündigung des Gehorsams imaginieren. Der Blick ins Wasser ist ein Blick ins eigene Gesicht, in der Identifikation mit der verkommenen Schwester fällt das befohlene Leben angstbesetzt und lustbetont mit dem verbotenen zusammen: «Doch schlief die Welle, dann sah ihr Gesicht | man über den Spiegel sich beugen, | Und zeigte er ihr das eigene Bild, | Dann flüsterte sie beklommen: | ‹Wie alt sie sieht, wie irre und wild, | Und wie entsetzlich verkommen!›»[193] Verkommen leuchtet in der wiederkehrenden Symbolik des Feuers[194] und des Lichts immer nur kurz auf als erfüllte Existenz, als Entkommen aus «peinlicher Sittsamkeit». So zelebriert die Annette von Droste-Hülshoff im Schreiben insgeheim den «luziferischen Akt» im patriarchalischen Gefüge, ohne im äußeren Leben aus dem Hin und Her zwischen Bravheit und Erhebung herauszukommen, und noch im Sarg ihres lyrischen Ich hört sie den Käfer des schlechten Gewissens pochen. Der Blick ins Freie aber, und sei er auch irrer Blick, der «dieses erbärmliche, sorgfältige Leben, wo der Körper den Geist regiert»,[195] hinter sich läßt, öffnet sich für die Erzählerin von «Ledwina» immer wieder in der Landschaft.

In dem Prosafragment reflektiert sie sich bereits in einem Familien- und Gesellschaftskonflikt, der in der Konstellation den realen Verhältnissen bei den Droste-Hülshoffs sehr ähnelt. Die Mutter Ledwinas repräsentiert dabei jene Herrschaft der Haltung über Geist und Gefühl, jene gesellschaftliche Kontrolle, um die Annette von Droste-Hülshoff zeitlebens bangen mußte: «diese kluge Frau, der ein allgemein beachtetes und oft verwickeltes Leben eine völlige Herrschaft über alle unpassende Ausbrüche innerer Bewegungen in Handlung und Worten gesichert hatte [...].»[196] Ledwinas Aufbegehren gegen diese adelige Affekthemmung zeigt sich zu Beginn der Erzählung bereits darin, daß sie sich im Bauernmilieu wohler fühlt, das für ihren Bruder nur ein «Domestikeninventarium» darstellt, während sie der Mutter gegenüber im Verhältnis «unnatürlich gespannter Erwartung» steht und bleich wird, wenn unstatthafte Gedanken sie ergreifen.

Die Warnung vor dem Aufbegehren legt die Erzählerin dem Bruder in den Mund: «Der Gehorsam gegen die Eltern ist ein Naturgesetz und beinah so kostbar als das Gewissen. Ich bin überzeugt, daß die Wurzel fast aller jetzt grassierenden moralischen Übel in der Vernachlässigung desselben steht.»[197] Ledwina aber weiß längst, daß es ein solches Naturgesetz nicht gibt, sie hat es im Blick ins Freie als einem Blick in den Spiegel ihrer Seele erfahren. Die Mutter ahnt das, wenn sie Ledwina mißtrauisch nach ihren Spaziergängen befragt: «Warum wählst du immer den verdrießlichen Weg am Flusse, Ledwina?»[198] Der konservative Charakter des Bruders und seine erdenfeste Dummheit zeigen sich ebenfalls im Blick auf die Landschaft, deren geheimnisvolle Beseelung er nicht wahrnimmt. So kränkt er

Ledwina, für die Erinnerungen «in jedem Baume wohnen», mit seinem Eindruck, «daß mir die Gegend hier besonders jetzt recht erbärmlich vorkömmt. Man spaziert wie auf dem Tische, die Gegend vor uns wie hinter uns, oder vielmehr gar keine. Der Himmel über uns und der Sand unter uns.»[199] Entsprechend trocken, so suggeriert die Erzählerin, sieht es in Karls Herzen aus, während sich in Ledwinas Gesicht «ein trübes, aber bewegliches Leben» ergießt, wenn sie von den Weiden spricht, die ihr in der Verkehrtheit gleichen: «eine sonderbare Verwechslung in der Natur: die Zweige farbicht, die Blätter grau, sie kommen mir vor wie schöne schwächliche Kinder, denen der Schrecken in einer Nacht das Haar gebleicht.»[200]

Von ihrer braven Schwester nimmt Ledwina an, daß diese Gott und den Menschen angenehmer ist als sie selber mit ihrer Seelenform, die sich der gesellschaftlichen oder gottgegebenen nicht einfügen kann, ja nicht einmal ihrer eigenen Gemütsverfassung: «Doch mein loses törichtes Gemüt hat so viele scharfe Spitzen und dunkle Winkel, das müßte eine wunderlich gestaltete Seele sein, die da so ganz hineinpasste.»[201] Aber auch der Schwester mutet die Erzählerin an, daß der Gang ins Freie ihr Entlastung vom Verhaltensdruck von Familie und Gesellschaft bringt, sie führt ein Doppelleben mit umgekehrten Vorzeichen. Der Geruch der Freiheit setzt in Distanz zur Menschenwelt: Nach einem solchen Gang tritt Therese wieder ins Zimmer und wagt es nicht, Ledwina «zu nahen um der frischen Abendluft willen, die aus ihren Kleidern duftete, denn sie war im Freien gewesen […], denn diese süße, überteure Seele lebte ein doppeltes Leben, eins für sich, eins für andere, wovon das erstere nur zum Kampf für das letztere vortrat, nur daß es statt des Schwertes die Leidenspalme führte.»[202] So kann der Leser zwischenzeitlich nicht zwischen der braven und der aufbegehrenden Schwester unterscheiden.

In der längsten Landschaftspassage des Textes wird mit dem Gemüt Thereses auch das ihrer Schwester entziffert: «Die Sonne ging unter, und ihre letzten Strahlen standen auf einem Weidenbaum am jenseitigen Ufer. Der Abendwind regte seine Zweige, und so traten sie aus dem Glanz und erschienen in ihrer natürlichen Farbe, dann bogen sie sich wieder in die Goldglut zurück. Für Ledwinens krankes, überreiztes Gemüt hätte dies flimmernde Naturspiel leicht zu einem finstern Bilde des Gefesseltseins in der sengenden Flamme, der man immer vergeblich zu entrinnen strebt, da der Fuß in dem qualvollen Boden wurzelt, ausarten können, aber Therese war es unbeschreiblich wohl geworden in Betrachtung des reinen wallenden Himmelsgoldes und überhaupt der lieblich gefärbten Landschaft, ihre Gedanken waren ein leises und brünstiges Gebet geworden [...].»[203] Aus der Mehrdeutigkeit des Landschaftstexts vermag die brave und gesunde Schwester trotz ihres geheimen, leidvollen Lebens für sich – und obwohl auch sie nicht ohne Begehrung, nicht unempfindlich für den Anblick aufglühenden Feuers ist – zur Lesart der Zuversicht und des Glaubens an himmlische Fügung durchzudringen, in der Schwester aber vermutet sie ein wie immer qualvolles Aufbegehren angesichts der Ambivalenz der Schöpfung. Wo die Fesselung begründet ist, im Boden oder in der flammenden Vision, bleibt bezeichnenderweise ambivalent.

An dieser Stelle offenbart die Erzählerin die leitende Idee der Landschaftsdarstellung, es ist jener Wunsch nach einem Ganzen der Erfahrbarkeit, die in der Analogie von Landschaft und Seele je neu als Korrektiv der Vernunft gedacht worden war: «So haben auch die klarsten, sichersten Seelen ihre Augenblicke, wo der Glaube an eine verborgene, geistige Abspiegelung aller Dinge ineinander, an das vielgeleugnete Orakel der Natur sie mächtig berührt […].»[204] Wie die des Orakels aber ist auch die Sprache der Natur mehrdeutig; ob die Seele einen tragischen Weg geht oder einen zum Glück, in die Isolierung oder in die Geborgenheit, darüber entscheidet nicht die Natur selbst, sondern die Deutung ihres Texts.

Ledwinas Seh- und Selbstbegehren aber geht weiter und tiefer als das der äußerlich braven Schwester: «Ledwina blickte lüstern durch die Scheiben, das graue Silberlicht lag wie ein feenhaftes Geheimnis auf der Landschaft, und dünne, matte Schimmer wogten über die Gräser und Kräuter wie feine Fäden, als bleichten die Elfen ihre duftigen Schleier. Am Flusse war die Luft ganz still, denn die Weiden standen wie versteint, und kein Hauch bog die gesträubten Haare, aber in der Ferne schüttelten sich die Pappeln und hielten dem Mondlicht die weißen Flächen entgegen, daß sie schimmerten wie die silbernen Alleen in Träumen und Märchen. Ledwina sah und sah, und ihr Fuß wurzelte immer fester an der lockenden Stelle, und bald stand sie, halb unwillkürlich, halb mit leisen Vorwürfen, in ein dichtes Tuch gehüllt am offenen Fenster.»[205] Ledwinas lüstern entgrenzendem Blick eröffnet sich eine tiefere Lesart der Landschaft, die hinter dem vertrauten Anblick eine andere so fremde wie verlockende Welt erschließt. Immer wieder erblickt sie in der Landschaft Lichteffekte, die ihrem eigenen luziferischen Auflodern, dem aufblitzenden Ausbrechen der Unruhe und des Unmaßes aus ihrer Brust entsprechen. Ein solcher Blick muß das Gegebene in Frage stellen. Im aufblitzenden Licht der Erkenntnis kann das Gesicht der Gesellschaft «übel verändert»[206] erscheinen, und vor finster lauerndem Hintergrund scheint – in einer der sonderbarsten Stellen der Erzählung – der Gegensatz zwischen dem erleuchteten Adel und dem gepreßten Volk auf.[207] Ein solches enthusiastisches und zugleich kritisches Sehen aber wird in «Ledwina», wie so oft in Geschichten der literarischen Naturerfahrung, von der Gesellschaft in die Nähe des Wahnsinns gerückt. Diese Beziehung näher zu betrachten aber ist den konservativen Vertretern der Gesellschaft unerwünscht: «Der Wahnsinn ist eine Sache, worüber geistliche und weltliche Gesetze verbieten sollten, nicht zu scharf zu grübeln und untersuchen. Ich glaube, daß nichts leichter zur Freigeisterei führt.»[208]

Solch verbotenes Denken hat Annette von Droste-Hülshoff in ihrer Dichtung praktiziert, aber der Widerspruch zwischen Anpassung und freigeistiger Erhebung, zwischen Identifikation mit ihrer Klasse und ihrer Heimat und ihrem erotisch getränkten Autonomiestreben blieb, wie schon in dem frühen Prosafragment erzählerisch, auch lebenspraktisch ungelöst. Ebenso unvollendet blieb 21 Jahre später, im Sommer 1841, auffälligerweise ihr geplantes Buch über die westfälische Landschaft und ihre Bewohner, «Bei uns zu Lande auf dem Lande». Auch hier stößt sie offenbar «an unsichtbare Grenzen, schreibt sie sich in eine Zone hinein, wo ihr die Familie oder ein anderes soziales Verbotssystem die Hand lähmt. Das hängt damit zusammen, daß sie in Prosa unverstellter von sich selber schreibt und bedrohlich nah an Bekenntnisse streift, die der Familie, der Mutter nicht zuletzt, unsympathisch sind.»[209] In diesem Fall ist das sogar dokumentiert. Am 20. Juli 1841 schreibt sie an August von Haxthausen: «Ich habe mein Buch über Westfalen bereits angefangen und ein ziemlich Stück hineingearbeitet; es scheint mir ganz gut, und doch verlor ich den Mut, da ich meine lieben Eltern so deutlich darin erkannte, daß man mit Fingern darauf zeigen konnte. […] Eben jetzt, heute bin ich zu dem Entschluß gekommen, es meiner Mutter vorzulesen, und ist sie es zufrieden, so schreibe ich weiter; wo nicht, so gebe ich es auf.» Natürlich gab das vierundvierzigjährige Kind auf, und Peter von Matt scheint es der Mutter übelzunehmen: «Mit 70 Jahren noch regierte sie ihr Kind und sabotierte ein Werk, das sich in der Geschichte der deutschen Prosa so energisch behauptet hätte wie in der Geschichte des Frauenschreibens.»[210] Damit war es aber nicht abgetan. Schon in den erhaltenen Seiten des Westfalenbuches «leuchten mehrfach Signale der Autonomie und der Größe auf», in denen sich Annette von Droste-Hülshoff als Herrscherin im Reich der Sprache reflektiert. Sie sind aber immer gepaart mit Symptomen der Schwäche und der Resignation.[211] Einige Monate später schreibt sie dann die Ballade von den «Schwestern» als Moritat von den schrecklichen Folgen des Gehorsams und der Bindung.

Die Ambivalenz und polare Opfermentalität Annette von Droste-Hülshoffs zeigt sich punktlichtartig in der gegensätzlichen Gestaltung der Metapher von Ledwinas Wurzeln im (westfälischen) Boden. Das eine Mal bezeichnet sie qualvolles Gebundensein, das andere Mal festes Gründen, das den lustvollen Blick ins Freie erst ermöglicht. In beiden Fällen aber lauert im Hintergrund des schlechten Gewissens das Bild des Klumpfußes, während in der Ferne das luziferische Licht aufblitzt. Ganz analog hat Annette von Droste-Hülshoff die Prägung durch ihre westfälische Heimat und ihre Bindung an die Tradition ihres Adelsgeschlechts als Einengung wie aber zugleich als Sicherung ihrer gefährdeten Seele empfunden. So bleibt aller Autonomiegewinn in der Schrift ambivalent an die Idee der Landschaftslektüre gebunden. Ihre poetische Biographin Angelika Jakob hat daher ihr Schreiben insgesamt als Blick in die Landschaft verbildlicht: «Für Annette ist Papier ein Kosmos, unberührbar, den ihre Feder nicht verwüsten darf. Mit ihren vorgewölbten Lupenaugen durchforscht sie tiefgebeugt die reine Welt: GOTTES Schöpfung, die sich in den Fasern und Strukturen des Papiers verzweigt. Hügel, Flüsse und Seen; Meteoritenkrater, Eisberge, Weltmeere, Inseln und Zackensterne, auch solche mit Schweif. Auf den Wiesen Vergißmeinnicht. Das Turmgewölk einer Burg. Darüber wacht des Allmächtigen Auge.»[212] Diesen Blick des Allmächtigen aber hatte sie in den geistlichen Liedern lebenslistig schon in eine Perspektive ihrer Imagination verwandelt. Soviel Gewissensnöte dies auch bereiten mochte, es waren wenigstens ihre: die einer Dichterin.

Natur und bürgerliche Anpassung

Carl Gustav Carus

In Rudolf Borchardts Anthologie «Der Deutsche in der Landschaft» findet sich Carl Gustav Carus' Beschreibung des Pariser Beckens als exemplarisches Beispiel für die Borchardt besonders interessierende Einheit von wissenschaftlicher und poetischer Beschreibung der Landschaft.[213] In einer Zeit der vollendeten Trennung von Natur- und Geisteswissenschaften scheint einer Figur wie Carus neuerlich Interesse zuzuwachsen. So wird er für eine ganzheitliche und ökologische Naturanschauung in Anspruch genommen.[214] Im Werk des Dresdner Bildungsbürgers finde man stichhaltige Theoreme einer «nicht-metaphysischen Naturerkenntnis», namentlich differenzierte Einsichten in die Verschiedenheit der Naturverhältnisse und in die imaginative Dimension wissenschaftlicher Verfahrensweisen wie in deren praktische und politische Gründe. Schon Carus habe seine Bemühungen als Korrektiv der neuzeitlichen Wissenschaftsentwicklung verstanden.

In der Tat hat Carus einen Leitsatz formuliert, der Borchardts Intentionen entgegenkommen mußte und auch die Heutigen erfreut: «Wissenschaft und Poesie, weit entfernt einander feindlich gegenüber zu stehen, haben vielmehr den Beruf mit Stetigkeit belebend und erfrischend auf einander einzuwirken.»[215] Wissenschaft und ästhetisches Naturgefühl werden, so scheint es, bei Carus nicht gegeneinander ausgespielt. Allerdings führt die Herdersche und romantische Begrifflichkeit des Urgrunds, des Allebens, der wirkenden Kraft der Natur bei Carus eher eine Art poetisches Spukleben. Ohnehin fühlte sich der tüchtige Naturwissenschaftler Carus zu allerlei schriftstellerischen Freizeitbeschäftigungen genötigt, die schon den Zeitgenossen als schierer Humbug erschienen, so etwa die Schrift «Über den Lebensmagnetismus». Nicht zufällig erlag Carus auch einem pseudowissenschaftlich begründeten Rassismus, obwohl die Schädelmessungen, die in der Nazi-Anthropologie eine üble Rolle spielen sollten, seinerzeit noch mit psychogenetischer Liberalität vereinbar schienen.

Der Kunstbegriff des Goethe-Verehrers Carus ist allerdings von großer Fragwürdigkeit und führt die romantische Bestimmung des Verhältnisses von Natur und Kunst an eine Grenze, an der sie sich in Banalität und Konformismus auflöst. Daß «reine Naturerkenntniß, kunstgemäß gestaltet, von selbst zur edelsten Poesie»[216] werden soll, zeigt seine Bindung an die ästhetisch fundierte Naturvorstellung der Romantik, die er gegen Spezialisierungstendenzen seiner Zeit bewahrte. Die Überzeugung einer grundsätzlichen Naturhaftigkeit menschlichen Tuns erregte ihm freilich mitten in seinem tüchtigen Leben, das ihn aus den kleinen Verhältnissen eines Färberhauses zum Professor und Direktor am Krankenhaus der Universität Dresden und zum international anerkannten Forscher führte, gelegentlich trübsinnige Gedanken: «Wozu dies alles? Wozu dieser ewige Wechsel von Schaffen und Vernichten, von Bilden und Zerstören? Welchem Zweck soll es dienen?»[217] Dem Erfolgreichen diente die Natur auch als Medium melancholischer Sentimentalität, dabei wußte der Naturforscher Carus nur zu gut, daß der Natur ohne selektive Interpretation kein idealisierender Sinn abzugewinnen ist. So bedarf es der ästhetischen Anschauung, sich gegen solche Anfechtungen zu erwehren. Allein der Gedanke an die Kunst habe ihn gegen die «Medusa» solcher Einsichten «gestählt». Da scheint ein weiteres Mal das bürgerliche Kunststück innerhalb einer «Dialektik der Aufklärung» gelungen zu sein, in dem die Verführung des Schönen wie der Schrecken der Natur, der Anblick ihres Schlachthauses, wie Darwin bald formulieren sollte, von der gehärteten Identität der bürgerlichen Person bewältigt wird.

In Carus' Landschaftskonzeption laufen verschiedene Impulse der Naturanschauung des späten 18. und des 19. Jahrhunderts auf eine aufschlußreiche Weise zusammen. Goethes Ideal der Anschauung der Natur, nach dem die Dinge für nichts stehen sollen als für sich selbst, kann Carus relativ problemlos mit der romantischen Idee des Chiffrencharakters der Natur verbinden. Den Ehrenplatz bei Borchardt hat sich Carus vor allem dadurch verdient, daß er sich von der Faktenexplosion in der Naturwissenschaft des 19. Jahrhunderts nicht davon abhalten ließ, nach einem integrativen Prinzip zu verfahren. Dabei verschärft sich freilich eine politische Problematik, die schon bei den Romantikern in der Überschreitung der Kunstsphäre wie in der Vorstellung einer Evidenz des Naturgeschehens sichtbar wurde. Bei der Maxime, aus der Natur selbst die Normen bürgerlich-politischen Handelns zu gewinnen, handelt es sich um symbolische soziale Sinnstiftung, die Interesselosigkeit nur vorspiegelt. So lehrt Carus zufolge die Natur, daß die «Unterordnung unter einen hervorragenden Geist» unerläßlich ist.[218] Daß der zum königlichen Leibarzt aufgestiegene Kleinbürger Carus die vorhandene Ordnung nicht umstürzen wollte, kann nicht verwundern, gleichwohl bietet dieser vielseitige und seinen Mitmenschen zugewandte Wissenschaftler und Künstler immer wieder das unangenehme Bild eines autoritären Charakters. Die Vereinnahmungen, die Carus im Antimodernismus des 20. Jahrhunderts erfuhr, sind so sicher nicht zufällig.

Carus hat vorgeschlagen, den Begriff der Landschaft dynamisierend durch den des Erdlebens zu ersetzen, Landschaftsmalerei soll ihm zufolge daher «Erdlebenbildkunst»[219] heißen. In seiner Schrift «Natur und Idee» hat Carus eine Definition des Lebens versucht, die für die Natur, den Menschen, die Kunst und die Zivilisation geleichermaßen Gültigkeit beansprucht, in ihrer Totalität freilich von einem protestantisch-religiösen Anspruch bestimmt ist, den Thomas Mann im «Doktor Faustus» politisch verdächtigen sollte. «Leben heißt Entstehen und Vergehen, Handeln und sich Verwandeln, nach einer inneren Idee, nach einem eingebornen Göttlichen, mit einem Wort, nach einem Gottesgedanken.»[220] Alle Bewegung im Naturgeschehen muß daher totalisierend als Ausdruck der Ganzheit verstanden werden, was sich im Sinne der romantischen Metaphorik einer Sprache der Natur nur über eine Erschließung sinnhaltiger Form begreifen läßt. Carus vertraut bei dieser Erschließung auf die naturwissenschaftlichen Verfahrensweisen und glaubt der Zeit entsprechend angesichts wiederholt anwendbarer Ableitungsregeln an Naturgesetze, räumt dann freilich in Kantischer Denktradition ein, daß sich gerade Verbindungen zwischen beobachteten «Tatsachen» nicht ohne «Beimischung von etwas Irrationalem»[221] konstatieren lassen.

Auf die Frage, wie der Mensch dann entscheiden kann, ob das, was er zu erkennen vermeint, auch Wahrheit besitzt, gibt Carus letztlich keine andere Antwort als Herder: weil ihn die Natur selbst als erkennendes Wesen hervorgebracht hat. Dafür bringt Carus eine Fülle von naturwissenschaftlich fundierten Beobachtungen bei, die sich jedoch auf eine ebenso erstaunliche wie ernüchternde Weise in die Analogie-Vorstellungen fügen, die bereits Jacob Böhme metaphorisch beschrieb. Praktisch jeder Aufweis von Analogien ist mehr oder weniger dunkel bereits bei Böhme präformiert: Die Erdsubstanzen finden sich in der sinnlichen Organisation des Menschen wieder, als Humusbildner kehrt er zur Erde zurück.[222] Die Atmungsorgane entsprechen der Atmosphäre, die selbst wieder die Voraussetzung ist, daß die Tonträger der Sprachwerkzeuge in Schwingungen versetzt werden, was recht genau Böhmes Theorie des Halls korrespondiert.[223] Die Analogien setzen sich in der Parallelität von Blutkreislauf und Wasserzirkulation sowie der Wärmeregulierung der Erdrinde und der Hautorganisation usw. fort. Jede menschliche Aktion und Reaktion ist Carus zufolge in Wechselkausalitäten von «Ätherhandlungen» eingebunden – übrigens ein schon im 19. Jahrhundert obsoleter Begriff. Eben dieser aber führt Carus zu der Vorstellung des Menschen als aufgrund seines fein ausgebildeten Nervensystems höchstorganisierten Wesens, worin sich der Autonomiegedanke mit einer Determinationsvorstellung verschränkt. So steht für Carus fest, «daß diejenige Innervation, welche als die Spitze aller, auf diesem Planeten überhaupt möglichen, organisch-individuellen Ätherhandlungen sich darzuleben bestimmt war, nämlich die menschliche, zugleich irgendwie die Gliederung des ihre Erscheinung bedingenden und selbst durch individuelle Plastik geschaffenen Organischen überhaupt wiederspiegeln und darleben müsse».[224] So realisiert sich Carus zufolge die wahre Bestimmung des Menschen im «genetischen, rein gesetzmäßigen Gang aller organischen Entwicklung».[225]

Im «irgendwie» äußert sich die Unentschiedenheit im Verhältnis eines allgemeinen Werdens zur individuellen Selbstorganisation, jedoch nimmt Carus an, daß auch das Unbewußte im Menschen und in der Kunst «Teil des allgemeinen Organischen»[226] ist. Obwohl es Carus zufolge eine sehr weitgehende Bindung des Menschen an Landschaft und Stammesgeschichte gibt, bleibt eine Differenz, die der Mensch im Entziffern der Sprache der Natur zu beseitigen bemüht ist. In der Alltagserfahrung zersplittert sich die Idee des Ganzen, überhaupt ist menschliche Einsicht vorerst zu schwach, um sie zu erfassen, ästhetische Erfahrung aber entschädigt dafür. In der Erfahrung der Landschaft ist die Entsprechung von menschlichem Gemütsleben und Naturleben vorzüglich zu erfahren. Als Hauptaufgabe der Landschaftskunst (in der Malerei) bestimmt Carus daher die «Darstellung einer gewissen Stimmung des Gemüthslebens (Sinn) durch die Nachbildung einer entsprechenden Stimmung des Naturlebens (Wahrheit)».[227]

Das scheint den weltflüchtigen romantischen Vorstellungen zu entsprechen, nach denen sich ein isoliertes Ich im Anblick der Natur entziffert. Jedoch bekommen solche Stimmungserregungen bei Carus eine Nützlichkeits- und Ersatzfunktion beigelegt. Gegen vorgebliche eigene Anfechtungen, die die romantische Sehnsucht nach dem völligen «Auflösen in der gemeinsamen Natur»[228] zitieren, wie sie auch Annette von Droste-Hülshoff imaginierte, kommt Carus zu dem pragmatischen Schluß, ein solches Sichverlieren könne nicht das Ziel des Menschen sein. Befreiung und Erhebung gewähre vielmehr «das sich recht eigentlich Klar- und Anschaulichwerden unseres Standpunkts in dieser Welt».[229] Zwar läßt die Natur Lotos-Pflanzen wachsen, aber deren Verzehr (der in der Odyssee das Vergessen der Identität bewirkt) schickt sich für den tüchtigen Bürger nicht. Schönheit ist daher «die gleichmäßige Durchdringung von Vernunft und Natur».[230]

Deshalb muß man sich Carus zufolge zuletzt von allem bloß Subjektiven freimachen: «und das ist dann eben in Kunst und Wissenschaft das Vollendete, das Classische, wo man nicht mehr die oder jene menschliche Ansicht, sondern nur das rein Menschliche an sich als das Herrschende erkennt.»[231] Hier wird die romantische Idee des Nichtidentischen klassisch sterilisiert. Die Idee einer Entzifferung der Sprache der Natur wird bei Carus zur Strategie des perfekt angepaßten und zugleich selbstorganisierten herausgehobenen Individuums, das sowohl sich wie die äußeren Bedingungen unter Kontrolle hat und die eigene Ansicht für die allgemeine erklären kann. Das ist der tragende Grund einer Symbolstrategie, die bei aller schöngeistigen Rede letzlich auf Herrschaft zielt.

Bereits im Tagebuch seiner Italienreise, die Carus als ärztlicher Begleiter des sächsischen Königs 1828 antrat, hat er diese Entzifferungsstrategie eingeübt. Die Wahrnehmung von Analogien in der Landschaft dient vor allem der

Befriedigung eines Anpassungsvermögens und der eigenen souveränen Anschauung. Im Gegensatz zur romantischen Landschaftsdarstellung wird in einem klassifikatorischen Verfahren nicht individuelle Beseelung und Bewegung wahrgenommen, sondern typologische Übereinstimmung. So in der neapolitanischen Landschaft, deren Beschreibung kaum noch etwas vom das Soseiende transzendierenden romantischen Blick bewahrt: «Und erschien nun nicht beim Umsehen deutlich der ganze Golf von Neapel als ein gewaltiger Krater, dessen Urbildung sich erst in dem vom Monte Somma und Vesuv gebildeten primitiven, aber längst erloschenen Krater dieses Berges wiederholte, dann in dem vor mir liegenden, tätigen Krater zum dritten Mal sich darbildete, ferner in den gegen Torre del'Annunziata gelegenen kleinen Seiten-Vulkanen zum vierten Mal erschien, ja zuletzt in jeder der qualmenden Seitenöffnungen (Fumaiuoli) wiedererkannt werden konnte? – In Wahrheit, durch solche Betrachtung wurde mir diese große Erscheinung des vulkanischen Erdlebens erst recht bedeutungsvoll und in ihrem Übereinstimmen mit dem durchgreifenden Typus individuell organischer Bildungen klar und verständlich.»[232] Carus' metaphorisches Wahrnehmungsverfahren identifiziert jegliche Besonderheit mit einer vorgängigen Ordnungsstruktur, deren Erfahrung den Betrachter in seiner erhabenen Stellung bestätigt und mit sich selbst und der Ordnung ins reine bringt.

Als Amateurmaler war Carus ein Jünger Caspar David Friedrichs. Viele seiner Landschaftsdarstellungen sind durchaus wirkungsvoll, im Vergleich zu Friedrich aber haben sie oft etwas Starres. Ähnlich frieren seine Beschreibungen die Landschaft gleichsam im Rahmen ein: «Es ist ein höchst großartiger Anblick, der dieser Campagna innewohnt! Alles öde, keine Dörfer, die langen Linien des hügeligen Bodens mit Adlerfarrenkraut hoch bewachsen, einzelne Getreidefelder, hier und da Schafherden, links eine bewaldete Schlucht, daneben ein hoher, vierseitiger Wachturm und rechts die lange Linie der Bogenstellungen eines Aquädukts.»[233] Das ist fast reine taxonomische Raumgliederung, die das Angeschaute vorgängigen Ordnungskategorien unterwirft. Auf der anderen Seite aber leistet sich Carus angesichts der Landschaft Italiens die dekorative Ästhetik eines touristischen Blicks: «An eigentlich im höchsten Sinne malerischer Schönheit landschaftlicher Natur möchte ich wohl diese Gegend und insbesondere das jetzt durchzogene Stück für das erste von allem, was ich gesehen, erklären. – Welch schöne Gebirgslinien, welch reiche Vegetation um mächtige Felsblöcke! In der Tiefe der blaue Spiegel des Sees, über welchem ein Möwenpaar kreiste; dann die Fülle des Lichts, die reizenden Farbenbrechungen.»[234] Hier erlaubt sich der ordnungsliebende deutsche Bürger und Wissenschaftler, der in Italien immer wieder «Unreinlichkeit und Verfall» erblickt, ein wenig Freizeitgestaltung und Entspannung; Natur wird geschmäcklerisch domestiziert, sie gefällt, stellt aber nicht in Frage. Sobald Carus die ästhetische Perspektive verwehrt ist, erscheint ihm das Fremde freilich schnell als das Verdächtige und Bedrohliche.[235]

So hat es schon etwas von moderner Urlaubssentimentalität, wenn Carus auf der Rückreise in Genua notiert: «es war mir, als hätte sich nun der Kreislauf aller prägnantesten und schönsten Erscheinungen meines Lebens abgeschlossen und vollendet, und ich sähe nun einer gleichgültigen Ausdehnung dieser Existenz entgegen!»[236] Es ist aber eine wunschlose Sentimentalität, denn dieser tüchtige bürgerliche Herrenmensch weiß Zeit und Raum zu gliedern und wird sich von «diesem Volke» und den Sirenen Italiens nicht davon abhalten lassen, diszipliniert seinen Pflichten nachzukommen. So tendiert die Landschaftserfahrung bei Carus zur Verdinglichung und Funktionalisierung, wird für die bürgerliche Lebensorganisation derart in Anspruch genommen, daß ihr Differenzcharakter und damit die Symbolik geistiger Beweglichkeit verlorengeht. Das wilde Denken der Romantiker wird bei Carus in Ordnung gebracht.

Effis Weg ins Freie

Theodor Fontane

Am 10. Oktober 1895 schreibt der alte Fontane an den Schriftsteller Colmar Grünhagen: «Ich war nie ein Lebemann, aber ich freue mich, wenn andere leben. Männlein wie Fräulein. Der natürliche Mensch will leben, will weder fromm noch keusch noch sittlich sein, lauter Kunstprodukte von einem gewissen, aber immer zweifelhaft bleibenden Wert, weil es an Echtheit und Natürlichkeit fehlt. Das Natürliche hat es mir seit lange angetan, ich lege nur darauf Gewicht, fühle mich nur dadurch angezogen, und dies ist wohl der Grund, warum meine Frauengestalten alle einen Knax weghaben.»

Nachdem die natürliche Tochter Effi Briest in ihrer ungewollten standesgemäßen Verheiratung gescheitert ist, nachdem ihr ohnehin wenig erfüllender Ausbruch mit der Liquidierung des Liebhabers aus preußischer Ehre gesellschaftlich ad absurdum geführt wurde, erfolgt die Ausstoßung der angeblich verkommenen Tochter durch die gnadenlose Mutter, die von Zucht redet, weil sie selbst voll virtueller Unzucht ist. Effi liest den Anfang ihres Briefes und kann nun schon beim verzweifelten Blick ins Freie keine Rettung mehr erkennen: «Wenn da noch Lärm und Streit gewesen wäre; aber nur der Sonnenschein lag auf dem chaussierten Wege und dazwischen die Schatten, die das Gitter und die Bäume warfen. Das Gefühl des Alleinseins überkam sie mit seiner ganzen Schwere. Vor einer Stunde noch eine glückliche Frau, Liebling aller, die sie kannten, und nun ausgestoßen.»[237] Der Blick aus dem Fenster erschließt in der Außenwelt kein Wunschpotential mehr, sondern nur das schattenhafte und immaterielle, gleichwohl bindende Gefängnis ihrer Persönlichkeit, das ihr im Ausbleiben des gesellschaftlichen Stimmengewirrs nur um so bewußter wird. Daß sie die Landschaft nicht mehr sehen will, erweist sich kurz darauf als vorauseilender Gehorsam eines gebrochenen Natursinns, indem sie nun vom Standes- und Moraldünkel der verderbten Mutter in die Unwirtlichkeit der Stadt verbannt wird. Elternmacht als gesellschaftliche des Ständestaats verfügt über das Freie: «Du wirst am besten in Berlin leben (in einer großen Stadt vertut sich dergleichen am besten) und wirst zu den vielen gehören, die sich um freie Luft und lichte Sonne gebracht haben. Du wirst einsam leben und, wenn Du das nicht willst, wahrscheinlich aus Deiner Sphäre herabsteigen müssen. Die Welt, in der Du gelebt hast, wird Dir verschlossen sein.»[238]

Es ist Effis Tragik, daß sie die Chance zum Verkommen, die Peter von Matt zufolge auch Mündigwerden bedeuten kann, nicht mehr in kämpferische Praxis umsetzen kann, weil sie schon schwindsüchtig ist. So ist ihr nach ihrer mehr oder weniger demütigenden Wiederaufnahme im Elternhaus die Landschaft sowenig Verlockung wie der Dschungel der Stadt. Sie vermeidet daher das dunkle

Wunschterrain des Waldes und sucht in der Bewegung durch die Kulturlandschaft «freie Luft» und Ablenkung und Vergessen: «An allem freute sie sich, atmete beglückt den Duft ein, der von den Raps- und Kleefeldern herüberkam, oder folgte dem Aufsteigen der Lerchen und zählte die Ziehbrunnen und Tröge, daran das Vieh zur Tränke ging. Dabei klang ein leises Läuten zu ihr herüber. Und dann war ihr zu Sinn, als müsse sie die Augen schließen und in einem süßen Vergessen hinübergehen.»[239] Das ist nur noch das äußerste Rudiment einer erotisch besetzten Auflösungsvorstellung, wie sie sich bei Annette von Droste-Hülshoff fand. Das betrogene Naturkind Effi scheint hier in der Krankheit zu seiner Bestimmung zurückzukehren und hat dafür für die ästhetischen Qualitäten der Natur kaum noch Sinn. Eine minimale Sehnsucht, die aber nichts mehr wissen will, bleibt ihr freilich, und am Ende will es ironischerweise so scheinen, als habe die Natur sie krank gemacht. Und es zeigt Fontanes gebrochene und manchmal zynische Gebundenheit an preußische Gesellschaftlichkeit, wenn er jenen Naturkeim von Effis Krankheit zum Tode lapidar einen Knax nennt.

Auf eine respektable Weise gestaltet Fontane zum bitteren Ende, was Annette von Droste-Hülshoff lieber unaufgelöst ließ, weil es ihr zu trivial erschien. Es hat etwas Subversives, wenn Fontane die Gesellschaft symbolisch durch eine falsche Versöhnlichkeit Effis gegenüber den Repräsentanten preußischer Standesehre bestraft, mit der sie sich den Anforderungen und Vorwürfen der Mutter entzieht. Instetten habe in allem recht gehabt. «Laß ihn das wissen, daß ich in dieser Überzeugung gestorben bin. Es wird ihn trösten, aufrichten, vielleicht versöhnen. Denn er hatte viel Gutes in seiner Natur und war so edel, wie jemand sein kann, der ohne rechte Liebe ist.»[240]

Die Mutter glaubt Effi von dieser Anstrengung gesellschaftlicher Anpassung erschöpft und verläßt sie. Kaum aber ist sie gegangen, erhebt sich das todwunde Naturkind, wendet den Blick durch das Fenster ins Freie und vernimmt nun in der letzten Anstrengung noch einmal die Sprache der Landschaft: «Die Sterne flimmerten, und im Park regte sich kein Blatt. Aber je länger sie hinaushorchte, je deutlicher hörte sie wieder, daß es wie feines Rieseln auf die Platanen niederfiel. Ein Gefühl der Befreiung überkam sie. ‹Ruhe, Ruhe.›»[241] Hatte sich Effi bei ihrer Ausstoßung aus der Gesellschaft noch nach dem wie immer dissonanten gesellschaftlichen Geräusch gesehnt, so findet sie nun – wie Goethes Subjekt in «Wanderers Nachtlied» – die Befreiung in der Sprache der Natur, in der sie den ultimativen Wunsch nach Ruhe entziffert.

Ihre milde posthume Rache wird in einem Memento Schrift, das in subtiler Symbolik auf ihren letzten Wunsch hin im Park an die Stelle der Sonnenuhr gesetzt wird, Zeit gleichsam auslöscht: Effi Briest – der ursprüngliche Name, nicht der gesellschaftliche, dem sie in den Augen der Eltern keine Ehre gemacht hat. Es ist der bitterste Kommentar Fontanes, daß er die Mutter vermuten läßt, Rollo, dem Hund, der vor dem Stein liegt und nicht mehr fressen will, sei Effis Tod nähergegangen als den Eltern. Vater Briest philosophiert daraufhin über den Instinkt, will an tiefer liegende Naturkräfte erinnern, wovon seine Frau nichts wissen will, ihr ist die preußische Gesellschaftlichkeit zur Natur geworden. Der alte Briest freilich scheint wie unbestimmt immer zu wissen, daß der Mensch ein Mängelwesen ist und das Leben ein sprichwörtliches «weites Feld» von Überraschungen. Jenseits des Gesellschaftlichen ist der Begriff der Schuld wahrscheinlich sinnlos. Aber diese Vermutung sagt nichts mehr über die Natur, sondern nur etwas über die Schwierigkeiten und Schmerzen einer Selbstwerdung im preußisch-protestantischen Milieu.

Landschaft und Erlebnis

Wilhelm Dilthey

In Borchardts Anthologie fehlte auffälligerweise der tragische deutsche Dichterheld, der prototypisch den Deutschen als «Wanderer seiner Geschichte» und «Gast auf Erden» zu verkörpern scheint und sich wie kein anderer der Landschaft in «kummervoller Gelehrsamkeit» zuwendet, in ihr «die Tiefen des menschlichen Herzens» auszuloten sucht: Hölderlin. Eben so hat ihn Wilhelm Dilthey 1905 in «Das Erlebnis und die Dichtung» beschrieben. Dilthey sieht Hölderlin von vornherein in jener Spannung zwischen abgelehnter Gesellschaftlichkeit und Entzifferung der Natursprache: «Alles trieb ihn aus der Welt des Wirkens und Genießens nach innen, in die Tiefen der Dinge, in eine totale Einsamkeit. Unablässig und angestrengt lauschte er den Stimmen in seinem Innern und in der Natur, ob sie ihm das göttliche Geheimnis mitteilten, das in allen Dingen schläft.»[242] Damit ist exakt jene Konstellation der Rückwendung des Blickenden dargestellt, in der sich seit Jacob Böhme immer wieder der Dichter als Hörender und Sprechender im Angesicht von Landschaft und Natur entwarf.

Überhaupt fügt sich Diltheys Analyse des Verhältnisses von Erleben und Verstehen vollständig in den Rahmen der im Zusammenhang ästhetischer Landschafts- und Naturerfahrung entwickelten Vorstellungen, was angesichts der Wurzeln der Diltheyschen Erkenntnistheorie in der Verstehenslehre Friedrich Schleiermachers nicht erstaunlich ist. Erleben ist nach Dilthey «Innewerden der ganzen seelischen Wirklichkeit in einer gegebenen Lage. So ist in allem Verstehen ein Irrationales, wie das Leben selber ein solches ist; es kann durch keine Formel logischer Leistungen repräsentiert werden.»[243] So wird auch bei Dilthey noch die Verteidigung eines unmittelbaren Seins gegen die Macht der Abstraktionen fortgeschrieben. Deutlicher als je wird jedoch der konstruktive Charakter solcher Deutung herausgearbeitet. Verstehen ist immer Konstitution eines Möglichkeitsraum, der die Determinationen je aktueller Wirklichkeit symbolisch aufzulösen trachtet. Ergebnis des Verstehensprozesses ist die Konstitution eines ganzheitlichen Zusammenhangs im Gegebenen, unabhängig von der Frage der Kausalität, wenngleich man es immer mit historischen Vorstrukturierungen der Wahrnehmung zu tun hat. Auch hier gilt, daß Subjektivität nicht unhintergehbar ist, daß das Subjekt im Verstehen eines Sachverhalts sich selbst versteht und daß aber dieses verstehende Subjekt nicht alles sich selbst verdankt.

Im Sinne der Kantischen Einsicht, daß Zusammenhang nur durch das Subjekt konstituiert werden kann, wird wissenschaftliches Verstehen als selbsttätige Operation der Kunst parallelisiert. Beide Tätigkeiten dienen in Diltheys optimistischer und zugleich zeitkritischer Bestimmung der Erweiterung bzw. Erhaltung von Freiheitsspielräumen: «der durch die Realität des Lebens gebundene und bestimmte Mensch wird nicht nur durch die Kunst [...], sondern auch durch das Verstehen des Geschichtlichen in Freiheit versetzt.»[244] Bei Dilthey ist der Prozeß der Säkularisierung des schon bei Böhme präfigurierten Verständnismodells endgültig abgeschlossen. Der Sinn der Welt und des Buchs der Natur ist an keine übergeordnete Instanz mehr gebunden, und Natur und Leben haben nur Sinn, wie ein Text Sinn hat: als vom mündigen Menschen immer wieder neu zu Lesendes.

Insbesondere im Hölderlin-Porträt entwickelt Dilthey sein Verstehensmodell als Poetik der Landschaft. Der Dichter wird bei Dilthey nicht vorrangig in eine Gesellschaft, sondern allererst in eine Landschaft hineingeboren, was die Angewiesenheit der Kunst auf die Natur vor aller einzelnen Deutung betont: «Hölderlin ist aus dem Städtchen Lauffen am Neckar. Dort umgab ihn der heimliche stille Zauber schwäbischer Landschaft. [...] An den Eindrükken dieser Landschaften bildete sich sein Naturgefühl. Die grenzenlose See oder die weite Ebene mit ihrem unendlichen Horizont, die nach allen Seiten zu blicken und zu schreiten gestattet, befreien die Seele und teilen ihr ein souveränes Lebensgefühl mit. Wo der Mensch sich von milden Hügeln und sanften Tälern umschlossen findet und doch nicht gehemmt, wo die feinen fernen Linien blauer Berge weiter locken und doch das Tal schützt und birgt: da entsteht aus diesem Lagegefühl ein mildes befreundetes Verhältnis zur Natur – Geborgensein, heimliches Sich-Anschmiegen an Tal, Fluß und Hügel und doch Sich-Fortsehnen in die schimmernde Ferne.»[245] Das ist der Struktur nach jene deutsche Musterlandschaft, die Alewyn bei Eichendorff aufgezeigt hat.[246]

Diltheys Landschaftsbeschreibung verzichtet auf jedes Vorschützen von Unvoreingenommenheit oder gar Unmittelbarkeit. Er sieht die schwäbische Landschaft retrospektiv mit den Augen der Romantiker und der schwäbischen Dichter Hölderlin, Uhland und Mörike. Daraus wiederum Hölderlins Naturgefühl zu deuten wäre tautologisch, wüßte nicht Dilthey um die Retrospektivität geschichtlicher Konstruktion. So gehört diese Beschreibung selber schon zur Gegenstandskonstitution. Nicht unerwartet erscheint als Gegensatz zu dieser historisch und ästhetisch tingierten Landschaftserfahrung, die geistige Beweglichkeit und Freiheit mit Bindung, Geborgenheit und Zuwendung zusammendenkt, die beschränkende Härte gesellschaftlicher Verhältnisse im 18. Jahrhundert. Zunächst im Motiv des Klosters als des Verschließenden, «der harten klösterlichen Zucht» in den Anstalten, die Hölderlin besuchen mußte, worin überhaupt die «herrschenden christlich-orthodoxen Gedanken» symbolisiert sind. Später in der Beschreibung der «Brutalität» der mit der Geldwirtschaft beschäftigten Gesellschaft in Gestalt des «Geldmannes» Gontard. Diesen äußeren Gegensatz überträgt nun Dilthey metaphorisch in die Rekonstruktion von Hölderlins Erleben: «Und wie er mit seinen Idealen sich in sich zu verschließen lernte, einsam mit sich, der Natur und wenigen gleichgestimmten Seelen, erfuhr er schon früh das wehmütige Gefühl der exzentrischen großen Begabungen, anders zu sein als die braven und tüchtigen Menschen um ihn her [...].»[247] Das muß dann folgerichtig zu jenem Trennungserlebnis führen, das in «Hyperion» ausgedrückt ist: «Die Einheit mit der Natur hat hinter sich die Trennung von den Menschen.»

Die zusammenfassende Beschreibung von Hölderlins Lyrik gerät Dilthey wie unwillkürlich zur Darstellung jener sinn- und zusammenhangstiftenden Operation, die im Zentrum der neuzeitlichen ästhetischen Erfahrung der Landschaft steht und mit der freien Aktivität des autonomen Subjekts zusammenfällt: «er erhebt den Vorgang zum bewußten Zusammenhang in allen seinen wesentlichen

Gliedern, auch in denen, die ihm unmerklich und flüchtig durch die Seele gingen.»[248] Derart realisiert Hölderlin Dilthey zufolge die Befreiung des inneren Gefühlsrhythmus aus dem Zeittakt des falschen Gesellschaftlichen. Dilthey aktualisiert dabei die zeitkritische Potenz, die in diesem Modellfall der ästhetischen Erfahrung der Natur liegt, zur Kritik der wilhelminischen Gesellschaft.

Wenn er zum Schluß für Hölderlins beginnende Wahnsinnsperiode heraushebt, er erfasse die Natur «jetzt mächtiger in ihren Eigenheiten», während die Sprache «in ihrer bildhaften Stärke bis zum Seltsamen und Exzentrischen»[249] gehe, so scheint freilich damit jener Übergang des bildsüchtigen Enthusiasmus zum Wahnsinn beschworen, vor dem schon Kant warnte und dessen schon Jacob Böhme von den Görlitzer Honoratioren verdächtigt wurde. Es ehrt den liberalen Verstehenslehrer Dilthey, daß er Hölderlin unbeirrt antikonformistisch als den Wegbereiter einer neuen lyrischen Sprache zur Geltung bringt und jenes Gedicht Hölderlins an den Schluß seines Aufsatzes setzt, das in der Landschaft eine emphatische Seinsvorstellung mit der Sprachlosigkeit und Kälte einer mit dem Bild der Mauer gekennzeichneten trennenden Gesellschaftlichkeit in harter Fügung konfrontiert:

Mit gelben Blumen hänget
Und voll mit wilden Rosen
Das Land in den See,
Ihr holden Schwäne,
Und trunken von Küssen
Tunkt ihr das Haupt
Ins heilig nüchterne Wasser.

Weh mir, wo nehm' ich, wenn
Es Winter ist, die Blumen, und wo
Den Sonnenschein
Und Schatten der Erde?
Die Mauern stehen
Sprachlos und kalt, im Winde
Klirren die Fahnen.

Nach der Lese

STEFAN GEORGE

Komm in den totgesagten park und schau:
Der schimmer ferner lächelnder gestade.
Der reinen wolken unverhofftes blau
Erhellt die weiher und die bunten pfade.

Dort nimm das tiefe gelb. das weiche grau
Von birken und von buchs. der wind ist lau.
Die späten rosen welkten noch nicht ganz.
Erlese küsse sie und flicht den kranz.

Vergiss auch diese letzten astern nicht.
Den purpur um die ranken wilder reben.
Und auch was übrig blieb vom grünen leben
Verwinde leicht im herbstlichen gesicht.

In diesem Eingangsgedicht des Zyklus' «Nach der Lese» aus dem Band «Das Jahr der Seele» (1897) gestaltet George auf subtilste Weise den ältesten etymologischen Zusammenhang der Landschaft mit Sprache und Schrift, wie sie in der menschlichen Auseinandersetzung mit der Natur begründet liegt: es handelt sich um eine modellhaft lesbare Landschaft, aus der sich Georges symbolische Kulturationsstrategie im Keim erschließen läßt. Das lateinische *legere* bewahrte noch in vollem Umfang die Analogie des Lesens eines Texts, der Entzifferung der Spuren in der Landschaft und der Ernte, des Aufnehmens und Heimbringens der Früchte der Erde. Im Germanischen heißt *lesen* im allgemeinsten das Aufnehmen und Zusammenfügen des Zerstreuten, spezieller im Kultus das Auflesen und Deuten der zur Weissagung fallengelassenen Stäbchen. Bereits in Johann Georg Hamanns Ästhetik durchtränkten diese Analogien die Metaphorik der gelehrten und dichterischen Tätigkeit. Das Verstehen einer vom Rationalismus und Materialismus zerteilten Welt wurde als Aufsammeln, ins Geschick bringen und Deuten verstreuter Bestandteile verbildlicht, als Tätigkeit der ganzheitlichen Rekonstruktion.

Auch in Georges Gedicht erscheint in einer Reihe kalkulierter Mehrdeutigkeiten Lesen wie Dichten als Auflesen und Zusammenfügen. Die schon von den Malen des Verfalls gezeichnete Landschaft in der Spätzeit des Jahres wird mit einer Spätzeit der Tradition von Sprache und Dichtung identifiziert. Sie erscheint als eine im doppelten Sinne totgesagte Landschaft, die aber vom Kundigen als solche dennoch betreten und geschaut werden kann: im Gedicht als einem heilenden Medium, das noch immer in der Lage ist, Erinnerungsspuren zu erwecken und zusammenzufügen zu einer Ahnung und Vision einer besseren Welt. Literarhistorisch läßt sich der Text als Dementi von Charles Algernon Swinburnes ästhetizistischem Abgesang auf die emphatische Poesie lesen, die er in «The Forsaken

Garden» (1876) im Bilde eines abgestorbenen, erstarrten Parks gestaltet hatte. In diesem Garten der gestorbenen Poesie kann keine Veränderung mehr vorgestellt werden, am Ende steht die paradoxe Vorstellung einer Vernichtung des Vernichteten, in der der Tod des Todes als Metapher universaler Sinnentleerung erscheint. George selbst hatte in dem mit dem Dekadentismus spielenden Gedichtband «Algabal» (1892) in «Mein garten bedarf nicht luft und wärme» einen unterirdischen, künstlichen Garten vorgestellt, der ganz aus abgestorbenen und anorganischen Materialien komponiert war. So ist «Komm in den totgesagten park» auch als programmatische Abkehr vom provokativen Ästhetizismus, als Dokument einer erneuerten Hinwendung zu Natur und Geschichte zu sehen.

In dem früheren Garten hatte die ehedem blaue Blume der Sehnsucht, der Hoffnung und der Poesie die Farbe des Todes angenommen und so Zukunft in Frage gestellt. Die ferne Verlockung und das unverhoffte Blau einer Hoffnung, das in dieser Sprachlandschaft nun wieder wahrgenommen werden kann, beleuchten, weisen und deuten begehbare Wege der Erfahrung. Als Aufgabe dessen, der berufen ist, diese Wege zu betreten, stellt sich das auswählende, sondernde und eingedenkende Aufnehmen des Zerstreuten und Gebliebenen dar. Die Bestandteile der Landschaft sind als Sprache und Form bildlich-sinnlich zu begreifen, als etwas, das erlesen und gelesen werden muß, um es zu einem Neuen zusammenzufügen. Derart wird die aktive Erfahrung der Landschaft als Selektion und Kombination unter bestimmtem Interesse des Subjekts mit dem poetischen Verfahren gleichgesetzt. Landschaftsentzifferung ist ästhetische Erfahrung, die geistig und seelisch in Bewegung setzt. Die Perspektive, aus der das Gereifte und Gebliebene des grünen Lebens als jener Vitalität, die die

Landschaftserfahrung einst versprach, verwunden, also verbunden und überwunden zugleich wird, ist das herbstliche Gesicht als etwas, das noch zu sehen ist. Aber zugleich, visionär verstanden, als etwas, was zu sehen sein wird, im Entstehen begriffen ist. Landschaft wie Poesie erscheinen als Medium der Vereinbarung von Vergangenheit und Zukunft, in dem ein Anderes Form erhält.

«George ruft gegen jene Welt, die ihm als wurzellos erscheint, die Eindeutigkeit der Natur auf. Eindeutig aber wird dieser Moderne Natur nur durch Naturbeherrschung.»[250] Dieser Vorwurf Adornos trifft für dieses Gedicht nicht zu. Landschaft erscheint hier wie das Gedicht selbst als mehrdeutig. Es nimmt gerade die auftrumpfende Gebärde zurück, die das Subjekt in «Algabal» der Natur gegenüber noch praktizierte. Es bleibt freilich ein Rest von Verfügbarkeit der Natur und leiser Gewaltsamkeit der Attitüde: «Da wollten wir euch freundlich an uns reissen | Mit dem was auch in euch noch keimt und wächst». Je mehr George zum wie immer esoterischen Ideologieproduzenten wurde, je mehr er ein symbolisches Führertum praktizierte, desto deutlicher entwickelt sich der Keim der Gewaltsamkeit innerhalb der Metaphorik einer Lesbarkeit der Landschaft. In dem Gedicht «Die winke» aus dem Band «Das Neue Reich» (1928), in dem das geheime Deutschland beschworen wird, erscheint schließlich die Entzifferung der Landschaft als apokalyptische Geschichtsprophetie:

Einer kam vom feld her nach dem tor.
Pupurn blau entflammte das gebirg .
Fahler himmel . tote luft bewarf
Die gemäuer wie vorm erdgetös..
Drinnen lagen all im tiefsten schlaf.

Er erschrak und bebt am ganzen leib:
Herr! erkenn ich deine Zeichen recht?
Stimme scholl herab: Es ist so weit.

In grobschlächtiger biblischer Archaik wird die Problematik der Deutbarkeit der Natur durch das Subjekt durch allerhöchste Wortmeldung eindeutig gestellt. Die Veränderung der Farbe blau, die in «Komm in den totgesagten park» auf vorsichtige und spröde Weise Hoffnung im Raum des Ästhetischen barg, deutet hier einen gewaltsamen symbolischen Zugriff auf die Zukunft an, die «aus der weitgeborstnen Erde» aufsteigen wird. Es fällt im Rückblick schwer, diese Metapher nicht mit Bombenkratern zu assoziieren, obwohl George kein Kriegshetzer war.

Der Blick in die Landschaft, der in der Tradition Hamanns, Kant und Herders dem wachsamen Subjekt Autonomiegewinn versprach, verwandelt sich daher am Ende des Gedichts mit unverhohlener Lust am Verheerten in den Gestus blinder kollektiver Unterwerfung unter eine höhere Notwendigkeit:

Sieben spähten von dem berg ins land..
Trümmer rauchten meltau schlug die flur:
Deinen odem sandten wir durchs reich
Deine saaten steckten wir im grund
Herr! du schüttelst nochmals unser los.
So du lange brache noch verhängst
Harren wir als wächter deiner höh
Sterben gern seit wir dein licht gesehn.

Landschaft und deutsche Sendung

Hugo von Hofmannsthal

Am 24. Juli 1902 schrieb Hugo von Hofmannsthal an Stefan George: «eine ins Krankhafte gesteigerte Sorglichkeit und Bangigkeit meines Gemüthes läßt mich zu Zeiten, und diese Zeiten verbreiterten sich in den letzten Jahren über viele Monate, aus allem und jedem was mich umgibt, aus dem Dasein meiner Eltern und anderer naher Menschen, aus dem Anblick der Landschaft, aus dem Gefühl des eigenen Wesens, aus jedem Buch das ich berühre, nichts als den Stoff der Verdüsterung und Beklommenheit ziehn.» In der schwierigen Beziehung der beiden Dichter war Landschaft als Chiffre um diese Zeit zu einem Kommunikationsmedium geworden. Obwohl kein Zweifel daran bestehen kann, daß Hofmannsthal unter Depressionen litt, ist es doch erstaunlich, wie genau die Parallelisierung von Landschaft, Buch, Seelenstand und Umweltverhältnis dem Strukturmodell der deutschen Landschaftserfahrung entspricht.

Nachdem sich Hofmannsthal dem verqueren Werben Georges einmal wieder entzogen hatte, schreibt George im September 1902 aus Bingen: «In diesen tagen zwischen sommer und herbst hätten sie hier leben müssen. die landschaft als haus . alle wege die um die hügel herum zum strom niedersehen . die ufer und die schluchten ... das hätte Ihnen mit vieler aufklärung über mich ein dauernd schönes bild gegeben..» Während Hofmannsthal die Chiffre der Landschaft einsetzt, um George seinen Seelenstand zu erläutern, um sich zugleich in Distanz zu setzen, benutzt umgekehrt George die lockende Beschreibung der heimatlichen Gegend dazu, Hofmannsthal das mangelnde Verständnis der eigenen Person mehr oder minder vorwurfsvoll zu vermitteln. So fungiert Landschaft ein weiteres Mal als Medium einer Evidenz jenseits der mißverständlichen Diskurse. Wüßte Hofmannsthal, so suggeriert George, um seine Prägung durch die Landschaft, so würde sich das so dringend gewünschte Verständnis schon einstellen.

In dem im selben Jahr geschriebenen «Gespräch über Gedichte» arbeitet Hofmannsthal wohl ein wenig sein schlechtes Gewissen George gegenüber ab. Die mit Georges lyrischem Modell der Lesbarkeit der Landschaft in dem Gedicht «Komm in den totgesagten park» einsetzende Theorie der Landschaft resümiert das deutsche Verhältnis von Landschaft und Sprache seit Böhme, Hamann und Herder unter dem Motiv eines massiven Unbehagens in der Kultur. Hofmannsthal variiert zunächst die Herdersche Organisationsthese, wenn er fragt: «Sind nicht die Gefühle, die Halbgefühle, all die geheimsten und tiefsten Zustände unseres Inneren in der seltsamsten Weise mit einer Landschaft verflochten, mit einer Jahreszeit, mit einer Beschaffenheit der Luft, mit einem Hauch?»[251]

Das leitet nun eine generelle Transzendierung des sogenannten Ästhetizismus und einer «Nervenkunst»[252] ein. Im selben Jahr 1902 verwirft Hofmannsthal in einem Beitrag für die «Neue Freie Presse» den Subjektivismus des Fin de siècle auf das Heftigste. Allerdings kleidet er seine Verwerfung in Rollenprosa, legt die pathologische Diagnose dem Balzac des Jahres 1842 als Prophetie in den Mund: «Um 1890 werden die geistigen Erkrankungen der Dichter, ihre übermäßig gesteigerte Empfindsamkeit, die namenlose Bangigkeit ihrer herabgestimmten Stunden, ihre

Disposition, der symbolischen Gewalt auch unscheinbarer Dinge zu unterliegen; ihre Unfähigkeit, sich mit dem existierenden Worte beim Ausdruck ihrer Gefühle zu begnügen, das alles wird eine allgemeine Krankheit unter den jungen Männern und Frauen der oberen Stände sein. Denn der Künstler gleicht jenem Midas, unter dessen Händen alles zu Gold wurde.»[253]

Im «Gespräch über Gedichte» geht Hofmannsthal in der Neubestimmung seiner Position noch einen Schritt weiter und distanziert sich auch von der Tradition der Deutschen Romantik, zumindest von einem einseitigen Bild einer Kunst, in der die Willkür des Ich kein Gesetz über sich leiden will. Das Ich verdankt sich selbst nur wenig, es ist zu selbstgesetzter Willkür nicht berechtigt, und es erkennt sich nur in der Betrachtung der Außenwelt: «Wollen wir uns finden, so dürfen wir nicht in unser Inneres hinabsteigen: draußen sind wir zu finden, draußen.» Das ist der direkte Einspruch gegen die geistige Grundlage des frühromantischen Programms, wie sie Novalis im 16. Blütenstaub-Fragment formuliert hatte: «Nach Innen geht der geheimnißvolle Weg. In uns oder nirgends ist die Ewigkeit mit ihren Welten, die Vergangenheit und Zukunft. Die Außenwelt ist die Schattenwelt, sie wirft ihre Schatten in das Lichtreich.»[254] Dagegen geht Hofmannsthal hinter die Position der Frühromantik auf Herder zurück, wenn er die Poesie grundsätzlich in der Außenwelt der Landschaft situiert: «Wie Ariel darf sie sich auf den Hügeln der heroischen purpurstrahlenden Wolken lagern und in den zitternden Wipfeln der Bäume nisten, sie darf sich vom wollüstigen Nachtwind hinschleifen lassen und sich auflösen in einen Nebelstreif, in den feuchten Atem einer Grotte, in das flimmernde Licht eines einzelnen Sterns.»[255] Eigentümlicherweise ändert also Hofmannsthals Perspektivenwechsel nichts Grundsätzliches an der Gestaltung der beseelten Landschaft. Auch der Blick nach Außen bringt aus der Welt nichts zurück als menschliche Gefühle. Gleichwohl ist dieser Wechsel programmatischer Ausdruck einer antiindividualistischen Wendung Hofmannsthals, in der der Anspruch des Dichters angemeldet wird, «die Sache selbst zu setzen», gegen «die stumpfe Alltagssprache» und «die schwächliche Terminologie der Wissenschaft»[256] Anspruch auf Wertsetzungen zu erheben, auf den der Symbolismus ebenso programmatisch verzichtet hatte. Das ist der Intention nach eine programmatische Identifikation des Dichters mit der Gemeinschaft, jedoch wird die Selbstermächtigung, im Namen des Ganzen und der Wirklichkeit zu reden, nach wie vor antigesellschaftlich, nämlich aus einer Naturevidenz, legitimiert.

Der Aufsatz erscheint so als ein nicht ohne Gewaltsamkeit und Irrationalität unternommener Versuch Hofmannsthals, in seiner geistigen Welt aufzuräumen. Problematischerweise geht Hofmannsthal dabei in seiner Definition des Symbols im Zusammenhang mit der Idee einer Sprache der Natur sogar noch einen Schritt hinter Jacob Böhme zurück. Die Kreaturen der Natur seien «lebendige geheimnisvolle Chiffren, mit denen Gott unaussprechliche Dinge in die Welt geschrieben hat».[257] Mit George teilt Hofmannsthal nach seiner Krise um 1902, die sich in anwachsender Sprachskepsis ausdrückt, nun die Landschafts- und Dichtungskonzeption und auch den antiintellektuellen Impuls: «Man müßte ein Gespräch wie dieses mit Kindern, mit Frommen oder mit Dichtern führen können.» Je antimodernistischer Hofmannsthal sich entwickelt, desto mehr verleugnet er sich als Intellektueller. Noch problematischer ist die Art und Weise, wie Hofmannsthal den Begriff des Symbols aus dem ersten Blutopfer des Menschen erläutert: «während ein Laut des wollüstigen Triumphes aus seiner Kehle sich mit dem ersterbenden Stöhnen des Tieres mischte, muß er die Wollust gesteigerten Daseins für die erste Zuckung des Todes genommen haben; er muß einen Augenblick lang in dem Tier gestorben sein, nur so konnte das Tier für ihn sterben.»[258] Diese Archaik, aus der die Idee einer Auflösung im fremden Dasein abgeleitet wird, dürfte von Bachofens Theorie des Natursymbols und Nietzsches Kritik der Individuation im Begriff des Dionysischen beeinflußt sein, weist aber auch voraus auf die antimodernistische und fundamentalistische Konzeption von Hermann Nitschs «Orgien Mysterien Theaters»,[259] die auf einer höchst suspekten Ursprungsideologie beruht. Freilich darf man bei solchen Assoziationen nicht vergessen, daß es sich um eine geschichtliche Phantasmagorie handelt, die als Einspruch gegen eine zerrissene und übermäßig vernunftorientierte Gegenwart fungiert. Überdies legt Hofmannsthal seine Erwägung als Dialog an. So scheint der Gesprächspartner Clemens auch einigermaßen ironisch unterkühlt seinem Unverständnis der Darlegung Gabriels Ausdruck zu geben: «Mir entschwindet, was du mit dem Menschen wolltest, der das Blut des Tieres anstatt seines eigenen vergoß?»[260] Ebenso bezweifelt er gelinde den Wirklichkeitsanspruch der Dichtung. Gleichwohl ist der antizivilisatorische Affekt, der das Blutige, Tiefsinnige und Ernste gegen die Seichtheit des gesellschaftlichen Diskurses und die Oberflächlichkeit einer ichvergötzenden Moderne ausspielt, nicht zu übersehen.

Gegen Ende dieses widersprüchlichen Textes aber kommt Hofmannsthal wieder auf eine ganz und gar romantische landschaftliche Definition des Gedichts zurück, wie sie Brentano oder Novalis hätten formulieren können:

«Wovon unsere Seele sich nährt, das ist das Gedicht, in welchem, wie im Sommerabendwind, der über die frischgemähten Wiesen streicht, zugleich ein Hauch von Tod und Leben zu uns herschwebt, eine Ahnung des Blühens, ein Schauder des Verwesens, ein Jetzt, ein Hier und zugleich ein Jenseits, ein ungeheures Jenseits.»[261] So erweist sich das «Gespräch über Gedichte» als Dokument einer Krisen- und Übergangszeit Hofmannsthals, in dem sich eine – wenngleich schwankende und relativierte – Anpassungsbereitschaft an kulturkonservative Positionen ankündigt. George hat diesen offensichtlich auf ihn zugeschriebenen und von Hofmannsthal vor Drucklegung übersandten Text weitgehend ignoriert.

Hofmannsthals landschaftliche Denkweise, die sich durch die Freundschaft mit Rudolf Borchardt und die Bekanntschaft mit Josef Nadler noch vertiefte, liegt auch der Münchener Rede über das «Schrifttum als geistiger Raum der Nation» 1927 zugrunde, die Ernst Robert Curtius als Hofmannsthals «deutsche Sendung» bezeichnete. So problematisch sie politisch sein mag, so gibt sie doch nichts her, was sich dem völkischen Denken einverleiben ließe. Vielmehr macht Hofmannsthal bereits in seinem ersten Satz deutlich, daß er jegliche Blut-und-Boden-Bindung ablehnt, daß sein Volks- und Nationsbegriff rein geistiger Natur ist: «Nicht durch unser Wohnen auf dem Heimatboden, nicht durch unsere leibliche Berührung in Handel und Wandel, sondern durch ein geistiges Anhangen vor allem sind wird zur Gemeinschaft verbunden.»[262] Hofmannsthal will den Begriff der Nation bei den Deutschen einzig auf die Vergegenwärtigungskräfte der Sprache gründen, «denen die politischen Einrichtungen weder Raum zu geben, noch Schranken zu setzen mächtig sind». Der symbolische und auch phantasmagorische Charakter einer solchen Vereinigungsidee wird so von vornherein deutlich. Obwohl es kaum im Möglichkeitsraum politischer und geschichtlicher Entwicklungen lag, hätte Hofmannsthals Vorschlag, die Idee der Nation nicht an Territorium und Staatlichkeit zu binden, durchaus eine heilsame Wirkung auf die politische Kultur der Weimarer Republik ausüben können. Denn die formierten politischen Kräfte der Weimarer Republik hatten, das war dem distanzierten Hofmannsthal offenbar deutlicher als politischen Akteuren, so wenig Akzeptanz und inneren Halt, daß sie 1933 ohne großen Druck erloschen. Schon allein deshalb kann man Hofmannsthals Analyse jedenfalls retrospektiv zwar als unrealistisch, aber nicht als unpolitisch bezeichnen. Daß auf ein politisches Begreifen des Bürgertums wie des Proletariats nicht gesetzt werden konnte, hat sich gezeigt. Ob die Etablierung einer wertsetzenden geistigen Autorität in den zersplitterten geistigen Verhältnissen der Weimarer Republik überhaupt möglich war, daran zweifelten die Protagonisten der Konservativen Revolution letztlich selbst.

Aus der Analyse des deutschen Geistes im Vergleich zur Geselligkeit des französischen zieht Hofmannsthal den Schluß, daß die geistigen Grundlagen eines Gemeinschaftshandelns in Deutschland fehlen. Sie wären daher zunächst zu stärken gewesen, nicht die Gemeinsamkeit materieller und politischer Interessen. In der verspäteten Entwicklung deutscher Kultur sei «Originalität an und für sich» als Wert gesetzt worden, so sei «die Einsamkeit bei uns zum natürlichen Spielraum des Geistigen»[263] geworden, dem die Spiegelung im Geselligen immer gefehlt habe. Während in Frankreich geistiger Raum und gesellschaftliche Wirklichkeit zur Deckung kommen, hat das politische Leben in Deutschland kein Pendant in der Literatur.

Die Sehnsucht nach einem Ganzen der Erfahrbarkeit muß daher in Deutschland stärker wirken als in Frankreich. So taugt weder der geistige Raum des Deutschen im ganzen noch etwa das größte Individuum, nämlich Goethe, zu einer Funktionalisierung für das National-Gesellschaftliche. Das Wesen, so Hofmannsthal mit Nietzsche, dieser «tragisch veranlagten Nation» liegt im permanent Suchenden, worunter sich das «ewig Problematische in der deutschen Geistigkeit»[264] zusammenfaßt. Die Deutschen sind eine «Nation der Einzelnen»,[265] und daran läßt sich nicht im Handstreich etwas ändern.

So ist es das spezifisch deutsche Problem, daß auch die Vorstellung von einer Ganzheit des geistigen Raums nur mehr oder minder phantasmagorisch von Einzelnen geschaffen werden kann. Dieses Problem verdeutlicht Hofmannsthal in der Gegenüberstellung zweier idealtypisch suchender Gestalten, in denen man einerseits Stefan George, aber auch Rudolf Borchardt, den landschaftlich imaginierenden gelehrten Dichter, und andererseits Josef Nadler, den Literarhistoriker der deutschen Stämme und Landschaften, erkennen kann.[266] Die Gestalt des Dichters beschreibt Hofmannsthal nicht ohne Spuren der Distanz zu der geistigen Gewaltsamkeit und Maßlosigkeit dieses «wahren Deutschen und Absoluten»,[267] seines allzeit problematischen Freundes: «Je großartiger, fragmentarischer er sich gibt, um so großartiger wird er verlangen, als ein Ganzes, als das einzige Ganze dieser zerrissenen Welt genommen zu werden ...»[268] So verhehlt Hofmannsthal nicht, daß es nurmehr eine phantasmagorische und hybride Ganzheitsvorstellung, «fußend auf erträumten, vorweggenommenen Ordnungen» ist, die diese Gestalt zu bieten hat. Die Figur großartiger, aber kummervoller Gelehrsamkeit, zu der Hofmannsthal Nadler stilisiert, ist durch eine umgekehrte

Hybris chrakterisiert: durch eine «des Dienenwollens, überkommenen Ordnungen das Blutopfer zu bringen».[269] Daß Nadler dieses bald in der Unterwerfung unter den Führer und in der Diffamierung der jüdischen Schriftsteller leisten würde, konnte Hofmannsthal, der sich mit seiner jüdischen Herkunft nicht auseinandersetzen mochte, nicht vorhersehen.

Beide skizzierten Gestalten sind Hofmannsthal zufolge Extreme des deutschen Wesens, «witternd nach Urnatur im Menschen und in der Welt, deutend die Seelen und die Leiber, die Gesichter und die Geschichte, deutend die Siedlung und die Sitte, die Landschaft und den Stamm [...].»[270] Die neuen Suchenden in Deutschland sollen sich aber vom Vagen und Weichlichen der schwärmerischen deutschen Tradition durch eine Männlichkeit und Festigkeit absetzen. «Denn nicht Freiheit ist es, was sie zu suchen aus sind, sondern Bindung.»[271] Hofmannsthal übersieht freilich das Krampfhafte dieses Bindungswillens nicht völlig. Noch immer ist der typische Vertreter des deutschen Geistes ein Einsamer und auf sein Selbst Bezogener, Hofmannsthal wußte das nur zu gut. Gleichwohl zieht er aus der Geschichte des deutschen Geistes den Schluß, daß nur der entschlossene Wille zur Bindung und zur Ganzheit Rettung verspricht. Nur in der Ganzheit werden «diese Einzelnen zum Verbundenen, diese verstreuten wertlosen Individuen zum Kern der Nation.»[272] Den Prozeß, der sich vollziehen soll, nennt Hofmannsthal «konservative Revolution». Dessen Ziel ist «eine neue deutsche Wirklichkeit, an der die ganze Nation teilnehmen könne».[273]

In seinem Essay «Zu Hofmannsthals Gedächtnis»[274] hat Ernst Robert Curtius 1929 noch einmal versucht, «Hofmannsthals deutsche Sendung» gegen die faschistische Ideologie wie aber auch gegen den «Konservatismus preußischer Form»[275] stark zu machen, ohne freilich jene «Zerklüftung unserer geistig-politischen Welt» zu übersehen, die es nunmehr unmöglich erscheinen lasse, eine geistige Autorität auszuüben. Dennoch hat Curtius 1932, gleichsam in letzter Minute, in seinem Pamphlet «Deutscher Geist in Gefahr»[276] noch einmal versucht, deutsche geistige Gesinnung mit dem abendländischen Humanismus zur Deckung zu bringen, um die nationalkonservativen Widerstandskräfte zu mobilisieren. Daß sie sich als gering erwiesen, kann heute billig konstatiert werden. Curtius' Irrtum tritt freilich an einem Detail tragisch hervor. Denn noch in dieser Schrift preist er «die geniale Forschungstätigkeit» Josef Nadlers, die die Erkenntnis hervorgebracht hätte, daß die Verschiedenartigkeit der deutschen Stämme eine derartige Spannung erzeugte, «die es bis heute verhindert hat, daß die deutsche Bildung eine einheitliche, fest gegründete, klar überschaubare Gestalt gewann».[277] Nadler aber sollte sich kurze Zeit später daranmachen, sein Werk nationalsozialistisch umzufrisieren und den Begriff der deutschen Landschaft zum Werkzeug totalitärer Ideologie umzudeuten. Schlagender kann kaum gezeigt werden, daß das Bekenntnis zu geistigen Werten in der Form eines «deutschen Kulturgewissens» nicht von geistiger Mittäterschaft abhielt.

Der Deutsche in der Landschaft

Rudolf Borchardt

Bei keinem anderen Dichter des 20. Jahrhunderts hat sich die Begrifflichkeit und Bildlichkeit von Landschaft und Natur so tief in Sprache und Denken eingesenkt wie bei Rudolf Borchardt. Als 1954, ein knappes Jahrzehnt nach Kriegsende und dem Tod Borchardts, sein Briefwechsel mit Hugo von Hofmannsthal erschienen war, hat Richard Alewyn Borchardts Sprache wie unwillkürlich mit erdgeschichtlichen Vorgängen verglichen: er war «einer der wenigen deutschen Meister der Sprache, ihr ehrfürchtigster Diener, ihr durchtriebenster Kenner und besessener Liebhaber, ein Philologe im entsagendsten wie im leidenschaftlichsten Sinne, ein Geist, der bei der unschuldigsten Berührung Worte auszuspeien beginnt, Gewitter, Eruptionen, Katarakte von Worten, die mit der Naturgewalt wohl die Unaufhaltsamkeit teilen, aber weder die Blindheit noch die Rohheit.»

Die erste öffentliche Äußerung des Dichters, die «Rede über Hofmannsthal» von 1902, thematisiert bereits umfassend die Analogie von Landschaft; Sprache und Dichtung als Gang ins Freie: «Wie der Landschaft, die wir suchen, aus der ein irgendwann abgelöstes Etwas unserer tiefsten Seele uns zufliegt, wenn wir sie wiederfinden, bedürfen wir der Dichter. […] Hinter uns verwildern Jahre wie geliebte Gärten, die Welt wächst lautlos zu; wo wir uns wenden, um die Stapfen unserer Füße zu suchen, hat das Gras sich wieder aufgerichtet.»[278] In der Landschaft und in der Dichtung entziffert sich das Subjekt in seiner Zeitlichkeit und klärt den Blick. Dieser Blick ist immer einer ins

Freie, «in die wahre Welt, statt der wirklichen».[279] Alle Erkenntnisleistung der Dichtung wird landschaftlich gegründet.

Im Studium der mitteleuropäischen Kulturlandschaft fand Borchardt seinen rückwärtsgewandten Traum von deutscher Ordnung und Kultur, der ihn 1933 zum politischen Irrtum, namentlich zu der doppelt irrealen Hoffnung führte, ausgerechnet jene, die er kurze Zeit später als «Steißgesichter» wahrnahm, könnten den von ihm seit Jahrzehnten konstatierten kulturellen Niedergang Deutschlands aufhalten und für jenes Umgraben der Kultur sorgen, das er symbolisch entworfen hatte. Den realen deutschen Verhältnissen aber wollte und durfte sich dieser einsame, nur in einem idealen Paradigma der europäischen Kultur behauste Geist niemals einpassen. Und das Gewalttätige seines Schreibens, der Gestus der Verwerfung, ist nicht zuletzt gerade das Signum seines real ohnmächtigen Einspruchs gegen die Entwicklung der deutschen Tradition. Entsprechendes hat Adorno für Borchardts Sprache konstatiert: «Aber die Sprache, der Borchardt sich überantwortet, ist im Deutschen nicht derart substantiell, wie er es von ihr erfleht. Ihm trat sie als geschichtlich gescheiterte gegenüber, so als hätte sie ihre eigene Möglichkeit nicht erfüllt.»[280] So steht der Gewalt- und Herrschaftsanspruch in der Sprachform Borchardts in keinem notwendigen Zusammenhang mit realer Gewalttätigkeit oder ihrer Unterstützung.

Auf deutschem Boden hielt es Borchardt ohnehin nie lange aus. Die italienischen Aufenthalte machten den schwierigen Menschen nicht realitätstüchtiger, und an eine Integration in bürgerliche deutsche Wohlanständigkeit war immer weniger zu denken. Aus dem oberitalienischen Abseits heraus aber plante er unverdrossen kulturationsstrategisch, entwarf als «leidenschaftlicher Gärtner» eine grundsätzlich umgegrabene Kulturlandschaft, in der er symbolisch den ihm gebührenden Ort finden wollte. Dabei wurde der Begriff des Deutschen Borchardt immer mehr zu einem Bildungsbegriff, der nicht mehr bezeichnete als eine schon halb verlorene kulturelle Tradition. Spätestens seit Gustav Kojankers Aufsatzsammlung «Juden in der deutschen Literatur» von 1922 ist Rudolf Borchardt als besonders krasses Beispiel für die These vom jüdischen Selbsthaß in Anspruch genommen worden. Für Borchardt blieb das zeitlebens gegenstandslos. Seine Familie fühlte sich dem protestantischen Preußentum zugehörig und von der jüdischen Herkunft wurde nach allen Zeugnissen im Hause Borchardt nicht gesprochen. Noch in der Nazizeit, als er schon verboten und geächtet war, hat er es abgelehnt, sich in irgendeiner Form als jüdisch zu begreifen, und auch seine Anteilnahme am Schicksal der Juden hielt sich in engen Grenzen. Jude sein war für ihn weder eine Sache der Herkunft, des Stammes oder gar der Rasse, noch eine des Glaubens, sondern ausschließlich eine des Bekenntnisses zum mosaischen Gesetz.

Gleichwohl aber hatte seine Identifikation mit einem konservativen Deutschtum immer etwas auffallend Angestrengtes, fast Gewaltsames. In seinen autobiographischen Aufzeichnungen aus den späten 20er Jahren hat er selber sein Deutschsein als Willensanstrengung beschrieben, sich in einer vorgängigen Heimatlosigkeit reflektiert: «Ich habe keine Heimatstadt gehabt und gekannt und erst spät erfahren, daß ich ein Heimatland habe; daß ich ein Vaterland habe, erst an mir selber in reifen, bitteren Stunden. So habe ich auch in den entscheidenden Jugendjahren kein Elternhaus und keine Familie gehabt, und es wäre ein müßiges

Zugeständnis an das Schema der Autobiographie, wenn ich von Land, Provinz, Stamm und Stadt, Vätern und Eltern ausginge.»

Um diese Zeit hatte er, insbesondere in seiner großen Rede über «Schöpferische Restauration» von 1927, den Begriff des Deutschen längst aus dem Raum in die Zeit verlegt. Das Paradigma deutscher Geistesgröße, das sich Borchardt anverwandeln wollte und das er in seinen Anthologien «Ewiger Vorrat deutscher Poesie» und «Der Deutsche in der Landschaft» rekonstruierte, war eine im bewußten Widerstand gegen die eigene Gegenwart selbstgesetzte geschichtliche Konstruktion. Gegen ein in seinen Augen geistig heruntergekommenes Deutschland wollte sich Borchardt als Deutscher eigenen geschichtlichen Rechts behaupten, sich als Inkarnation des deutschen Geistes mit einer Tradition legitimieren, in der viele Entwicklungslinien des späteren 19. und des 20. Jahrhunderts getilgt waren. Diese Konstruktionen sind in Borchardts Werk früh angelegt, prägten sich aber nach dem Erscheinen von Kojankers Sammlung schärfer aus. In dem Band hatte der ehemalige Verehrer Willy Haas, der Herausgeber der angesehenen Zeitschrift «Die Literarische Welt», den Fall Borchardt als «Morphologie des dichterischen Selbsthasses» entfaltet und versucht, dessen Traditionalismus aus der psychologischen Situation des Juden in der Diaspora zu erklären. Dieser jüdische Dichter, schreibt Haas, «hat das Recht der Welt, zu vergessen, für sich und sein Judentum in einem nicht unerheblichen Maß als sein eigenes Recht in Anspruch genommen. Dieser Bewahrer des Hergekommenen hat sein Hergekommenes zu allerletzt bewahrt.» So sei sein Werk als «Furioso des Juden» zu lesen, «dessen Seele besessen ist von dem Fluch des Sich-in-sich-aufhebens.»

Borchardt wies nun jegliche Verbindung mit dem Judentum noch schärfer ab. Werner Kraft gegenüber, durch den er von Haas' Aufsatz in Kenntnis gesetzt wurde, verbittet er sich die Zusendung des Buches: «Was soll man unter einem solchen Titel gerade von mir aussagen können? So wenig ich mich von Juden als ihresgleichen ansprechen lasse, was mir seit Joram [einer poetischen Erzählung in alttestamentarischem Stil] ständig zustößt, so wenig gehöre ich dem Berufs-Antisemitismus ins Ressort.» Tatsächlich hatte Borchardt ein erstaunlich freies Verhältnis zum Judentum und seiner Sprache und Kultur, das philologische und dichterische Aneignung, respektvolle Anteilnahme und kritische Auseinandersetzung am Werk etwa Martin Bubers, Werner Krafts, Max Brods, Theodor Lessings und natürlich Hugo von Hofmannsthals, dessen jüdische Herkunft er aber auch aus der Betrachtung herausließ, ebensowenig ausschloß wie beißende Kritik an dem, was seinen Intentionen einer schöpferischen Restauration im Geiste Herders und der Romantiker zuwiderlief. Wenn Borchardt jedoch Friedrich Gundolf abkanzelt, so unter Verzicht darauf, diesem den jüdischen Antisemitismus heimzuzahlen, den Gundolf in der Beurteilung seiner Dante-Übersetzung, sie sei «im stationären Deutsch eines russischen Juden» geschrieben, an den Tag gelegt hatte. Umgekehrt distanzierte sich Borchardt schroff von dem einst bewunderten Literarhistoriker der deutschen Stämme und Landschaften, als Nadlers Antisemitismus in den späteren Auflagen offen zutage trat. 1906 hatte Borchardt im übrigen die Malerin Karoline Ehrmann geheiratet, die erst 1899 aus der israelitischen Religionsgemeinschaft ausgetreten war, ohne daß er dies für ein Problem angesehen hätte.

Analog schreibt Borchardt bei Gelegenheit der Festschrift zu Hofmannsthals 50. Geburtstag an Josef Nadler, dessen «Literaturgeschichte der deutschen Stämme und Landschaften» seinerzeit noch nicht offen antisemitisch war, und der Hofmannsthal in seinem Beitrag in die geistesgeschichtliche Strömung der «Einverdeutschung des Deutschland mitbewohnenden Juden» eingeordnet hatte: «Das geht nicht an; ginge vielleicht, bei einer solchen Gelegenheit, auch nicht einmal andeutungsweise, an wenn Hofmannsthal Jude *wäre*; geht um soweniger an, da er durchaus und überhaupt *keiner ist.*» Adorno hat die Kluft zwischen Borchardts Judentum und seinen Sympathien für Macht und etablierte Tradition damit erklärt, daß er «Zuflucht sucht bei dem, was ihm nicht selbstverständlich ist; heimatlos überwertet er Heimat. All das spricht für etwas wie mißglückte Identifikation.»[281]

In seinem «Buch Joram» von 1906 hatte Borchardt eine poetische Säkularisierung vollzogen, eine symbolische Überwindung des Juden- wie des Christentums in einer phantasmagorischen Kunstreligion. Der mit seiner Herkunft und Zeit zerfallene, liebende und zürnende Dichter ermächtigt sich darin selbst zur Anverwandlung aller Tradition. Mit dem Dichter spricht Gott am Ende wie mit einem Brüder, er spricht mit ihm als mit einem Schöpfer imaginärer Welten:

13. Manchmal in der Stimme des Sturms, ihn zu erschüttern, und manchmal in der Stimme des Wetters, ihm gleich zu sein,
14. Und in der Stimme der Abgründe, ihn zu belehren, und in einer Nacht Stimme der Flöten und Lauten, ihm vorzusingen,
15. Oder in der Stimme der Schwermut, vor Abend,
16. Mit ihm zu weinen über die Welt.

In einer solchen Welt aber hat der Dichter kein Land und keine Heimat, er ist seinem Wesen nach im Exil, er hat nur seine Sprache und im besten Fall die Liebe. Das ist offenkundig die symbolische Bewältigung eines Problems, das Borchardt nie verließ. An seine Schwester hatte schon der Dreiundzwanzigjährige geschrieben: «Hinter mir liegt eine freudelose und freundlose Kinderzeit und Jünglingsjahre voller Arbeit und schwerer geistiger Kämpfe [...], alle Leistungen, die ich aufzuweisen haben werde, werden mir das eine nie ersetzen können, was ich bitterlich vermisse, Heimat, Liebe.» Von nun an wird sich Borchardt in Deutschland immer seltener aufhalten, in den Villen Oberitaliens imaginiert er sich eine adelig-heroische Existenz und entwirft die Phantasmagorie eines Reiches. So wird für Borchardt die Dichtung zum Ort widerständiger, symbolischer Gegenwelt und alternativer Geschichtlichkeit. An Josef Hofmiller schreibt er 1911 mit Bezug auf den Joram: «Der genuine Archaismus greift in die Geschichte nachträglich ein, zwingt sie für die ganze Dauer des Kunstwerks nach seinem Willen um, wirft vom Vergangenen weg, was ihm nicht paßt und suggeriert ihr schöpferisch aus seinem Gegenwartsgefühl, was er braucht.»

Sein Bekenntnis zum Deutschtum hat Borchardt auch unter nationalem Anpassungsdruck noch als eine geistig-kulturelle Entscheidung betrachtet. Das unterscheidet seine Stellungnahmen zum Ersten Weltkrieg vom pangermanischen Hurra-Patriotismus anderer Schriftsteller. In seiner Rede «Der Krieg und die deutsche Selbsteinkehr» sagt er 1914: «Es gibt kein Vorrecht der deutschen Rasse oder der germanischen über irgendwelche andere; es gibt keine Möglichkeit, den Begriff der Rasse auf die Weltgeschichte anzuwenden; es ist unmöglich, indefinible Kategorien der Naturgeschichte in die sittliche Welt zu überpflanzen […].» So wäre Borchardt in seiner wie immer sonderbaren Position durchaus in der Lage gewesen, jene «Distanzliebe» im Verhältnis der Deutschen zu ihren Juden vorzuleben, die Max Brod als die beste Möglichkeit des Umgangs postulierte. 1923 scheint er Werner Kraft gegenüber gar andeuten zu wollen, daß an der jüdischen Kultur, eher als an der deutschen, durch solche respektvolle wechselseitige Abgrenzung noch etwas zu retten ist: «schlagen Sie sich so unnütze Dinge wie die Unabhängigkeit der Kultur von der Politik aus dem Kopfe. Was durch idiotische Politik aus Kultur wird, davon spricht die untergegangene Nation mit den Flammenzeichen die noch über ihrem Grabe flackern deutlich genug zu Ihnen. Aber freilich, Ihre eigenste Kultur vertiefen und verteidigen, wird Ihre beste Politik sein, und wenn Alle es so hielten eine leidlich nationale.»

Schon 1916 aber war die Konstellation schwieriger geworden, hatte sie sich politisch aufgeladen. Obwohl Borchardt als Soldat längst in kritische Distanz zum Kriegsgeschehen geraten ist, gibt er im Februar in seiner Rede «Der Krieg und die deutsche Verantwortung» noch einmal seinen geistig fundierten Nationalismus kund. Einige Tage später erscheint Bubers Sammlung «Vom Geist des Judentums», im April die erste Nummer der Zeitschrift «Der Jude», im September veröffentlicht Buber eine Folge von Aufsätzen unter dem Titel «Die jüdische Bewegung», die zeigen sollen, daß die Entwicklung des Judentums in Deutschland unabdingbar zum Zionismus führen muß. Diese Politisierung bringt Borchardts Bewunderer zunehmend in die Klemme. Werner Kraft schlägt daher Buber vor, zwischen Borchardts Äußerungen zur Zeit und seiner Dichtung grundsätzlich zu unterscheiden und poetische Beiträge von ihm auch in «Der Jude» zu drucken. Buber lehnt eine solche Trennung jedoch entschieden ab. Nicht nur habe sich Borchardt vom Judentum distanziert, er habe überdies erklärt, «wir» würden Rußland zerschmettern: «ich empfinde weder mit diesem Wir noch mit dieser Zerschmetterung irgend eine Gemeinsamkeit.» Aber auch damit ist Borchardt für Buber nicht abgetan, vielmehr fragt er sich immer wieder, wie ein solches Werk mit der persönlichen und politischen Problematik Borchardts in Einklang gebracht werden kann. Werner Kraft gegenüber verteidigt sich aber Borchardt 1918 gegen den Vorwurf, er hätte in seinen Kriegsschriften und -reden die Macht zur Idee erhoben: «Sie sind alle voll der bittersten und drohendsten Warnungen vor diesem Wahne, sie alle stellen die Forderung auf, die mit denen meines geistigen Werkes moralisch und ideell identisch sind.» Aus den Widersprüchen seiner poetischen Kriegsbefürwortung, die die Macht und die Gewalt nur in den Händen der Reinen sehen, sie an ein von den Interessen unabhängiges Gesetz binden will, führt freilich nur der Rückzug in die Phantasie heraus.

Jedenfalls wird Borchardt immer häufiger als jüdischer Renegat bezeichnet. Obwohl das für ihn abwegig ist, fühlt er sich noch 1930 ein weiteres Mal verpflichtet, sich Martin Buber gegenüber zu erklären. Auch diese Erklärung ist landschaftlich gefaßt: «Meine Voreltern sind, wie sich erweisen läßt, Juden gewesen, nicht alle, aber die wol weitaus meisten. Lange vor meiner Generation haben die Sippen sich vom Stamme gerissen, ihre Überlieferung begraben und vergessen, sich einem anderen Volkstum aufgeimpft, sich in sein Seelenleben eingelebt und Nachkommen erzeugt, denen sie Israel hinter sich als die Wüste, Deutschland als das Land der Verheißung zeigten. [...] ich bin keiner der Ihren, und müsste mich rückwärtsfälschen um es zu werden. Gegen Erdreich und Klima siegt nur Tradition:

Sonst siegt Klima und Erdreich.» Die Anklänge an die Geschichte Jorams, die hier zu spüren sind, hätten Buber zumindest retrospektiv zeigen müssen, daß das geliebte Buch selbst schon symbolisches Abstreifen einer nicht akzeptierten Herkunft gewesen war.

1933, als Borchardt staatlicherseits schon als Jude betrachtet wird, obwohl er dem Nationalsozialismus freilich reichlich verdrehte Sympathien entgegenbrachte und irrigerweise Max Brod gegenüber davon ausgeht, den Juden würde in Deutschland «kein Haar gekrümmt», versucht Werner Kraft noch einmal vorwurfsvoll, Borchardt auf die Seite zu ziehen. Sein Fehler ist dabei, und das bezeichnet die Verdrehungen in der Problematik, daß er Borchardt offenbar staatlich beglaubigt als «unzweifelhaften Rassejuden» bezeichnet. Aus dem italienischen Exil erhält Kraft daher eine brüske Absage. Es gäbe keine Rassen, und so müsse er mit Kraft nicht mehr seine familiengeschichtlichen Tatsachen diskutieren: «Was am Juden jüdisches Volk ist, ist mir völlig fremdartig. Daran kann weder die Thatsache etwas ändern, dass das deutsche Volk mich auf Grund eines irrigen Schemas ins falsche Fach registriert, wo ich vielleicht für eine gewisse Zeit verlegt bleibe, noch die andere, dass die Juden die mich immer aufs bitterste gehasst haben, mich für sich beanspruchen. Meine Linie läuft seit meiner Jugend ungebrochen und ich werde sie unbekümmert um meine Zeit ungebrochen bis unter meinen Grabstein führen.» Unbekümmert um seine Zeit und ungebrochen: der dies schrieb, wurde 1944 von der Gestapo ergriffen und verhört und entging nur knapp seiner Ermordung. Er verbarg sich in Trins am Brenner und starb dort 1945 vereinsamt, krank und verbittert.

Kraft und Buber aber vergaßen ihn trotz aller Brüskierung nicht. Noch nach Borchardts Tod führten sie lange

Gespräche über den Dichter, die dann in Werner Krafts liebevoll-kritisches Buch von 1960 eingingen. Sie konnten seinerzeit noch nicht wissen, mit welcher Radikalität Borchardt in seinen Schriften, insbesondere in seinen Jamben, unter dem Eindruck des Röhm-Putsches und der Rassengesetze ab 1934/35 die deutschen Verhältnisse als Ganzes verworfen hatte, und daß ihn dabei auch die jüdische Problematik weiterhin beschäftigte. 1943 schließlich verdammte er in einem Aufsatz «Zur deutschen Judenfrage» noch einmal die antisemitischen Konstruktionen des ehemals geschätzten Literarhistorikers Josef Nadler in Grund und Boden. Der ganze Determinismus der Rassentheorie sei wissenschaftlich irrig, «kindischer Aberglauben», der die Verfinsterung vollendet habe, «hilflose Prahlform» der Unfähigkeit. Borchardt wollte bis zuletzt aus der Kraft des heroisch liebenden und verwerfenden Einzelnen, als geschichtsmächtiger Dichter sprechen, der über seine Zugehörigkeit zu Ganzheiten selbst entscheidet. Wenn Kraft ihm, so als ob es die Strafe Gottes gewesen wäre, derer sich Joram entwandt, in seiner enttäuschten Liebe von Jerusalem aus bescheinigt, er sei als Jude, als Deutscher und als Schriftsteller tragisch gescheitert, und meint, man müsse für ihn beten, so liegt darin eine Zwiespältigkeit, die die geistigen Verwerfungen und die falschen Frontenbildungen, die die Geschichte der deutsch-jüdischen Kultursymbiose prägen, auf eine sonderbare, aber aufschlußreiche Weise konturiert.

Zwischen 1933 und 1934 hat Borchardt in Radikalisierung seines bildungsgeschichtlichen Nationsbegriffs symbolisch die Exkommunikation Deutschlands vollzogen und die Idee der Restauration im Geiste Herders und der deutschen Romantik in der Totalverwerfung deutscher Gegenwart in die Imagination verlegt. Borchardts verschiedene Strategien zukunftsorientierten symbolischen Handelns zur Rettung der Tradition für eine Zeit des Danach kulminieren im Jahr 1935. Borchardt schreibt das Nachwort zum Pisa-Buch, das die poetische Phantasmagorie des Reichs als Protest gegen die geschichtliche Fehlentwicklung vorstellt. Dem Abschied der Kultur von Geschichte und Gesellschaft wollte Borchardt schließlich in der gleichsam archäologischen Rekonstruktion einer europäischen Bewußtseinslandschaft ein Gegenbild entwerfen.

In seiner Beschreibung der Landschaft um Pisa will Borchardt «die folgenstrenge Entwicklung eines geschichtlichen und politschen Körpers aus seiner natürlichen Lage und die Rückwirkung seines Lebens auf die Gestaltung der Landschaft»[282] zeigen. In einer drängenden, katarakthaften Sprache erscheint die Landschaft als so bewegt wie bewegend: «An ihrer Umsandung haben von der einen Seite her die Jahrtausende des Arno-Stromganges gearbeitet, der seine unabsehbaren Sümpfe von den alten Küstenhügeln bei Fucchechio aus vorgeschoben hat, während von der anderen Seite her der wilde Erosionsgraben des Serchio, bei hohem Gefäll und kurzem Laufe, sein massenhaftes Alluvium zwischen Moriano und die prähistorische Inselkette gewälzt haben muß, die von den Pisaner Bergen zu den tertiären Vorgebirgen von Quiesa zog, eine natürliche Sperre; an dieser Sperre zum See gestaut hat er die Nordflanke der Pisaner Berge umschlammt und schließlich im Anprall der unaufhörlichen Überschwemmungen die Sperre durchbrochen (*Ripafratta*), um seine Fluten ins Arnodelta auszuschütten.»[283] Wie im Zeitraffer erfaßt Borchardts wissenschaftliches und poetisches Verfahren der Landschaftsbeschreibung ein permanentes Umwälzungs- und Kampfgeschehen. Dieses Geschehen aber deutet Borchardt als Niedergang, als «Absinken der ehemals gewaltigen und höchst ehrgeizigen Metropole zu einer stillen Landschaft», die sich gleichwohl ihre Unbeugsamkeit bewahrt hat. Borchardts geschichtspoetischer Blick versetzt das Sistierte zurück in den Entstehungsprozeß und entziffert zugleich ein Gegenwärtiges: die eigene Geschichte großer Pläne und ihres Scheiterns.

Noch deutlicher wird der selbstentziffernde Charakter der Landschaftsbeschreibung zum Schluß von «Volterra», wo das Motiv der Rückwendung in der Landschaft, das Borchardt schon in der Hofmannsthal-Rede beschäftigt hatte, zum Schluß noch einmal grandios gestaltet wird: «Wenige Schritte von den Balze entfernt erreicht der bewegt sich Wendende, die Kuppe umkreisend, den Punkt, an dem über dem Pisaner Horizonte die Pania marmorschön aufgeht wie eine Götterburg, und die Ahnung der Stadt der Wunder, des Willens und des Reiches im weitgezogenen Plane weiß, die, bei gleicher Abkehr vom landläufigen Nachbarn wie die Stadt des Hügels, ihre Unwandelbarkeit zum Subjekt statt zum Objekt der Weltgeschichte zu machen gewußt hat und damit das Gesicht der Halbinsel und der Welt gewandelt. Denn die Gesinnung, die sich dem Wandel versagt, verkehrt nur, wenn sie ebendadurch den Wandel bringt, mit den Unsterblichen.»[284] Daß Borchardt von den Balze, jenen Erderosionen auf dem Hügel bei Volterra, zurückblickt, mag als Bild zu verstehen sein. Denn jene bedrohen die kulturellen Aufbauten mit Unterminierung. In der landschaftlichen Lage Pisas entziffert Borchardt als bewegt und bewegend Rückblickender sein eigenes Geschick: seine Unzeitgemäßheit und Unbeugsamkeit, die Abkehr von Deutschland und sein Beharrungsvermögen trotz des Scheiterns seiner Pläne, die phantasmagorische Idee des Reiches und seine Konzeption der Dichtung als Geistergespräch über die Köpfe der Lebenden hinweg. Im Mittelpunkt aber steht der Wille, sich gegen den Verlauf der Geschichte als Subjekt zu behaupten.

Das war nur um den Preis der Einsamkeit möglich, die Borchardt freilich bewußt suchte: «Die Zurückgezogenheit, das Leben fernab der deutschen Literaturszenen war selbstgewählt, nur im freiwilligen italienischen Exil, und dort abseits deutscher Intellektuellenzentren konnte Borchardt sich seiner Lebensaufgabe, der ‹Restauration deutscher Kulturtotalität aus ihren gesamten geschichtlichen Beständen›, stellen. Einsamkeit zieht sich als Zustand und Motiv durch das Leben und die Dichtung Borchardts, sie galt ihm als das Los und zugleich hervorhebendes Stigma desjenigen, der an der Tradition festhielt.»[285] In umfassender Ausdeutung der Herderschen Bestimmung des Menschen als Erdwesens verbindet Borchardt seine einsamen Bewältigungsstrategien immer mit mehr oder weniger phantasmagorischen Landschaftsvorstellungen und geoliterarischen Konstruktionen. So ist es kein Zufall und als symbolisches Handeln höchst aufschlußreich, daß Borchardt im Jahr des radikalen Abschieds von Deutschland die Poesie von Edna St. Vincent Millay als einen neuen Kontinent entdeckt, das Eigene im Fremden nun gerade fern von Europa. Der Aufsatz «Die Entdeckung Amerikas» ist der Versuch, die Tradition auf unbelastetem Boden neu erstehen zu lassen. Im Angesicht der deutschen als europäischer Katastrophe setzt er diese postulierten Wirkungen nun in die größtmögliche räumliche Distanz: «die große europäische Poesie aller Jahrhunderte bis zu ihrem letzten, dem Neunzehnten, nach diesem im Mutterlande erlöschend oder einziehend, hatte den Atlantik unterlaufen und war in Amerika in einer gewaltigen lyrischen Pyramide aus dem tauben Boden gebrochen.»[286] Die Metaphorik erdgeschichtlicher Sprachtätigkeit führt nun zur Idee einer Selbstexilierung der Dichtung.

In diesem als symbolische Befreiung angelegten Bild, das an Alfred Wegeners Kontinentalverschiebungstheorie erinnert,[287] die ja 1929 noch einmal in einer durchgearbeiteten Fassung erschienen war, versucht Borchardt, die Katastrophe der Tradition geostrategisch als eruptiven Neuanfang zu denken, und dabei die Kontinuität zum Eigenen zwar zu bewahren, sie jedoch von den aktuellen europäischen Bedingungen abzulösen. Diese Dialektik bestimmt die Landkarte, die Borchardt von der Terra Millay entwirft, bis in die kleinste Einzelheit. Es ist erneut eine Entzifferung der eigenen Situation, aber als radikaler Gegenentwurf zu den deutschen und europäischen Verhältnissen. Die leitende Idee dieser Entzifferung ist einmal mehr die Hamannsche und Herdersche These von der Poesie als der Muttersprache des Menschengeschlechts, die in ihrer ursprünglichen Form bereits die ganze Substanz «des großen Menschenwesens» in sich enthält und in der Wissen und Ausdruck ungeschieden sind. So erscheint bei Edna Millay Borchardt zufolge nicht die Freiheit einer idealen Welt, sondern eine neu erstehende und zugleich ursprüngliche Autonomie des Verhältnisses von Freiheit und Gesetz. Allerdings nicht im Sinne des Begriffs Emanzipation, wie er im 19. Jahrhundert entstand, sondern in dem Bild der «freien Frau» als einer «Urform», einer geschichtsmorphologischen Realität im Sinne Herders und Goethes. Die Bedingung der Möglichkeit dieser «Autonomie des Geschlechts»[288] wird nun ganz von den europäischen gesellschaftlichen Verhältnissen abgesetzt. Als «selbständige Individualpoesie des jüngsten der neuen Weltvölker»[289] konstituiert sich für Borchardt hier ein von der europäischen Fehlentwicklung unbelasteter Keim eines neuen Paradigmas, der mit der Erscheinung Sapphos vergleichbar ist, «mit der heroischen Katharse wilder Ungebundenheit junger Welten durch eine gottgezeichnete Frauenseele, die all deren Unmaß und Übermaß in sich wie ihre Schwestern wol als Glück erfährt, aber als erste ihr Leid absondert und ihre Erfahrung in die Geschichte unsterblich niederschlägt.»[290]

So zeigt sich, daß Borchardt in diesem Jahr 1935 den Gedanken der Restauration und konservativen Revolution im Entwurf einer autonomen, aber doch unterirdisch mit dem Alten verbundenen Neuentstehung der Kultur hinter sich läßt: «Es *erhebt* sich nicht zu einer neuen Stufe, es *entsteht* auf einer neuen Stufe.» [291] Gegen das trostlose Zerfallen an der Zeit, zu dem die europäische Dichtung nunmehr endgültig verdammt ist, denkt Borchardt einen die geschichtlichen Fesseln abstreifenden natürlichen und ganzheitlichen Neuanfang als vulkanische Gesteinsverflüssigung. Freilich kann Borchardt im folgenden gar nicht umhin, die Zeichen der Moderne in diesem angeblichen archaisch-autonomen Neuanfang zu bemerken. Edna Millays Autonomie gehe vom «Problem der Einsamkeit des Menschen»[292] aus, und die Lebens- wie Seelenform könne nicht in «einer bestehenden Gemeinschaft, sondern in einer postulierten und ganz fraglichen» geltend gemacht werden. Das ist natürlich wieder Borchardts Problem. Allerdings übersieht er in seiner selektiven Idealisierung des neuen Kontinents nicht, daß die Dichtung Edna Millays im «Zusammenpralle mit Zeit und Gesellschaft»[293] an diese gebunden bleibt, daß sie aus der Selbstbehauptung «gegen den maniakalisch reißenden wurzellosen Fortschritt der Kolonialmenschheit» motiviert ist. Solche Selbstbehauptung und mit ihr die seinige will Borchardt gleichwohl aus dem Ältesten legitimieren. In Edna Millays Dichtung erscheine das uralte Frauenrecht des Zweifels und des Widerspruchs, das Recht, «eine Welt überhaupt zu leugnen und zu beklagen, die durch Schuld und Wiederschuld beschränkter und geblendeter Männlichkeit von Stufe zu Stufe geworfen wird».[294]

In der Tradition romantischen Denkens setzt Rudolf Borchardt die aus der Selbstbehauptung gegen das Gesellschaftliche entspringende Individualpoesie als unfraglich gültige kritische Instanz, «an der die ganze Wahrheit über ein Volks- und Zeitganzes gesagt werden muß, ob sie schändlich klinge oder löblich. Die Poesie ist weder dazu da schönzureden noch zum guten zu reden, sie ist weder die Diplomatie schmerzloser Euphemismen noch die Gleißnerin die der jeweils modischen Lüge zuhält.»[295] Poesie wird zum symbolischen Kampfmittel, zum Widerstandsakt erklärt, die es dem aus dem ältesten Recht legitimierten dichterischen Individuum ermöglichen soll, «die Zeit zu Boden zu schlagen», sich «über seinen Zufall an Zeit und Volk» und in einem neuen selbstgegründeten Maß im Verhältnis von Freiheit und Gesetz «über das ungeheure Leidwesen»[296] zu erheben. Hätte der Aufsatz 1935 in Deutschland erscheinen können, so wäre er unter dem Eindruck der Ermordung des Röhm-Kreises, in dem Borchardt mehrere Freunde hatte, sowie unter dem Eindruck der Rassengesetze, als Legitimation eines sich aus dem Ältesten herleitenden Widerstandsrechts zu lesen gewesen.

Analog zur Beschreibung der Pisaner Landschaft gestaltet Borchardt hier seine Unbeugsamkeit und seinen Durchhaltewillen, deren Bildlichkeit Borchardts Sprachgebrauch entspricht, es gelte, unter der braunen Flut hindurchzuschwimmen, um in der Zeit danach imstande zu sein, eine Wüste neu zu kultivieren. Es ist Borchardts Hoffnung in der Tradition des klassisch-romantischen

Programms der ästhetischen Erziehung, daß die künftige Gestalt der Welt dem Bilde der Welt folgt, «das sich in menschlicher Größe, dem eigentlichen Geheimraum der weitergehenden Schöpfung geisterhaft bildet».[297] Von der im Pisa-Buch aus dem Reichsbegriff entwickelten phantasmagorischen Geschichtsphilosophie unterscheidet sich der Entwurf des Millay-Aufsatzes vor allem dadurch, daß der Traditionalist Borchardt, der sich gern seiner männlichen Härte brüstete, nun Individualität und Weiblichkeit als zukünftige Wertinstanzen zentral setzt, womit er sich im Grunde in einer Weise mit der kritischen Moderne solidarisiert, die seine zeitweiligen totalitären Anwandlungen dementiert. In dem letzten umfassenden Versuch, die Kunst als Medium nicht korrumpierter Erfahrung zu denken, ergreift Borchardt entschlossen und emphatisch Partei für eine Zeitgenossin. So erscheint der Millay-Aufsatz als eine grundsätzliche symbolische Neuorientierung in einer Situation, in der Borchardt jeglicher Glaube an gesellschaftliche Ganzheiten zerfallen war.

Die Übersetzungen von Millay-Gedichten, die Borchardt größtenteils im gleichen Jahr 1935 erarbeitet, weisen die nämliche eigenartige Dialektik des Eigenen und des Fremden auf, die Borchardt in der Topographie der Millayschen Bewußtseinslandschaft findet. Er entziffert in den Gedichten distanzierend die eigene Situation, indem er sie dialogisch, nämlich als Geistergespräch konzipiert. Die Konfiguration macht deutlich, daß Borchardt vergegenwärtigend und futurisierend auf das Verhältnis des dichterischen Subjekts zur historisch-gesellschaftlichen Lage Bezug nimmt, wie sie sich aus Borchardts Situation um 1935 darstellt, die er als Überwinterung empfunden hat. Von vornherein redet der Übersetzer mit der amerikanischen Dichterin und mit sich selbst, und es ist das innere

Reich eines von Anfang kehrenden erinnernden Dichtertums, das Borchardt in den Gedichten entziffert. Unsterblich und aufgehoben ist in diesem imaginären Raum nur, wer «mitzählt», nicht etwa der, der «zählt». In Borchardts Schmähgedicht auf die Nazis, «Nomina Odiosa», ebenfalls aus dem Jahr 1935, erscheint das Zählen nicht zufällig als zentrale symbolische Zeitgestaltung des zornigen und isolierten Individuums. Wenn Edna Millay von einer die schöpferische Freiheit einschränkenden trüben, aber warmen Brühe des Konformismus spricht, so sieht Borchardt darin sogleich die kalte, bedrohlich nahe gerückte braune Flut.

«But it is winter with your love» heißt es in Edna St. Vincent Millays Gedicht «Alms». Borchardt übersetzt «Doch steht es winterlich um uns», und das bezeichnet am knappsten den Stand der Dinge, wie ihn Borchardt 1935 wahrnahm, und in der ihm die Gartenarbeit als «Zuflucht aus der unerträglichen Welt erschien». In pessimistischer Fortsetzung jener Analogie, die Hofmannsthal und George zwischen Dichtung und Gärtnerei gesehen hatten, läßt sich die Unverlorenheit des Herzens nun nur noch in selbstgenügsamer winterlicher Pflege des Vorhandenen erfahren. Alle Kommunikation ist zwangsläufig ins Innere verlegt, an eine Wirkung nach außen ist nicht zu denken. Das Gedicht ist Selbst- und Geistergespräch.

Trotz ihres herausgekehrten Individualismus hat die Dichterin aus der Greenwich-Village-Boheme die europäischen Vorgänge in den 30er Jahren schon früh als umfassende Bedrohung der Humanität aufgefaßt. Ihre erste bedeutende Reaktion darauf war der 1934 erschienene Sonettzyklus «Epitaph for the Race of Man», der den Untergang der Menschheit darstellt. In der Folge verfaßte sie zunehmend explizit antifaschistische Kampfgedichte, die in dem 1942 erschienen Text «The Murder of Lidice» gipfeln. Der Sonettzyklus nimmt jedoch noch nicht auf konkrete politische Vorgänge Bezug, sondern stellt eine poetische Anthropologie dar, die gegen die kriegerische Habsucht der Männer als eigentliche menschliche Fähigkeiten die Werte des Gefühls und der Imagination geltend macht. Borchardt übernimmt in seiner Übersetzung des Titels, den er dem letzten Gedicht des Zyklus gibt, bezeichnenderweise nicht die Gattungsbezeichnung «menschliche Rasse», sondern setzt den Begriff «Wesen Mensch» dagegen. Er bezeichnet die lebendige Substanz, die die Poesie als «Biographie des großen Menschenwesens» enthält. Die Grabschrift stellt Borchardt in einer leeren Landschaft auf, die an seine Übersetzung von Swinburnes großem Abgesang auf die emphatische Poesie «Der verlassene Garten»[298] erinnert.

Grabschrift des Wesens Mensch

Hier liegt, unklagbar außer vor dem Meer
Das bricht unwandelbar in leerer Welt,
Mensch der Höchstvielfache in Staub gefällt
Um nie zu kehren, – unzeitig, im Stand
Der Kindheit: und der Riesenschall, der Er
Gewesen, stumm; und all sein einstiger Stolz
Ein eisern Säulenstück, des erzenes Korn
Vom Regen höhlig wie ein fauler Baum.
Mensch, bündiger Mensch, wem zolltest Du den Preis, –
Den Himmel in Zorn selbst aufgab zu bewegen,
Den Hebel und das Grabscheit hinzulegen,
Und Staub zu wehn im Staub des Einerleis?
Wes, wes der Einbruch? Wes der Mörderdegen? –
Ring nicht nach Wort, arm schütterer Mund; ich weiß.

Im Vergleich zum Original nimmt Borchardt die Bildlichkeit aus dem Wortfeld des Kriegers und des Krieges zurück beziehungsweise hebt sie auf und deutet sie zu Bildern der Kunstfertigkeit des «Wesens Mensch» um. Während die Begriffe des Kriegsgeschreis («clamour») und der Rüstung («the riveted pride he wore») bei Edna Millay die Deutung nahelegen, daß es sich bei dem als letztes an den Menschen erinnernden rostigen Rückstand um einen leeren Harnisch handelt, erscheint das «Säulenstück» bei Borchardt als ein ruinöses Überbleibsel menschlicher Kunst, deren zu Größe und Ewigkeit bestimmte Substanz verrottet ist. Auch die Übersetzung von «doughty man» mit «bündiger Mensch», also Mensch in der Bindung, statt tapferer Mensch und Mann, sowie von «heaven in arms» (Himmel in Waffen) mit «Himmel in Zorn» zeigt, daß Borchardt die vordergründige Kriegsmetaphorik vermeidet. Dies entspricht seinem im Aufsatz dargelegten Deutungswillen, in den Gedichten Edna Millays nicht einen «tendenziösen Pazifismus» zu sehen, sondern die radikale Verwerfung einer Welt, die durch männliche Verblendung in den Untergang getrieben wird. (Im übrigen war Borchardt auch und gerade 1935 nicht bereit, der kriegerischen Sprache abzuschwören, wie sie wesentlich zu seiner einsamen Identifikation mit einem romantisch-adeligen Paradigma gehörte.) Im vorletzten Vers wird bei Edna Millay der Schuldzusammenhang noch einmal in Militärbegriffen konkretisiert («Broadside», «heavy blade»), wofür Borchardt Begriffe des Verbrechens, des Einbruchs der Gesetzlosigkeit einsetzt. Bei Edna Millay wird die Schuld am Untergang der Menschheit in den seit Kain und Abel angelegten männlich-menschlichen Eigenschaften des Neids, der Gier und der kriegerischen Ehrsucht begründet, während in Borchardts Version die Schuldigen mit dem «Wesen Mensch» nicht identisch sind. Sie wären durchaus benennbar, erübrigte sich nicht für das isolierte wissende Subjekt das Wort. «Der Mörder wird | Erst nennbar wieder durch das Beil», heißt es in «Nomina Odiosa». Menschenwürdig gesprochen kann also erst wieder werden, wenn jene gerichtet sind. Für sie verbietet sich daher die Begrifflichkeit des Krieges oder Bürgerkrieges wie des Aufstands, selbst der Tyrannei und jegliche poetische Wortwahl, es sind jene «Steißgesichter» der Nazis, die sich «wie die Hintern gleichen, nicht wie Antlitze». Es ist die verbrecherisch herbeigeführte Katastrophe der menschlichen Kultur, von der Borchardt redet, eine Katastrophe, die jedoch in der Isolierungssituation, in der sich das lyrische Subjekt entziffert, nirgendwo mehr einklagbar ist als vor dem Meer, vor einer Natur, die das Subjekt, das hier gleichsam als Übriggebliebener in wüster Landschaft spricht, nur noch mit sich selbst konfrontieren kann.

Am deutschen Schicksalsstrom

Leo Sternberg, Otto Brües

Unter dem Titel «Der ewige Strom» erschien 1921 in einer etwas geheimnistuerischen Edition mit dem sprechenden Namen «Garten Eden» in Dortmund (also nicht im Rheinland) ein Bändchen mit rheinischen Erzählungen. Herausgegeben hatte sie der Rüdesheimer Literat Leo Sternberg. In seinem Vorwort geht er von der Existenz einer «Literaturgeographie» aus, und in der Tat waren die ersten Bände von Josef Nadlers «Literaturgeschichte der deutschen Stämme und Landschaften» (1912–1924) schon erschienen. Bei Nadler figurierte das Rheinland als «Raum der Entscheidung», und diese dramatische Sicht übernimmt auch Sternberg: «Denn hier fließt der Schicksalsstrom des Volkes, an dessen Ufern bis auf unsere Tage der Schauplatz war, wo sich unsere Geschicke entschieden und unsere Kultur erbaute.»[299] Auch die Bluts- und Stammeskonzeption Nadlers wird übernommen: «Denn in den Adern aller Führer der herrschenden Strömungen, Humanisten wie Reformern, rollte fränkisches Blut.» Neue Saat falle im Rheinland auf uralte Muttererde, «in der sich die Ahnenformen einer langen Stammesgeschichte abgelagert haben».[300] Diesen uralten Zusammenhang in ein neues und dezidiert deutsches Ideal überführt zu haben, ist Sternberg zufolge das Verdienst der deutschen Romantik: «So löste die Romantik nicht nur eine starke Belebung des Natursinns aus, sondern führte die deutsche Dichtung auch wieder auf den heimatlichen Boden zurück, entzündete das Studium der deutschen Vergangenheit und wirkte sich schließlich, das Ideal der gotischen Gesamtgeistigkeit aufnehmend, in der Idee des neuen deutschen Reiches aus, als dessen Sinnbild die Vollendung des Kölner Dombaues am Ende ihres Weges steht.»[301]

Die Beiträger des Bandes, unter ihnen Otto Brües, Herbert Eulenberg, Josef Ponten, Wilhelm Schäfer, Josef Winckler und Wilhelm Schmidtbonn, entstammen dem Umkreis des Rheinischen Dichterbundes, der in den 20er Jahren für eine Reintegration des rheinischen als deutschen Selbstbewußtseins kämpfte und dabei zunehmend stärkere nationalistische Töne anschlug. So schrieb Wilhelm Schäfer vier Jahre später in der kurze Zeit nach der Anthologie gegründeten Zeitschrift «Die Heimat»: «Deutsches Schicksal ist es, *Rheinländer* zu sein, weil die vergangene Reichsherrlichkeit über uns steht mit ihrer Verpflichtung. Ich liebe den Rhein, nicht weil er nur Sinnbild ist, sondern weil seine Landschaft der Schicksalsgrund der deutschen Lebendigkeit war und nach kurzer Vergessenheit wieder geworden ist.»[302]

Das Ironische an diesem rheinischdeutschen Nationalismus ist freilich, daß viele dieser emphatischen Rheinländer so recht gar keine waren: Sternberg hatte jüdische Vorfahren, Brües entstammte einer protestantischen Familie, Schäfer war Hesse, Winckler Westfale. Die Anthologie «Der ewige Strom» erweist sich bei näherem Hinsehen als eine Art Gründungsdokument einer rheinischen Sendung, die Identität auf landschaftlicher Grundlage überhaupt erst erzeugen sollte. Die historischen und politischen Gründe dieser Konstruktion überkreuzen sich genau in dem Erscheinungsjahr 1921. 1920 waren die linksrheinischen Gebiete nebst Köln, Koblenz, Mainz und Kehl gemäß dem Versailler Vertrag besetzt worden. 1921 wurden wegen angeblicher Vertragsverletzungen weitere rechtsrheinische Städte von Franzosen und Belgiern besetzt. In Wahrheit hatte die Besetzung rein materialistische Motive. Schließlich wurde das gesamte besetzte Gebiet durch eine Zoll- und Paßgrenze vom übrigen Deutschland abgeschnitten. 1925, als Schäfer seine triumphierenden Sätze schrieb, wurden die illegal besetzten Gebiete wieder freigegeben. Die Besetzung begünstigte einerseits vorhandene Separationsbestrebungen, andererseits verstärkte sie die Ressentiments gegen das Preußentum, das nach Ansicht der meisten der beteiligten Literaten Deutschland in den Untergang geführt hatte. So bestand die Sendung darin, die tausendjährige Zugehörigkeit zum deutschen Reich zu bewahren, das Rheinland aber als Gegengewicht zu Preußen als geistigen Mittelpunkt Deutschlands aufzuwerten.

In seinem Beitrag zu der Sammlung, der Erzählung «Das gerettete Deutschland», geht Sternberg daher in die Zeiten des Heiligen Römischen Reichs Deutscher Nation zurück, genauer, in die Zeit Ludwigs IV. und des Avignoner Papsttums, als die Reichseinheit gegen französische und Luxemburger Ansprüche verteidigt werden mußte, wobei die Rolle Ludwigs heftig geschönt dargestellt wird. In der Geschichte geht es um die Verhinderung der Wahl eines Gegenkönigs, zu der die Franzosen die deutschen Kurfürsten pressen wollen. Diese Rettung vollzieht sich schließlich durch eine Rede des Deutschordenskomturs von Krefeld, die er auf einem Rheinkahn hält. Es ist keine politische Rede über das Verhältnis von Kirche und Königtum oder nationale und internationale Wertorientierung, sondern ausschließlich eine über ein Wort: «Dieses Wort aber hieß: Heimat!» Der Effekt der Rede verbildlicht sich nun für die Zuhörer in der imaginativ geschauten Landschaft: «Vor den Augen der Schiffsinsassen aber, die dem Heimatevangelium zu seinen Füßen lauschten, taten sich trotz der nächtlichen Finsternis, in der nun Stern nach Stern aufging, die ständig sich verschiebenden Seelandschaften des Rheins auf, die silbernebeligen Felstheater mit den burgenbehelmten Bergesspitzen, die Doppelketten der geschwungenen Rebenflanken, in deren Sättel sich die Saatstreifen des Hinterlandes herunterbiegen, die Möwensande im breiten Strom und die Wildnis der schwimmenden Wälder, der Mondduft verschwiegener Seitentäler und die reichen Siedlungen der sonnigen Vorlande – ihr Fahrzeug mit eingeschlossen, in dem sie als ein Stück der Landschaft durch das traumhafte Bild des Stromtals selbst dahinglitten ...»[303] Wie in Brentanos Gedicht «Auf dem Rhein» das einzelne Ich haben die Insassen hier ein nun kollektives Entgrenzungserlebnis mitreißender Zeit, das in die Erfahrung einer gemeinsamen deutschen Identität mündet.

Erst in der Vergegenwärtigung der Landschaft kann die Liebe zum Vaterland konkret werden, kann man ermessen, was auf dem Spiele steht. Nämlich, «daß mit dem deutschen Reiche, wenn es einem Ausländer überliefert werde, auch jeder einzelne von ihnen aufhöre zu sein, da die Geschichte der Heimat [...] nichts anderes sei, als die Geschichte jedes Kiesels am Wellensaume und jeder Brust, die die Heimatluft atmet».[304] So endet die Geschichte mit einer unverhohlenen Aufforderung, die Franzosen hinauszuwerfen, wobei jedoch jede politische und ideologisch-nationalistische Argumentation vollständig im Bild der Landschaft verschwunden ist.

Die dezidiert landschaftliche Begründung des rheinisch-deutschen Nationalismus wird unterfüttert vom Wandervogel-Ideal. Diese bürgerliche Protestbewegung einer vom Ersten Weltkrieg desillusionierten Jugend wollte nur noch durch «die Gaue des Vaterlandes» marschieren und zielte auf «die Entfaltung der echten, gemeinschaftsgebundenen Individualität».[305] Diese Programmatik wurde vor allem von Otto Brües verfochten, der sich bis ins hohe Alter als Naturbursche begriff. In einem Gedicht aus dem nämlichen Jahr 1921 hat er diese Idee einer aufgehobenen Individualität landschaftlich-kosmisch verbildlicht:

Sterne über Wipfeln
Wipfel unter Sternen.
Jedem Baum ein eigen Licht,
Das ihm Himmelsantwort spricht.
Wipfel und Sterne.[306]

Brües' Lieblingszeile aber, die er immer wieder in seine Gedichte eingefügt hat, lautet:

Alles Deutsche wächst aus dem Wald.

In seinem Werk fungiert der Wald als unerschöpflich deutbare Metapher eines deutschen Wertebewußtseins. Noch 1945 stellt Brües in der Kontinuität der 1921 entstandenen Strategie, über Wertorientierungen landschaftlich zu sprechen, die Anthologie «Der Wald» zusammen, «um an diesem ihm nahen Thema deutsche Einheit ohne jedes politische Wort darzustellen».[307]

Josef Nadler eröffnet 1941 seine Darstellung des Rheinlandes als «Raum der Entscheidung» mit einem Rückblick auf die Ereignisse zwischen 1920 und der Saar-Abstimmung 1935. Diese Zeit war «ein zäher Kampf gegen die mannigfaltigen Listen Frankreichs, die befristete in eine dauernde Besetzung der Rheinlande zu verwandeln. Es ging hier nicht um einen Krieg und seine Folgen. Das deutsche Volk sah sich dem unwandelbaren Frankreich gegenüber und seinem unverrückbaren Staatsziel, die Herrschaft über das Rheintal und also über Deutschland zu verwirklichen. Es war ein Kampf um die Macht. Aber in diesem Kampfe lagen von beiden Seiten die Gedanken und Stimmungen vieler Jahrhunderte zu Felde.»[308] So geht die Programmatik der rheinischen Dichter des ewigen Stroms bruchlos in Nadlers Propagandaschrift auf. Die meisten Beiträger der Anthologie von 1921 erhalten daher bei Nadler einen Ehrenplatz. Der Herausgeber Leo Sternberg aber fehlt – aus naheliegendem Grund.

Wilhelm Schmidtbonn zum Beispiel habe «das deutsche Elend in der Zeit der allgemeinen Ausplünderung» beschrieben, sei für «starke deutsche Ursprünglichkeit, schlichte Haltung, gemessene Zucht, stilvolle Gestalt»[309] eingetreten. Josef Ponten habe gezeigt, «daß das Weltvolk der Deutschen mit seiner Unrast und Arbeitskraft und staatenbildenden Ordnungstreue seine Ahnen in den Bauerndörfern und Handwerksstätten des Rheintales hat». Ihm sei schon «das kommende Reich der Deutschen erschienen».[310] Und über Otto Brües und seine Gedichte heißt es bei Nadler: «Und der ewige deutsche Strom, dunkel und von drüben her durch ein magisches Gesetz bewegt, durchbraust ihn. Da verblaßt alle Rheinromantik vor dem gewaltig nahen und neuen Gegenwartsleben, vor dem Verlangen nach Erde, darin zu wurzeln, vor dem immerwährenden Vaterlande, das Deutschland heißt.»[311]

So fügt sich der rheinische Nationalismus mit seinem Landschaftsdenken scheinbar widerstandslos in die brutalste Blut-und-Boden-Ideologie, und es scheint, als hätten die Dichter des ewigen Stromes auf nichts anderes gewartet als auf den Nationalsozialismus. Das bitter Ironische ist dabei nur, daß die Männer um Brües, Ponten und Schmidtbonn, so weit es erforscht ist, dezidierte Antirassisten, Hitler- und Kriegs-Gegner waren. Brües wurde bereits kurz nach der Machtergreifung als Vorsitzender des rheinischen Schriftstellerverbandes abgesetzt. Obwohl er sicherlich kein Widerstandskämpfer war, hat er nachweislich vielen rassisch Verfolgten geholfen. Franz Janssen faßt Brües' Verhalten so zusammen: «er wollte als Familienvater seine Frau und seine Kinder nicht der NS-‹Sippenhaft› aussetzen und zweifelte an seiner Kraft ebenso wie am Fanalcharakter solch offenen Widerstands gegen die Diktatur. Statt dessen tat er an seinem Platz vieles, um das ‹thematisierte Lügen einer illegitimen Macht› zu unterlaufen und zu konterkarieren, ohne sich und andere zu gefährden.»[312] So zeigt sich an diesen rheinischen Dichtern der Landschaft, wie wenig sich beim hier dargestellten Zusammenhang mit wirkungsgeschichtlichen Kausalitäten verfahren läßt. Im «Doktor Faustus» wird Thomas Mann die unheimliche Ambivalenz dieses Zusammenhangs in unerreichter Subtilität entfalten.

Deutscher Stamm, deutsche Landschaft

Josef Nadler

Was an Nadlers 1937–1941 erschienener, für die nationalsozialistische Ideologie völlig neu zugerüsteten Auflage seiner Literaturgeschichte[313] erschreckt, ist weniger die geistige Brutalität eines außerordentlich gebildeten Mannes, sondern mehr noch die Erkenntnis, wie wenig es brauchte, um tradierte Vorstellungen der Landschaftsbindung, die zugleich mit geistiger Beweglichkeit zusammengedacht worden waren, zum rassistischen Kampfmittel umzuformen. Der grundlegende Kunstgriff ist dabei die Verflechtung der Metaphorik des Blutes und des Stammes mit der der Landschaft, die in den Gedanken einer ganzheitlichen naturangepaßten Erfahrung und Entwicklung eine deterministische Komponente einpflanzt. Das führt dann in der Betrachtung der Literatur zu einem Blickwechsel vom Individuellen zum Allgemeinen, der die Vorstellung einer geistigen Unabhängigkeit des Individuums, die im symbolischen Raum der Landschaft so oft hatte entziffert werden können, tendenziell zum Verschwinden bringt.

Nadler unterscheidet zwei Grundtypen deutscher Landschaftserfahrung, die er den «beiden unterschiedlichen deutschen Denkformen»[314] des Klassischen und des Romantischen zuordnet, denen wiederum die Begriffe Raum und Fläche entsprechen. Die Landschaft der klassischen deutschen Denkform ist räumlich: «Denn sie gliederte sich allerorten zwischen Berge und Hügel ein. Und mochte sie auch in ihren Formen und Einheiten mit unerschöpflicher Fülle wechseln, überall erschien sie als Ganzes und als gerundete Einheit. Das Blickfeld war überall geschlossen, und nirgends lief es in der Linie aus, die Himmel und Erde ins Unendliche trennt. Was hier Heimat hieß, war eng, aber ganz und fertig. Die schmiegte sich dem Menschen an, sammelte sich um ihn zu unentrinnbarer Vertrautheit und baute sich um jeden her mit durchsichtiger Klarheit auf.»[315] Die offensichtlichen Ähnlichkeiten von Nadlers klassischer Landschaft mit derjenigen, die Dilthey als Deutungsraum des Hölderlinschen Werks aufbaut, lassen die Unterschiede nur um so deutlicher hervortreten. Zunächst ist zu bemerken, daß – entgegen Hölderlins Wort, Unterschiedenes sei gut – Unterschiede im geistigen Vorstellungsraum heruntergespielt werden: zuletzt soll alles Ganzheit und Geschlossenheit sein. Kategorien, die bei Dilthey noch als Gegensätze fungierten. Konsequenterweise fällt jener forschende Blick, der wissen möchte, was in der Ferne jenseits der Hügel wohl geschehen mag, aus der Betrachtung heraus. Ebenso entfällt im Begriff der durchsichtigen Klarheit jenes Mehr an Bedeutung, welches das unbefriedigte Sinnbegehren des Individuums in der Landschaft erfahren wollte. Die Konstatierung «unentrinnbarer Vertrautheit» klingt in dem Zusammenhang dann schon bedrohlich, das gedachte Subjekt scheint einem Zwangszusammenhang ausgesetzt. So verwandelt Nadler eine Perspektive der Differenz schleichend in eine der Identität.

Die Konstruktion eines geradlinigen Zusammenhangs

zwischen Landschaft, Denkform und ästhetischer Erfahrung ist aber in der Betrachtung einzelner Dichter und Werke offensichtlich nicht zu halten. Daher steht Nadler in der Durchführung seiner Thesen immer wieder vor der Aufgabe, die ins Auge fallenden Unterschiede mit Blut- und Körperargumenten wegzuerklären, was häufig genug in der Form der Ausscheidung und Ausgrenzung des Abweichenden und Fremdartigen geschieht. Das wird exemplarisch in der Behandlung Hölderlins deutlich, dessen Gegensatz zur dargestellten landschaftlichen Denk- und Erfahrungsform Nadler nicht entgehen konnte. Im Unterschied zu Dilthey, der gegenüber dem Positivismus das Erleben des Individuums betont, kommt Nadler daher sofort auf genetische und pädagogische Faktoren, auf das Ererbte und Erlernte zu sprechen, die das erwünschte Verhältnis zur Natur verhindern mußten: «Die väterliche Familie stammte wahrscheinlich aus Schweden, die mütterliche aus Sachsen-Altenburg. Und es ist erwiesen, daß körperliche Schönheit ein Erbgut der Sippe war. Der frühverwaiste Knabe war der Erziehung von Mutter und Großmutter überlassen. Wie so mancher Deutsche trug er sein Leben lang daran, daß er ohne väterliche Zucht und nur unter Frauenhänden aufgewachsen war. [...] sie verhätschelten seine leicht verwundbare Seelenzartheit und seinen stillen Eigensinn, und so versank der Knabe schon in jene gedankenbelebte Einsamkeit und gottesdienstliche Liebe zur Natur, die er fortan wie ein heiliges Geheimnis in sich verschloß und künstlich nährte.» [316]

Nadler übersieht Hölderlins eigensinniges Verhältnis zur Landschaft also keineswegs, und so erläutert er in subtiler Diffamierung, warum Hölderlin jene durchsichtige Klarheit und unentrinnbare Einbindung nicht zuteil werden konnte. Die mehrfach wiederholte Diagnose von Hölderlins mit Weichlichkeit und Zuchtlosigkeit gepaartem Eigensinn läßt ihn geradezu als Gegenbild jener kruppstahlharten, uniformen Jugend erscheinen, nach der es den Führer verlangte. Entsprechend versieht Nadler im Gegensatz zu Dilthey im folgenden Hölderlins Widerstand gegen die harte Zucht der Klosterschulen mit deutlich negativem Vorzeichen. Schließlich wird sein Wahnsinn scheinbar folgerichtig «aus dem kranken Blute seiner Ahnen»[317] und seiner Schwärmerei erklärt. Am Ende wird Hölderlins eigene Wortwahl, in der sich sein distanziertes Verhältnis zur Gesellschaft in Naturmetaphern ausdrückte, zur Ausgrenzung des Andersartigen eingesetzt: «Er war ,sein Leben lang ein Fremdling auf dieser Erde.»

Letztlich weicht Nadler hier aus totalitären Motiven von seiner eigenen Konzeption der Landschaft als Prägungserfahrung ab. Dabei ist der Charakter willkürlicher Wegerklärung nur notdürftig verhüllt. Was Nadler als erwiesen ausgibt, das Erbgut der Sippe, ob als Schönheit oder Krankheit, oder das Leiden Hölderlins an seiner weiblichen Erziehung, beruht ausnahmslos auf bloßer Mutmaßung. Die Vorstellung von der Natur als einem Raum ganzheitlicher Erfahrung, dessen Anschauung die Widerstandskräfte des Individuums gegen die Zumutungen der Gesellschaft stärkt, wird umgebogen zu einem Zwangssystem, dem sich das besondere Subjekt nur um den Preis des Wahnsinns und der Ausgrenzung verweigern kann.

Nadlers Entwurf der romantischen Landschaft läßt seine Voreingenommenheit gegen Individualismus und Entgrenzung schon von vornherein erkennen. «Diese Landschaften flossen alle vom Menschen weg. Sie zogen auswärts und entführten ihn sich selber. [...] Die romantischen Dichter empfingen nicht sich selber aus der Landschaft, sie trugen sich in sie hinein, sie zwangen sich ihr auf. Sie legten den Gegenständen Farbschichten auf, die ihnen nicht zukamen, lockten den Dingen Töne ab, die diese nie erzeugen konnten. Sie bauten sich künstliche Scheinbilder auf und nötigten diese Scheinbilder, einen Sinn auszusprechen, den sie selber den Dingen erst unterlegten.»[318] Mit sicherem Gespür erkennt Nadler in der romantischen Konzeption einer sprechenden Natur das unbefriedigte Sinnbegehren und den kritischen Impuls. Zu dessen Austreibung behauptet Nadler nun in erneutem Widerspruch zu seinen eigenen Bindungsthesen, daß die Unterschiede der romantischen und klassischen Entwicklung nicht «aus der Natur und aus dem Wesen» resultieren, sondern aus der geschichtlichen Entwicklung. So gilt es, die Impulse der Romantik in die eine und gleiche «Natur der Deutschheit»[319] zu holen, wobei Nadler freilich der Nationalismus und gelegentliche Antisemitismus der Dichter um die «Christlich-Deutsche Tischgesellschaft» (Müller, Arnim, Brentano, Kleist)[320] zustatten kommt.

In der Beschreibung des frühen Landschaftserlebnisses Eichendorffs ist daher von der angeblichen Flächigkeit und Unbegrenztheit der romantischen Landschaft nicht mehr die Rede: «Die Landschaft, im Süden wie mit feinen Strichen durch die Karpathen von der großen Welt geschieden, durch das Band der Oder mit dem neuen Leben im Nordwesten verknüpft, Hügelland und Wasserfläche, das Rauschen der oberschlesischen Wälder, der Schlag der Nachtigall auf den feuchten Niederungen, der Lerchenwirbel über den Feldern, diese Landschaft prägte sich dem Knaben mehr durch das Ohr als durch das Auge ein.»[321] Ganz entsprechend wird Eichendorff von Nadler eingesetzt, die individualistischen Züge der Frühromantik auszutreiben: «Und eben diesen Werdegang vom verworrenen Treiben und romantischen Schöngeisteln in die Tiefe des gläubigen Gesinnungswandels darzustellen, am einzelnen, selbst erlebten Falle das Allgemeine»[322] sei der Sinn und die hohe Bedeutung des Eichendorffschen Landschaftsromans «Ahnung und Gegenwart» gewesen.

So wird der eigenwillige und bewegliche Artist Eichendorff, der zwar die Prägung der Kindheit nie vergaß, in Wien aber ebenso heimisch wurde wie in Berlin, bei Nadler zum Garanten der deutschen Art und der in der Landschaft sich niederschlagenden Austreibung des Fremden: «Er war in des Wortes wörtlichster Bedeutung ein schlesischer Heimatkünstler. Wer konnte diese Verbindung anders finden als ein schlesischer Edelmann, geboren und gereift um die Zeit, da aus der Landschaft die letzten Spuren österreichischen Geistes verflogen und die ersten Niederschläge preußischer Art sichtbar wurden.»[323] Derart wird bei Nadler die landschaftsorientierte Betrachtung zur Rechtfertigung des preußischen Zwangssystems und seiner Eroberungskriege.

Als einer der auffälligsten Wesenszüge des deutschen Bürgertums im Verhältnis zum Nationalsozialismus, gerade auch im intellektuellen Milieu, hat Joachim Fest «das tiefe Verlangen nach Zugehörigkeit» ausgemacht, das Bedürfnis, «Anschluß an die historische Volksbewegung ‹unten auf den Straßen› zu suchen, um Nähe, Wärme und in alledem ein neues dumpfes Glück zu finden. Zu den seltsamen Gemeinplätzen jener Zeit, die bald mehr und mehr die Köpfe ergriffen, zählte jedenfalls, daß man nicht ‹abseits stehen› dürfe und ‹sich einordnen› müsse auf dem Weg, den die Nation jetzt antrat.»[324] In Nadlers Literaturgeschichte findet sich dies als symbolische Strategie wieder, die die Landschaft als Projektionsraum benutzt. Literatur als Landschaft wird zum geistigen Raum der Nation. Die Lehre ist deutlich genug: wer sich anpaßt und einordnet, findet in unentrinnbarer Vertrautheit Erfüllung im Ganzen, wer abseits steht, endet in Vereinsamung, Bedeutungslosigkeit oder gar Wahnsinn.

Wie kein anderer Literaturwissenschaftler hat Nadler in jener «Bevormundungslaune», die Fest bei der rechten Intelligenz diagnostiziert hat, der Blut-und-Boden-Ideologie die Territorialargumente geliefert. In der am 20. Januar 1933 gehaltenen Rede «Der zeitliche und der ewige Deutsche»[325] hat Nadler jene Verschränkung von Bindung und Beweglichkeit, die Borchardt in der Figur des Deutschen als dem Wanderer seiner Geschichte aufzeigen wollte, als ältestes Germanenschicksal mythisiert und in der Verklärung der Opfermentalität für die Eroberungsideologie zugerüstet: «Als überfahrende Todgeweihte, als bewußte Träger eines neuen heiligen Lenzes fühlten sie sich in die Zeitlichkeit neuer Völker eingehen. Sie ergreifen Besitz von der bunten Vielheit der Erde. Sie unterwerfen sich den gemeinschaftstrennenden Schicksalen eines neuen Lebens. Aber sie halten die ewige Erinnerung an die Urheimat und die Gemeinschaft ihrer Abkunft fest.»[326] Die Dichtung wird bereits in Gestalt Wolfram von Eschenbachs auf die Aufgabe verpflichtet, Gemeinsamkeit herzustellen und die «Schönheit unseres Gemeindeutsch» zur Geltung zu bringen. In der Gestaltenreihe der deutschen Dichtung erblickt Nadlers blutrünstiger Vitalismus das deutsche Schicksal: «In rhythmischem Pulsschlage strömt das deutsche Blut hinaus in die Welt, mitschaffend und sich ernährend. Es strömt zurück zum Herzen und baut sich auf in immer neuen Gestalten, an denen es sich aus allem Abenteuer unter den Völkern stets von neuem als das erkennt, was es gemeinsam und dauernd ist.»[327]

Es gehörte zur wesentlichen Motivation der Selbstbestimmungen des deutschen Geistes zwischen Herder und

Borchardt, die Einheit von sinnlicher und geistiger Erfahrung zu suchen und nach dem spezifischen Verhältnis des Besonderen zum Allgemeinen zu fragen. Nadler dagegen vereinseitigt das Verhältnis zuungunsten der Sichtbarkeit der Dinge wie der Besonderheit: «Der deutsche Geist, wie seine Dichtung ihn offenbart, geht auf das Wesen der Dinge, nicht auf ihre Erscheinung. Sein Werkzeug ist der grabende Gedanke. Sein Wunschziel geht auf das Gemeingültige und Letzte.»[328] So wird bei Nadler der deutsche Geist per se und von alters her als totalitär und absolut bestimmt. Ganz entsprechend werden auch die Differenzierungen aufgehoben, die in den Gedanken einer Sprache der Natur eingeschrieben waren: «Das Buch Gottes und das Buch der Natur reden dieselbe Sprache.»[329] Die Idee einer Lesbarkeit der Landschaft war in spezifischen Trennungsverhältnissen enstanden und so als Metapher einer entbehrten Ganzheit der Erfahrung zu entschlüsseln, die die Infragestellung des Soseins der Welt beinhaltete. Nadler begründet diese Idee stammesgeschichtlich schon im Werfen und Lesen der Runen der Germanen und deutet die Metaphorik als Drang nach der «Verwirklichung der Idee und des Gemeingültigen», als Anerkennung des Weltgesetzes. Wenn der Deutsche revolutionär wird, geht es ihm nicht etwa um Freiheitsrechte, um ein Neues oder Anderes, sondern um «Rückkehr zum Ursprünglichen». Derart wird der Metaphorik der Lesbarkeit der Welt der kritische Impuls ausgetrieben. So will Nadler die Spuren des Eigensinns aus der Landschaft der deutschen Literatur tilgen: «Die deutsche Dichtung schwingt nicht um das unbedingte Einzelwesen. Sie lebt aus der Gemeinschaft und will die Gemeinschaft.»[330] Jene mit dem Gedanken einer Autonomie des Subjekts verknüpfte Vorstellung eines «Übergangs zur Menschheit», jener weltbürgerliche Zug, auf den die kantische Tradition des deutschen Geistes so viel Wert legte, wird bei Nadler unverhüllt zum Expansionsprogramm, das insbesondere die Ostausdehnung rechtfertigen sollte. Da wird dann selbst der antipatriotische Weltliterat Goethe zum Eroberungsstrategen ernannt: «Goethes Ostprogramm hat also heute stärkere Gegenwart denn je. Deutschlands westöstliche Sendung wird ein verständnisvolles Nehmen und ein argloses Geben sein müssen. Der Geist Europas wird nur durch Deutschland in den Osten hineinwachsen.»[331] Der Krieg gegen Polen und Rußland wird mit Goethe gerechtfertigt, Literatur wird Propaganda.

Die Verwirklichung des seit altgermanischen Zeiten vorhandenen Willens zum «Weltvolk», dessen «volkhafte Ordnung zwei Jahrtausende hin immer wieder durch die jüdischen Nomadenzüge durchkreuzt und aufgehalten worden war»,[332] sieht Nadler 1941 als «Reichswerdung» vor der Verwirklichung. Dafür ist die «Aussonderung der Juden aus dem deutschen Volksraum» unerläßlich, aber nur «Teilereignis». Das Wichtigste ist die Erziehung zum Ganzen, das «alle großen und rühmlichen Überlieferungen des deutschen Volkes» integriert im «Urgrund eines großen Gedankens: ein Volk, ein Reich, ein Führer».[333] Derart findet sich im vierten Band von Nadlers Literaturgeschichte die ultimative Pervertierung des Gedankens eines Ganzen der Erfahrbarkeit. Die landschaftsorientierte Darstellung hat jetzt nur noch das Ziel, die «leibliche und geistige Wiedererweckung des naturhaften Urwesens des deutschen Volkes»[334] darzustellen. Obwohl Nadler im vierten Band seine eigene Konzeption längst ad absurdum geführt hat, denkt er weiterhin landschaftlich und stellt den Sieg des Nationalsozialismus in «Räumen des Umschwungs» dar. Den Mittelpunkt dieser Raumgliederung setzt Nadler da, «wo der Führer erweckt wurde und zu handeln begann».[335] Der Sieg aber ist «in den einzelnen deutschen Landschaften nicht überall auf die gleiche Weise erkämpft worden», nur darin scheint die Berechtigung der Landschaftsbetrachtung noch zu bestehen. Landschaft wie Dichtung und Sprache sind Medien eines Kampf- und Machtgeschehens geworden. Am Ende erscheint Hitlers Reich als Erfüllung jener Dialektik des Alten und Neuen, die sich in der Entzifferung der Landschaft als Sprache auftat:

> In dem Neuen glänzt das alte Zeichen,
> Was heraufsteigt, war von Anfang da.[336]

Die entziffernd entwickelte Vorstellung einer Welt, die man haben zu können glaubte, hat sich in die blinde Rechtfertigung eines Zwangssystems verkehrt. Literaturwissenschaftliche Landschaftsbetrachtung wird zur symbolischen ethnischen Säuberung. So wurde es zur Aufgabe einer kritischen Theorie und Literaturwissenschaft bei Adorno und Alewyn, dem blutrünstigen Konformismus das Medium der Landschaftsbetrachtung wieder zu entwinden.

Landschaft und Ordnung

Emil Staiger

In der Folge von Emil Staigers 1966 gehaltener Rede über «Literatur und Öffentlichkeit»,[337] in der der Schweizer Literaturwissenschaftler der modernen Literatur unter Berufung auf Schiller Unsittlichkeit vorwarf, ergab sich eine höchst aufschlußreiche Diskussion über das Verhältnis zwischen literaturwissenschaftlichen Urteilen und totalitärem Denken. In dem Zusammenhang wurde an Staigers im Juli 1933 veröffentlichten Aufsatz «Dichtung und Nation. Eine Besinnung auf Schiller»[338] erinnert, worin Staiger distanziert, aber deutlich die nationalsozialistische Literaturpolitik rechtfertigt und Gelegenheit nimmt, seine Vorbehalte gegen den Individualismus zu formulieren: «Denn keineswegs hat man nur die politischen und rassischen Fremdkörper ausgeschieden. Man zollt daneben dem ganzen heiklen Narzißmus des älteren Dichters keine Ehrfurcht mehr, legt allgemein wenig Wert darauf, den Verzweigungen eines seltenen Gemüts bis in letzte Subtilitäten zu folgen.»[339] In einem Brief an den verehrten Lehrer unterstellt der ehedem deportierte und gegen den Willen der Familie nach Deutschland zurückgekehrte Peter Szondi Staiger in erstaunlicher Zurückhaltung keine politische Ambition, unverhohlen jedoch Konformismus und Kritiklosigkeit. Als These formuliert Szondi allgemeiner: «Eine Untersuchung über das Verhalten der Germanisten um und nach 1933 würde, wenn nicht alles täuscht, zeigen, dass die Verfechter des Gültigen sehr viel mehr als die des Interessanten in Versuchung kamen, sich Hitler zu unterwerfen, und oft genug, wenngleich gelegentlich nur für kurze Zeit, dieser Versuchung auch erlagen.»[340]

Staigers ambivalente Sicht der Dinge in dieser Hinsicht zeigt sich nirgends so anschaulich wie in seiner Analyse der Landschaften Brentanos in seiner vielgerühmten Abhandlung «Die Zeit als Einbildungskraft des Dichters» von 1939, die 1953 unverändert in zweiter Auflage erschien.[341] Einige Landschaften Brentanos, die Staiger bespricht:

Aus den «Romanzen vom Rosenkranz»:

Und der Vogel ohne Sorgen
Stürzet aus dem Bann der Nacht
In den goldnen lieben Morgen,
Der auf Turmesspitzen lacht.
Sonn' und Vogel golden lachet
Auf dem Kreuz, das himmlisch thront,
und es sinket, überwachet,
In das Licht der blasse Mond.

Und es betet schon die Sonne
Ihren Abendsegen schwankend
Auf des Waldes goldnen Kronen …

Und die schlummertrunknen Wiesen
Wiegen sich in Traumes Glanz …

Aus dem «Müller Radlauf»:

Aber schon graute der Tag, die Schwalbe schweifte mit ihrer
silberhellen Brust über den Spiegel des Sees, der Morgenstern
funkelte fröhlich über den Hügel, und meine Rosse begrüssten ihn wiehernd am jenseitigen Ufer.[342]

Wie unwillkürlich stellt sich auch bei Staiger die Forderung nach einem Ganzen der Erfahrbarkeit ein. Diese Ganzheit aber ist bei Brentano Staiger zufolge gerade nicht wahrzunehmen. Brentanos Landschaften folgen nur dem Prinzip «des momentanen Reizes»: «Was eben in die Augen fällt und was gerade zu Ohren kommt, ist das Nächste und wird verzeichnet, unbekümmert darum, wo sein ‹Ort› ist. Das Ganze, woraus ein ‹Ort› ersichtlich würde, tritt gar nicht hervor.»[343] Bei aller Bewunderung für Brentanos Sprachmagie, die die sinnliche Erfahrbarkeit der Landschaft zum Klang bringt, erfahren Brentanos dichterische Huldigungen der Sichtbarkeit Staigers Tadel: «Überall wird nur der optische Schaum der Dinge abgeschöpft.»[344] Im Gegensatz zu Goethes Erfassung von Ganzheit ist bei Brentano «alles nur ein momentanes Blitzen, Klingen und Flimmern [...]. Vollständiger könnte das Wissen um das vom Eindruck unabhängige Wesen der Dinge nicht beseitigt werden.»[345]

Fasziniert und mißtrauisch zugleich sieht Staiger in Brentanos Verfahren im Namen vernünftiger Wahrnehmungsgebote eine Infragestellung der Realitätserfahrung: «Etwas anderes ist im Spiel, Verzaubertes und Geisterhaftes, das uns verängstigt und verzückt. Offenbar ist dieser ganzen Sinnenwelt nicht recht zu trauen. [...] das ist tumultuarisch und in seiner Realität um so mehr gefährdet, je mehr es an magischer Intensität gewinnt.»[346] In der «Gefährdung der Realität der Landschaft» sieht Staiger einen subversiven Ordnungszweifel am Werk, der der aufklärerischen Forderung nach Klarheit widerspricht. So läßt bei Brentano «die gedankliche Klärung überall zu wünschen übrig».[347] In der Kritik an Brentano erweist sich Staiger schließlich als ein «Verfechter des Gültigen», eines «Allgemeinen, das Brentano stets gehasst hat, des Grundsätzlichen und Endgültigen.»[348]

Dieser Haß auf das Allgemeine führt in der Raumdarstellung Brentanos Staiger zufolge zu einem «Mangel an Umsicht»: «Es gelingt Brentano nur in bescheidenem Mass, von einem Hier und Jetzt nach vorwärts und rückwärts, nach oben und unten, nach rechts und links zu schauen, ein Ganzes zu fassen und das Einzelne anzuordnen vom Ganzen aus.»[349] So bescheinigt der vernünftige

Literaturwissenschaftler dem Dichter eine grundsätzliche Unordentlichkeit, bemerkt aber mit Vergnügen, daß Brentano selbst unter jenem reißenden Zeitgefühl gelitten und später «Folgerichtigkeit und Ordnung und Bestand gepredigt» hat. Wie bei Nadler wird dabei der reife Eichendorff gegen den romantischen Subjektivismus in Stellung gebracht, der Brentano nämlich zugute hielt, er habe seinen Dämon «als heidnisches Fatum gehasst.»[350] Mit Eichendorff führt Staiger die Eigenart Brentanos auf eine «Angst in der Welt» zurück und konstatiert schließlich zufrieden, daß Brentanos «Wille zur Ordnung» im Verlauf seines Schaffens sichtlich zunimmt. Dabei ist allerdings nicht zu übersehen, daß Staiger «das Abenteuerlich-Gewagte, allem Bürgerlichen Widersprechende in Brentanos Natur»[351] mit distanzierter Faszination betrachtet und bis in die kleinste Zelle der Textur nachverfolgt. Diese Versenkung in die Form der Individuation unterscheidet ihn von Nadler, die abschließende Lektion aber ähnelt derjenigen, die jener an Hölderlin statuiert hatte: die Motivation Brentanos wird tendenziell in die Nähe des Pathologischen gerückt. Wer die allgemeine Realitätserfahrung derart in Frage stellt, dem blüht ein «schweres Herz», «Elend» und «namenloser Jammer».

Die Analyse von Staigers Landschaftskonzeption zeigt noch einmal die sowohl methodologische wie politische Verfehltheit des Begriffs der Immanenten Interpretation. Vielmehr ist erstaunlich, wie unverhohlen gesellschaftliche Ordnungsvorstellungen an die Texte herangetragen werden und wie ungebrochen sie ein tendenziell totalitäres Denken fortsetzen, das die Vorstellung von einem Ganzen der Erfahrbarkeit in der Landschaft mit einer Gesellschaftsvorstellung gleichsetzt, die abweichendes Verhalten nicht toleriert. Staiger selbst war freilich später der Meinung, daß seine Kritik des Individualismus gerade antitotalitär ist, wie er mit Schiller zeigen wollte: «Ungestörtes Belieben ermüdet den Menschen rasch. Und alsbald unterwirft er sich der ersten besten Gewalt, die ihn dem Taumel der Möglichkeiten enthebt, dem rohesten Willen zur Macht im Staat und der wildesten Brutalität in der Kunst. Wir haben es mit Entsetzen erlebt und erleben es wieder und immer noch.»[352] Peter Szondi hat dem vehement widersprochen, weil damit jenen von den Nazis verbotenen Autoren in der Tradition einer Autonomie des Subjekts, für die ihm der frühe Friedrich Schlegel einsteht und der sich Szondi selbst zugehörig fühlte, «das Versagen gegenüber dem Nazitotalitarismus, wenn auch nicht de facto, so doch virtuell»[353] aufgebürdet wird, während die staatlichen Maßnahmen umgekehrt mindestens virtuell gerechtfertigt würden. In einer historischen Situation Deutschlands, in der «Demokratie immer noch ein Schlagwort ist und keine gelebte Selbstverständlichkeit»,[354] müsse man es mit der Literatur halten und nicht mit staatlichen Ordnungsmaßnahmen. Noch immer aber ist in Deutschland der Begriff «Subjekt» ein Schimpfwort, noch immer wird in Krisensituationen der Individualismus diffamiert.

Deutschtum und Landschaft

Thomas Mann

In Thomas Manns Roman des deutschen Wesens und der deutschen Katastrophe, in den letzten Kriegsjahren geschrieben und 1947 erschienen, spielt die Landschaft die

Rolle eines tragenden Grundes der Charakterentwicklung des deutschen Tonsetzers Adrian Leverkühn und verbindet so sich wie unwillkürlich mit einer Diskussion über die Frage, was ist deutsch? Das erhält seine Brisanz nicht zuletzt dadurch, daß Tomas Mann in dem Roman auch die jüdisch-deutsche Kultursymbiose erzählerisch gestaltet, wie es in der Namensgebung des Protagonisten von vornherein anklingt. So ist der Roman auch eine erzählerische Widerlegung jener symbolischen ethnischen Säuberungen Nadlers und der dahinterstehenden Ideologie. In einem sorgfältig vorbereiteten und perspektivierten diskursiven Aufbau der Problematik resümiert Mann nämlich die Geschichte der deutschen Landschaftsanschauung.

Der Erzähler Serenus Zeitblom steht als Mann der Humaniora und einer ehrenfesten aufklärerischen Vernunft nicht zufällig der Naturbetrachtung und schon gar einer Naturreligion skeptisch gegenüber, und diese Skepsis wird in mehrfacher, beinahe leitmotivischen Charakter annehmenden Variation erzählerisch als Distanzierung von deutscher Tiefe und Andacht ausgearbcitet. In geschichtlicher Perspektive erwägt der Erzähler in argumentativer Identifikation mit dem religiösen Spiritualismus des Mittelalters bereits früh in der Exposition, innerhalb einer Abschweifung bei der Beschreibung des Leverkühnschen Elternhauses, ob eine moralisch bedenkliche Fehlentwicklung des Naturverständnisses nicht schon in der frühen Neuzeit begonnen habe. Diese Erwägung verschränkt sich mit der ebenfalls mehrfach variierten Ablehnung mystischer Spekulation. So äußert er sein Mißtrauen gegen die in der Renaissance aufkommende Leidenschaft, die Geheimnisse der Natur zu erforschen: «Die Natur selbst ist zu voll von vexatorisch ins Zauberische spielenden Hervorbringungen, zweideutigen Launen, halb verhüllten und sonderbar ins Ungewisse weisenden Allusionen, daß nicht die züchtig sich beschränkende Frömmigkeit eine gewagte Überschreitung darin hätte sehen sollen, sich mit ihr abzugeben.»[355]

Der bodenständige Vater Leverkühns frönt nach Zeitbloms Bericht einer Freizeitbeschäftigung in mystischer und alchimistischer Tradition, in der die Zeichen der Natur als Chiffren betrachtet werden. In der Nachfolge Böhmes und Hamanns und der Metapher von Buch der Natur spekuliert er über diese Zeichen als über geheime kodifizierte Mitteilungen, zu denen der Mensch freilich seiner Meinung nach den Schlüssel nicht besitzt. Diese Metaphorik einer Sprachlichkeit der Natur weist der humanistische Philologe mit einem diesseitig menschlichen Sprachbegriff ab: «Bedachte er, daß, wenn es sich wirklich hier um eine Geheimschrift hätte handeln sollen, die Natur über eine eigene, aus ihr selbst geborene, organisierte Sprache verfügen müßte?»[356] Eben das aber war die Annahme Böhmes und Hamanns gewesen: «Jede Erscheinung der Natur war ein Wort, – das Zeichen Sinnbild und Unterpfand einer neuen, geheimen, unaussprechlichen, aber desto innigeren Vereinigung, Mittheilung und Gemeinschaft göttlicher Ideen und Energien. Alles, was der Mensch am Anfang hörte, mit Augen sah, beschaute und seine Hände betasteten, war ein lebendiges Wort; denn Gott war das Wort. Mit diesem Worte im Mund und im Herzen war der Ursprung der Sprache so natürlich, so nahe und leicht, wie ein Kinderspiel […].»[357] Im Gegensatz zu Zeitblom sah Hamann keinen grundsätzlichen Unterschied der menschlichen Sprache zu jener der Natur. Daß die Zeichen der Natur schwer zu deuten sind, liegt lediglich an einem Prozeß der Verdunklung, an dem nicht zuletzt die Aufklärung selbst schuld ist. Diese Vorstellung übernimmt neben Novalis auch Friedrich Schlegel: «Auch die Natur redet in ihrer stummen Bilderschrift eine Sprache: allein sie bedarf eines erkennenden Geistes, der den Schlüssel hat und zu brauchen weiß [...].»[358] Ein solcher erkennender Geist ist der Romantiker ebensogut wie Faust, will es im Streben zumindest werden. Gerade dem mündigen Menschen kommt es zu, das Buch der Natur selbst zu lesen.

Die Schilderung der Familie Leverkühn und ihres Sitzes bei Weißenfels trägt die Züge der Hardenbergs, deren romantischer Sproß sich Novalis nannte, wie überhaupt der Roman Thomas Manns zur Literatur der deutschen Romantik die bei weitem meisten intertextuellen Bezüge hat. Die romantisches Gemeingut gewordene Vorstellung von einer Sprache der Natur weist Zeitblom als Vertreter eines ethisch sich selbst begrenzenden Erkenntnisbegehrens, in der Erzählung seiner Erlebnisse im Hause Leverkühn, und damit gleichsam in der Stammlandschaft der Romantik, entschieden ab: «Schon damals aber, als Knabe, begriff ich sehr deutlich, daß die außerhumane Natur von Grund auf illiterat ist, was in meinen Augen eben gerade ihre Unheimlichkeit ausmacht.»[359] Über die Idee der Natur als Buch hatte es zwischen Hamann und Kant bereits eine Auseinandersetzung gegeben. So hatte Hamann an Kant geschrieben: «Die Natur ist ein Buch, ein Brief, eine Fabel (im philosophischen Verstand)» [...], und daraus den Schluß gezogen, daß mehr als Physik dazu gehört, die Natur auszulegen, nämlich ein Entschlüsselungsverfahren jenseits der Vernunft.[360] So wird deutlich, daß Zeitbloms Position über die deutsche Romantik hinweg wieder auf einen universellen aufklärerischen Humanismus zurückgreift.

Die Beschreibung der «sonderbaren Kultur», die Vater Leverkühn, der Spekulierer und Sinnierer, bei seinen Experimenten züchtet, gerät unter dem skeptischen Blick des Erzählers zu einem grotesken Abbild der kristallinen Zauberlandschaften der romantischen Literatur, wie man sie insbesondere in Novalis' «Heinrich von Ofterdingen» findet: «Ich werde den Anblick niemals vergessen. Das Kristallisationsgefäß, in dem er sich darbot, war zu drei Vierteln mit leicht schleimigem Wasser gefüllt, und aus sandigem Grunde strebte darin eine groteske kleine Landschaft verschieden gefärbter Gewächse empor, eine konfuse Vegetation blauer, grüner und brauner Sprießereien, die an Algen, Pilze, festsitzende Polypen, auch an Moose, dann an Muscheln, Fruchtkolben, Bäumchen oder Äste von Bäumchen, da und dort geradezu an Gliedmaßen erinnerten [...].»[361] Es stellt sich dann heraus, daß diese Landschaften, wie Klingsors Garten bei Novalis, ausschließlich aus Kristallen bestehen. Solche Gespenstereien, so kommentiert der Erzähler, solle man Sache der Natur sein lassen, in den Humaniora hätten sie nichts zu suchen. So erklärt der Erzähler von Thomas Manns Romans von vornherein seine Distanz zur romantischen Idee vom tiefsinnigen Künstler als eines weltverwandelnden Schöpfers, der sich aus Naturevidenzen legitimiert. Als ein solcher aber wird Adrian Leverkühn geschildert.

Die äußere Landschaft bei Weißenfels wäre, wie der Erzähler versichert, für ihn selbst nicht des Erinnerns wert, wenn es «nicht eben die Früh-Umwelt Adrians bis zu seinem zehnten Jahre, sein Elternhaus, seine Ursprungslandschaft gewesen wäre, die mich so häufig mit ihm zusammen einschloß».[362] Im landschaftlichen Aufbau des Romans gelingt Thomas Mann eine höchst subtile und suggestive, geschichtlich durchtränkte Konstruktion. Die mit dem Blick der romantischen Literatur gesehene Landschaft wird als Prägung des deutschen Künstlers und damit auch als

Ursprung des deutschen Unwesens geschildert, die aber auch den distanzierten Erzähler gemäß der Vorstellung Nadlers unentrinnbar mit einzuschließen und einzubinden scheint. Dermaßen wird sich schließlich der Erzähler seiner eigenen Verstrickung in die deutsche Katastrophe bewußt werden. Die Prägekraft dieser romantischen deutschen Urlandschaft wird nun bis ins Ende des Romans durchgespiegelt, indem sie als Anfangs- und Zielpunkt des Aufstiegs des furchtbaren, im tiefen Grunde aber kindlich gebliebenen deutschen Künstlers «aus dem Tale der Unschuld in unwirtliche, ja schauerliche Höhen»[363] erscheint. Die Stärke der Prägung wird dadurch beglaubigt, daß sich Leverkühn in seiner Spätzeit bei den Schweigestills in Pfeiffering bei Waldshut in Oberbayern eine Umgebung wählt, die jener Ursprungslandschaft genau gleicht, so wie bei Novalis der Weg in die Ferne immer ins Eigene führt. So wird der Urgrund des deutschen Übels in der romantischen Landschaft bis in den Höhepunkt der Katastrophe des deutschen Wesens projiziert. Auf eine höchst aufschlußreiche Weise arbeitet Mann hier eine grundsätzliche Ambivalenz in Nadlers Vorstellung von der Einbindung des deutschen Menschen in landschafts- und stammesgeschichtliche Verhältnisse hinein. Entsprechend wird ein Wirkungszusammenhang zwischen den Vorstellungen der deutschen Romantik und dem Dritten Reich konstruiert, ohne darin eine Determination anzunehmen. Die Komplexität, in der die bedingenden Faktoren bei gleichzeitiger Wahl- und Willensfreiheit bei Mann dargestellt werden, gibt dem Roman nicht nur vor dem Hintergrund der Diskussion der Goldhagen-These, der Völkermord sei aus dem deutschen Wesen und der deutschen Tradition zu erklären,[364] erneut Aktualität.

Die Verknüpfung des Landschaftsproblems mit Fragen

des Deutschseins und der Autonomie des Subjekts wird in einer langen Diskussion zwischen Studenten geleistet. Dabei überrascht es nicht, daß Leverkühn im Gegensatz zu Nadlers Kollektivierung der Dichter als «hartgesottener Individualist» geschildert wird, wobei er selber lieber von «selbstbewußtem Lebensgefühl» sprechen will. Das ist ein Ausdruck, der seit Dilthey in der Frage nach der Prägung durch Landschaft benutzt worden ist, und so leitet diese Auseinandersetzung von Leverkühn und dem Studenten Deutschlin (sic!) folgerichtig in die Diskussion des Verhältnisses von deutscher Landschaft und deutschem Geist über. Im Sinne jener Ambivalenz ist es, zunächst überraschend, Adrian Leverkühn, der sich in einem kleinen Vortrag über Jugend und Natur von einem ästhetischen Verhältnis zur Landschaft distanziert: «Was heißt Natur? Wald und Wiese? Berge, Bäume und See, landschaftliche Schönheit? Dafür hat meiner Meinung nach die Jugend viel weniger Blick als der ältere, beruhigte Mensch. Der junge ist zum Sehen und zum Naturgenuß gar nicht sehr aufgelegt. Er ist nach innen gerichtet, geistig gestimmt, dem Sinnlichen abgeneigt, meiner Meinung nach.»[365] So öffnet Leverkühn wieder jene Alternative von Innerlichkeit und Natur, die zusammengedacht den mehr oder minder kritischen sozialgeschichtlichen Diagnosen der Entwicklung des bürgerlichen Künstlers und Intellektuellen im neuzeitlichen Deutschland zugrunde liegt. In einer überraschenden dialektischen Wendung nimmt nun Deutschlin Leverkühns Gedanken über eine spezifische Auffassungsform der Jugend selbst für einen deutschen Gedanken: «Die deutsche Jugend repräsentiert, eben als Jugend, den Volksgeist selbst, den deutschen Geist, der jung ist und zukunftsvoll, – unreif, wenn man will, aber was will das besagen.»[366] Das ist deutlich eine ins Völkische gewendete

Adaption der Thesen Herders. Mit ihr wird der Protestantismus und die Reformation zum spezifisch Deutschen erklärt. Diese These mündet dann in einer Vordeutung mit drohendem Unterton: «Wir werden ihr [der Welt] in unserer Unreife noch manche Erneuerung, manche Revolution bescheren.»[367] Gegen Adrians Einwand, die Deutschen hätten doch eine genauso lange Geschichte wie andere Völker, löst dann aber Deutschlin das Deutschsein von der Geschichte ab. Es sei «eine metaphysische Gabe», letztlich antizivilisatorisch, die Fähigkeit aufzustehen, «die Fesseln einer überlebten Zivilisation abschütteln können, wagen, wozu anderen die Lebenscourage fehlt, nämlich wieder unterzutauchen im Elementaren [...]». Eben das hatte Nadler als revolutionäres Potential des Deutschen beschrieben, der im Neuen den Ursprung sucht. So wird dem Deutschen eine spezifische, traditions- und kulturunabhängige Beziehung zur Natur zugeschrieben, die sich jäh antizivilisatorisch äußern kann.

Dagegen vertritt Adrian eine europäische Position, bestreitet einen deutschen Sonderweg. Die Idee einer Wiedergeburt käme aus Italien, die einer erneuerten Naturbeziehung aus Frankreich. Das eine aber hält Deutschlin für eine bloße Bildungsvorstellung, das andere für ein «sentimentales Schäferspiel», wohingegen es dem Deutschen in subjektiver Religiosität um «die Tiefe des personalen Lebens» zu tun sei, um «das Durchleben der Naturhaftigkeit und Dämonie des Daseins».[368] Schließlich beendet der Erzähler seine Erinnerungen an die Diskussion der Studenten vorläufig bei dem Problem, das sich in der Geschichte der literarischen Naturerfahrung in Deutschland immer wieder eingestellt hatte, bei der Frage nach dem Verhältnis von Autonomie und Bindung. Gegen eine subjektivistische Verwilderung wie gegen eine disziplinierende Ordnungsinstanz wie schließlich insgesamt gegen den Antimodernismus entwirft zum Schluß der Student mit dem ebenfalls sprechenden Namen Arzt die Vorstellung einer zukunftsorientierten, sozial abgefederten europäischen Wirtschafts- und Industriegesellschaft.

Das historisch und politisch Reizvolle an dieser inmitten der thüringischen Landschaft geführten Diskussion ist, daß alle vertretenen Positionen auf Herder und die Romantik zurückgeführt werden können. Es zeigt sich gerade hier besonders prägnant, daß die geschichtlichen Bezüge, die der Roman entfaltet, nicht auf eine Handlungsdetermination hinauslaufen, sondern daß Tradition und Geschichte wie die Landschaft selbst als Texte verstanden werden, die verschiedenen, interessenbestimmten Deutungen zugänglich sind. Folgerichtig gibt es auch eine skeptisch-analytische Infragestellung des Begriffs des Deutschtums. Der Erzähler kann sich freilich bezeichnenderweise nicht recht erinnern, wer sie vertreten hat. Intertextuell entspricht sie im wesentlichen den Thesen Theodor Lessings in seiner kritischen Abhandlung «Geschichte als Sinngebung des Sinnlosen» von 1919. Im Sinne Lessings fragt der namenlose Kommilitone, «ob denn das die Bindung schaffende Objekt auch etwas Wirkliches ist oder vielleicht nur das Produkt einer, sagen wir einmal: Strukturromantik, die sich ideologische Objekte auf nominalistischem, um nicht zu sagen fiktionalistischem Wege schafft».[369] Deutschtum ist in dieser geschichtsanalytischen Sicht ein bloßer Name ohne Inhalt, der sich daher auch nicht in irgendeinem personalen und qualitativen Sinn verwirklichen läßt. Er ist vielmehr bloße Behauptung. Was jemand gleichwohl bereit ist, dafür zu tun, unter welchem Interesse Deutschtum Handlungsmaxime werden kann, bleibt in dieser Analyse ungeklärt.

Das Gespräch geht dann noch lange weiter, «bemüht und uferlos, um dann im Sande zu verlaufen», wie der Erzähler anmerkt. Man bricht es ironischerweise deswegen ab, weil man am nächsten Morgen zu einer Wanderung durch deutsche Lande aufbrechen will. So endet die ganze vielstimmige Debatte nun – Kein schöner Land in dieser Zeit! – in einem gemeinsamen Erlebnis der deutschen Kulturlandschaft, wie sie seit eh und je das romantische Herz höher schlagen läßt: «Zur Juni-Zeit etwa, wenn aus den Schluchten der bewaldeten Höhen, die das Thüringer Bekken durchziehen, die schweren Düfte des Jasmins, des Faulbaums quollen, waren es köstliche Wandertage hier durch das von Industrie fast freie, mild-begünstigte, fruchtbare Land mit seinen freundlichen Haufendörfern aus Fachwerkbauten; und kam man dann aus der Gegend des Ackerbaus in die der vorwiegenden Viehzucht und verfolgte den sagenumwobenen Höhenpfad des mit Fichten und Buchen bestandenen Kammgebirges, den ‹Rennsteig›, der mit seinen Tiefblicken ins Werratal sich vom Frankenwald gegen Eisenach, die Hörselstadt, erstreckt, so wurde es immer schöner, bedeutender, romantischer […].»[370]

Einerseits also erscheint in der doppelbödigen Darstellung Thomas Manns das Verhältnis zwischen Freiheit und Bindung als ein Deutungsproblem, über das das Subjekt selbst entscheiden muß, andererseits verfließen in der Erfahrung der typischen vorindustriellen romantischen deutschen Landschaft die Unterschiede, so daß es jenseits der Überzeugungen doch so erscheint, als gäbe es eine Prägung und gemeinschaftsstiftende Bindungswirkung der Landschaft: eine unentrinnbare Einbindung im Sinne Nadlers. Insbesondere die distanzierte, intellektuelle Position Adrian Leverkühns scheint sich angesichts der Landschaft in Ganzheitlichkeit aufzulösen. Der Erzähler zweifelt nicht, «daß ihre Bilder, Rhythmen, hochhingetragenen Melodien ihm tiefer in die Seele drangen als den Genossen, und habe bei manchem Vorübergang reiner, gelöster Schönheit, der sich aus seinem geistgespannten Werk hervortut, später an jene gemeinsamen Eindrücke denken müssen».[371] Das ist eine Reminiszenz an jene Stimmung, in der Novalis seinen «Heinrich von Ofterdingen» bei der Abreise aus Eisenach versetzt hatte. So scheinen deutscher Geist und deutsche Art und Kunst schließlich in der unauslotbaren Tiefe des Landschaftserlebnisses zu gründen. Am Ende des Romans aber, wenn die Nazizeit schon hereingebrochen ist, wird der in seine Kindheitslandschaft zurückgebrachte und dort sein Leben verdämmernde, wahnsinnige deutsche Künstler nur für den Duft der Linde noch ein «Zeichen von Empfänglichkeit»[372] übrig haben.

Exkurs: Kein schöner Land

Kein schöner Land in dieser Zeit
als hier das unsere weit und breit
wo wir uns finden
wohl unter Linden
zur Abendzeit.

Das schöne deutsche (im 18. Jahrhundert aufgeschriebene) Volkslied enthält schon die wesentlichen Bestimmungen einer kollektivistischen Wertschätzung der Landschaft. Die eigene Landschaft wird verabsolutierend gegen die Fremde gesetzt. Im Vordergrund steht ein Kollektivsubjekt. Der Abend als die Zeit der Erkenntnis füllt den imaginierten Raum unter den Linden assoziativ mit dem süßen Lindenduft, der ein Gemeinschaftserlebnis ermöglicht. In der Landschaft vollzieht sich betörend kollektive Selbstfindung. «Kein schöner Land» war das Lieblingslied der Wandervogel-Bewegung.

Der kritische Leser der Landschaft

Theodor W. Adorno

In der «traurigen Wissenschaft», die Adorno in seinen «Reflexionen aus dem beschädigten Leben» ausbreitet, findet sich ausgerechnet in den 1945 geschriebenen Stücken ein merkwürdig optimistischer Wunschtraum, der den romantischen Zug in Adornos Geschichtsphilosophie rein zum Ausdruck bringt: «Vielleicht wird die wahre Gesellschaft der Entfaltung überdrüssig und läßt aus Freiheit Möglichkeiten ungenützt, anstatt unter irrem Zwang auf fremde Sterne einzustürmen. Einer Menschheit, welche Not nicht mehr kennt, dämmerte gar etwas von dem Wahnhaften, Vergeblichen all der Veranstaltungen, welche bis dahin getroffen wurden, um der Not zu entgehen, und welche Not mit dem Reichtum erweitert reproduzierten. [...] Rien faire comme une bête, auf dem Wasser liegen und friedlich in den Himmel schauen, ‹sein, sonst nichts, ohne alle weitere Bestimmung und Erfüllung› könnte an Stelle von Prozeß, Tun, Erfüllen treten und so wahrhaft das Versprechen der dialektischen Logik einlösen, in ihren Ursprung zu münden.»[373] Über das hoffnungslos Utopische eines solchen Gedankens wird sich Adorno nicht getäuscht haben, während die Pläne für das deutsche Wirtschaftswunder schon in der Schublade warteten. Aufschlußreich ist aber die Selbstverständlichkeit, mit der die Vorstellung einer solchen Unmittelbarkeit unter den freien Himmel gedacht wird.

In dieser Utopie macht Adorno den technischen Fortschritt für die Katastrophen des 20. Jahrhunderts verantwortlich. Daher ist Gesellschaftskritik auf die Fundamentalvorstellung der Natur als Landschaft angewiesen. Dabei steht sie freilich in Gefahr, als Objektivität vorspiegelnde Kulturkritik an Ideologie zurückzufallen. Sie sieht sich «zum Rückgriff verhalten und beschwört jenes Ideal des Natürlichen, das selber ein Kernstück der bürgerlichen Ideologie bildet. Der transzendente Angriff auf die Kultur spricht regelmäßig die Sprache des falschen Ausbruchs, die des Naturburschen. Er verachtet den Geist: die geistigen Gebilde, die ja doch nur gemacht seien, nur das natürliche Leben überdecken sollen.»[374] Gleichwohl braucht die geistige Anstrengung, die Differenzen setzen will, den Gedanken der Naturerfahrung, die jedoch als unmittelbare allenfalls provokativ gedacht werden kann. Die Erfahrung der Landschaft ist in der entwickelten Kultur schon ihrem Begriffe nach vermittelt, bestimmtes ästhetisches und hermeneutisches Verhalten. Landschaftserleben aber wird dem kritisch Blickenden nie mehr unschuldig zuteil, Landschaft kann Adorno zufolge heute nur als Kulturlandschaft noch entziffert werden, und diese Entzifferung wird die Spuren des Leidens und der Gewalt nicht übersehen, wie sich in den Texten Paul Celans am radikalsten zeigt. Das Erdleben erscheint als ein Kampf- und Unterdrückungsgeschehen, aber gerade das verleiht der Landschaftsbetrachtung die korrektive Evidenz: «Solange der utilitaristisch verkrüppelte Fortschritt der Oberfläche der Erde Gewalt antut, läßt die Wahrnehmung trotz aller Beweise des Gegenteils nicht vollends sich ausreden, was diesseits des Trends liege und vor ihm, sei in seiner Zurückgebliebenheit humaner und besser.»[375] So ist in der Landschaft eine wie immer fragwürdige Unmittelbarkeit menschlichen Verhaltens zu entziffern, aber erst – und hier erscheint in Adornos ästhetischer Theorie die romantische Utopie ein weiteres Mal – einer «befreiten, zumal aller Nationalismen ledigen Menschheit vermöchte mit der Vergangenheit auch die Kulturlandschaft unschuldig zuteil werden».[376] Überraschenderweise bleibt auch bei Adorno der Gedanke der Landschaft noch an den des Nationalen gebunden, wenngleich nun endgültig negativ.

Wenn Adorno die amerikanische Landschaft liest, so mit den Augen des exilierten Deutschen, der darin die eigene Entbehrung und Fremdheit erkennt: «Der Mangel der amerikanischen Landschaft ist nicht sowohl, wie die romantische Illusion es möchte, die Absenz historischer Erinnerungen, als daß in ihr die Hand keine Spur hinterlassen hat. Das bezieht sich nicht bloß auf das Fehlen von Äckern, die ungerodeten und oft buschwerkhaft niedrigen Wälder, sondern vor allem auf die Straßen. Diese sind allemal unvermittelt in die Landschaft gesprengt, und je glatter und breiter sie gelungen sind, um so beziehungsloser und gewalttätiger steht ihre schimmernde Bahn gegen die allzu wild verwachsene Umgebung. Sie tragen keinen Ausdruck. Wie sie keine Geh- und Räderspuren kennen, keine weichen Fußwege an ihrem Rande entlang als Übergang zur Vegetation, keine Seitenpfade ins Tal hinunter, so entraten sie des Milden, Sänftigen, Uneckigen von Dingen, an denen Hände oder deren unmittelbare Werkzeuge das ihre getan haben. Es ist, als wäre niemand der Landschaft übers Haar gefahren. Sie ist ungetröstet und trostlos. Dem entspricht die Weise ihrer Wahrnehmung. Denn was das eilende Auge bloß im Auto gesehen hat, kann es nicht behalten, und es versinkt so spurlos, wie ihm selber die Spuren abgehen.»[377] Deutlicher kann die Entsprechung von Seelenstand und Landschaftswahrnehmung kaum hervortreten. Der exilierte Deutsche hat kein Organ für einen touristischen Blick, es steht ihm der Sinn nicht nach Unberührtheit und wilder Erhabenheit. Vielmehr möchte er eine menschlich tingierte Landschaft als symbolischen Raum der Erinnerung und der Selbstvergewisserung erleben, was ihm die fremde Umgebung verweigert. So sticht das Unähnliche als Mangel hervor, jene von Quine analysierte Erweckung von Erinnerungsspuren, der «Hedonismus der Vergangenheit», schlägt fehl, und es stellt sich ein Gefühl der Trostlosigkeit ein. Hinter dieser negativen Landschaft aber erscheinen wie immer blaß die Umrisse der mit den Augen der romantischen und nachromantischen Dichter gesehenen deutschen Kulturlandschaft mit ihren Hügel und Tälern, die «ein mildes befreundetes Verhältnis zur Natur» ermöglichen: «Geborgensein, heimliches Sich-Anschmiegen an Tal Fluß und Hügel und doch Sich-Fortsehnen in die schimmernde Ferne.»[378] Einer Ferne, die *in* der Landschaft zu erfahren wäre, nicht als leere Weite.

Auch in der Landschaftsbeschreibung, prägnant in der Metapher des Über-das-Haar-Fahrens, zeigt sich die Bedeutung des frühen Erlebens für die Naturerfahrung und der positive Bezug zur eigenen Kindheit, der in Adornos Werk immer wieder aufscheint. Die Sinnhaftigkeit, die Adorno als Kind in der behüteten Welt des Frankfurter Großbürgertums erfuhr, bleibt auch in der radikalen Negation unberührt und als Bild verbindlich. Um so mehr da, wo Adorno im Exil der vertrauten Umgebung entbehrt. Und so darf man sich hinter der negativen amerikanischen

Landschaft die lieblichen Täler und Hügel von Amorbach im Odenwald, die Sommerfrische der Wiesengrunds, vorstellen. Diese Bindung ans Heimatliche und Eigene hat Adorno im amerikanischen Exil vor Verkrümmungen bewahrt, ihm aber auch den wiederkehrenden Vorwurf der Arroganz und des Exzentrischen eingetragen. Die daraus resultierenden erheblichen Widerstände im amerikanischen Wissenschaftsbetrieb hat er aber so unbeirrt als negativ ins Auge gefaßt wie die amerikanische Landschaft. Derart bewährt sich das Bild der Landschaft als Medium symbolischen Selbstseins bis hinein in die biographischen Konstellationen. Daß die Lektüre der amerikanische Landschaft mit einem poetisch-widerständigen Hintersinn erfolgt, deutet Adorno von vornherein an, wenn er das kleine Stück «Paysage» betitelt. Das dürfte sich auf ein Gedicht Baudelaires beziehen, der ihn lebenslang, im amerikanischen Exil aber besonders durch die Arbeiten Walter Benjamins beschäftigt hat. Bei Baudelaire aber verschließt sich das lyrische Subjekt der abstoßenden Wirklichkeit des Zeitalters des Hochkapitalismus. Es wendet nicht die Stirn vom Schreibpult und erträumt, erschreibt sich die landschaftliche Idylle der Kindheit. In Walter Benjamins Übersetzung heißt es: «Dann wird in Küssen und im Vogellied | Der Geist der Kindheit sein der durch Idyllen zieht. | Mag gegen's Fensterglas sich ein Orkan verschwenden | Ich werde nicht die Stirn von meinem Pulte wenden.»

Die Kindheitserfahrung hat Adorno dann auch als wesentlichen Grund seiner Bindung an Deutschland beschrieben: «Ich wollte einfach dorthin zurück, wo ich meine Kindheit verbracht hatte, wodurch mein Spezifisches bis ins Innerste vermittelt war. Spüren mochte ich, daß, was man im Leben realisiert, wenig anderes ist als der Versuch, die Kindheit einzuholen.»[379] Diesen Hedonismus der Vergangenheit gestaltet Adorno reflektiert in seiner Landschaftstheorie, die gegen Hegel die enge Verklammerung von Kunst- und Naturschönem geltend macht. Wo dieser Hedonismus scheitert, wie in der Beschreibung der amerikanischen Landschaft, weist er nur um so deutlicher auf die Bindung an eine bestimmt vermittelte Erfahrung der deutschen Kulturlandschaft. Dem entspricht nicht zufällig Adornos Bindung an die deutsche Sprache, in der vor allem die Antwort auf die Frage «Was ist deutsch?» gefunden werden kann. Nur die deutsche Sprache ist nach Adorno in der Lage, «etwas an den Phänomenen auszudrücken, was in ihrem bloßen Sosein, ihrer Positivität und Gegebenheit nicht sich erschöpft». «Das Deutsche ist nicht bloß Signifikation fixierter Bedeutungen, sondern hat von der Kraft zum Ausdruck mehr festgehalten [...].»[380] So stand Adornos Rückkehr nach Deutschland trotz allen Unheils niemals in Frage. Alsbald wird er sich vom Empirismus vollständig abwenden und Forschung nur noch in jener «Tiefe» betreiben, wo nach Borchardts Sicht im Paradigma deutscher Geistesgröße die Grenze zwischen Wissenschaft und Dichtung verfließt.

Solche Tiefe wollte aber Adorno nicht als zu rühmende Kennzeichnung eines deutschen Nationalcharakters verstanden wissen, sondern als Unzufriedenheit mit «blind eingeschliffenen Vorstellungen».[381] Wagners Definition, deutsch sein heiße, eine Sache um ihrer selbst willen tun, weist Adorno nur in ihrer Selbstgerechtigkeit zurück. Widerstand gegen die Verdinglichung des Denkens sei der deutschen Sprache und dem deutschen Geist in seiner positiven Tradition in der Tat eigen, wenngleich nicht als Leistung, sondern vielmehr als Folge historischer Ungleichzeitigkeiten der Produktionsentwicklung. Schon das verbietet die Bestimmung von Tiefe als Bestandteil eines

Nationalcharakters. Als einzige emphatische Berufung auf deutsche Tradition will Adorno die auf Kant gelten lassen, damit auf den «Begriff der Autonomie, der Selbstverantwortung des vernünftigen Individuums anstelle jener blinden Abhängigkeiten, deren eine die unreflektierte Vormacht des Nationalen ist».[382]

So deutet Adorno auch die Landschaft trotz aller solcher Bindungsgefühle in der Distanz zur Stammes- und Nationalmythologie und zur Rede von Wesenheiten oder Determinanten. Die Instanz der erlebten Landschaft ist die individuelle ästhetische Erfahrung und die gestaltete Sprache. Die erscheinende Natur als Landschaft ist von vornherein Bild und als Projektionsraum nur der menschlichen Deutung zugänglich, nicht aber der realistischen Abbildung. Was Landschaft selber ist, kann schon gar nicht begriffen werden, solange sie als Antithese der Gesellschaft aufgefaßt werden muß. Eben das aber ist in der verdinglichenden Gesellschaft notwendig, weil nur Naturanschauung das Eingedenken eines herrschaftsfreien Zustands, das Innewerden dessen, was Rationalität versagt, ermöglicht, und zwar unabhängig davon, ob er je gewesen ist. Deshalb ist das authentische Kunstwerk auf Naturanschauung angewiesen, freilich in der Form eines unauflöslichen Widerspruchs in dem Versuch, mit menschlichen Mitteln dem Sprechen des Nichtmenschlichen zum Ausdruck zu verhelfen: «erscheinende Natur will Schweigen, während es jenen, der ihrer Erfahrung fähig ist, zum Worte drängt, das von der monadologischen Gefangenschaft für Augenblicke befreit.»[383] Und doch: «Was Natur vergebens möchte, vollbringen die Kunstwerke: sie schlagen die Augen auf.» Treu aber ist Kunst, wie Adorno mit Bezug nicht zufällig auf Rudolf Borchardt ausführt, «der erscheinenden Natur einzig, wo sie Landschaft vergegenwärtigt im Ausdruck ihrer eigenen Negativität […]».[384] In Herta Müllers unter der doppelt trennenden Erfahrung der rumänischen Diktatur und des Nationalismus der deutschen Minderheit entstandenen Texten wird sich das in unerhört radikaler Weise zeigen.[385]

Adornos Ästhetik des Augenblicks analysiert in Differenzierung der Thesen Borchardts, die Adorno ohne Berührungsangst vor dem konservativen Verfechter der Reichsidee aufgreift, das Verhältnis des Ästhetischen und des Rationalen in der Form des Widerspruchs bis hinein in die Bildlichkeit. Natur kann man gleichsam «nur blind sehen», unwillkürlich; ästhetische und hermeneutische Erfahrung aber bedarf auch «Willkür, Konzentration des Bewußtseins; der Widerspruch ist nicht fortzuschaffen.»[386] Die Sprache der Natur ist für den Menschen enigmatisch und ephemer, daher nur als Rätselhaftes und Flüchtiges in der Kunst darstellbar. Landschaftsdarstellung ist der Anschauungsfall für den menschlichen Willen, Nichtbegriffliches im Begriff zu bestimmen. Goethes «Wanderers Nachtlied» steht im diesem Zusammenhang für Adorno als unvergleichliches Beispiel authentischer Landschaftsdarstellung, weil hier das Unsagbare der Natur imitiert wird. Das Subjekt redet nur, um darin zu verstummen.[387] «Ist die Sprache der Natur stumm, so trachtet Kunst, das Stumme zum Sprechen zu bringen, dem Mißlingen exponiert durch den unaufhebbaren Widerspruch zwischen dieser Idee, die verzweifelte Anstrengung gebietet, und der, welcher die Anstrengung gilt, der eines schlechthin Unwillentlichen.»[388]

In solchem Widerspruch aber liegt gerade die unveränderte Faszination der Vorstellung von der Landschaft als aufscheinender und wieder vergehender Sprache und Schrift, die – in auffälliger Parallele zu Adornos Beschreibung der deutschen Sprache – immer mehr zu sagen scheint als zu begreifen ist. Im geglückten Fall schlägt, wie Adorno zufolge in Borchardts «Tagelied», das «Bild des Ältesten» um in «die Chiffre des noch nicht Seienden».[389] Analog würde ein visionärer Begriff von deutscher Tiefe des Denkens nicht ein Nationales, sondern den «Übergang zur Menschheit»[390] meinen. Hier fällt der entscheidende Augenblick der ästhetischen Erfahrung mit dem Umschlag des politischen Denkens zusammen, das eine andere Welt begehrt: für einen wie immer kurzen Moment erweist sich im Angesicht der Landschaft die Nichtigkeit der wahnhaften Veranstaltungen der verdinglichten Gesellschaft und weckt so die Erinnerungsspur der Freiheit in der Geborgenheit einer zugewandten Welt.

Schluß:
Landschaft als Totalitarismuskritik

Herta Müller

Herta Müllers banatschwäbische Dorfgeschichten der «Niederungen» erregten bei ihrem westdeutschen Erscheinen 1984 erhebliches Aufsehen. Was man da las, schien in seiner unverwechselbaren Eigentümlichkeit exotisch. Die Ausdrucksformen Herta Müllers schienen eng mit ihrer persönlichen Geschichte und landsmannschaftlichen Herkunft verbunden: mit ihrer Kindheit und Jugend als Tochter eines SS-Mannes im ländlich-faschistoiden Milieu der deutschen Minderheit in Rumänien, das sie als bedrückend erlebte, und vor allem mit ihren Erfahrungen unter der Ceauşescu-Diktatur. Spätestens seit ihrer im Westen spielenden Erzählung «Reisende auf einem Bein» (1989) ist aber deutlich geworden, daß Herta Müllers literarische Opposition gegen Zwangsverhältnisse bei aller Unverwechselbarkeit an tradierte Grundprobleme des deutschen Bewußtseins anknüpft, sich namentlich in der Tradition eines Blicks auf die Landschaft betrachten läßt, der auf Autonomiegewinn aus ist und der instrumentellen Vernunft den Gehorsam zu verweigern trachtet.

Nach ihrer Übersiedelung nach Westdeutschland war Herta Müller gezwungen, sich auf behördliches Ersuchen noch einmal Gedanken über ihr Deutschtum zu machen, was zu keinem anderen Ergebnis führen konnte, als daß sie sich als Deutsche und als Fremde zugleich zu begreifen hatte. Sie hat aber nicht versucht, diesen Widerspruch aufzulösen und daher «die kritische Einschlägigkeit, mit welcher *den* Deutschen nach dem Muster des Faschismus Eigenschaften bescheinigt werden»,[391] zurückgewiesen. Diese selbst Ideologie gewordene kritische Einstellung nehme die Prädestinierung des Einzelnen zum Volkscharakter so ernst wie der Nationalsozialismus selbst. Dagegen hat sie versucht, Deutschsein als Chance zum Autonomiegewinn zu begreifen. Dies setzt voraus, daß man lernt, zugleich dazuzugehören und nicht dazuzugehören, Deutsch zu sein, aber nicht so zu sein, wie es die besessenen kritischen wie konformistischen Muster haben wollen. Dazu gehört der Mut, Ich zu sagen: «Es ärgert mich, daß *sie*, die sich nichts vorzuwerfen haben, ausweichen auf andere Länder, daß *sie* so leise sind und sich als Deutsche selber nicht nennen.»[392] So ist auch in dieser Frage Herta Müllers Weigerung präsent, das Einzelne dem Ganzen unterzuordnen. Sie hat eben dies als eine Grunderfahrung ihres Lebens im Spannungsfeld der zwei Totalitarismen dieses Jahrhunderts beschrieben: «Meine Einzelheiten hatten keine Gültigkeit, sie waren nicht ein Teil, sondern ein Feind des Ganzen. Wer wie ich damit anfing, in Einzelheiten zu leben, brachte das Ganze nie zusammen.»[393] So wird auch bei Herta Müller die Kategorie des Ganzen, die die literarische Naturerfahrung immer wieder beschäftigt hatte, mit totalitärer Ideologie in Verbindung gebracht.

Die Vorstellung, daß die Dinge im Prozeß der Vernunft zu falscher Identität zusammengezwungen werden, wurde im Hinblick auf die literarische Darstellung der Landschaft da brisant, wo sich der Gedanke, daß die Herrschaft über die Natur mit Entfremdung von ihr bezahlt werden muß, als individuelle Textvorstellung ausprägt, wo sich das Buch der Schöpfung in der Opposition gegen die Nachahmungsforderung der Aufklärungspoetik als entstellter Text darstellt, der vom Dichter allererst neu zusammengesetzt werden muß. Diese Idee, die den romantischen Begriff von der Einbildungskraft des Dichters entscheidend beeinflussen sollte, hatte Johann Georg Hamann 1762 ins Zentrum seiner Ästhetik gesetzt.[394] Bereits Hamanns Kritik des aufklärerischen Naturbegriffs war Herrschaftskritik, die sein Herausgeber Josef Nadler zunehmend verschwieg, als Aufmerksamkeit für das Einzelne unterdrücken wollte. Der widerständige Blick Herta Müllers nimmt in der Landschaft wieder die Spuren der Macht wie die Angst und den Konformismus der Unterdrückten wahr. Der erscheinenden Natur aber ist in der Diktatur zu mißtrauen. Für den Diktator wurden Herta Müller zufolge in Rumänien die Blüten des Klatschmohns aus den Weizenfeldern entfernt, weil sie ihn angeblich nervös machten, und die gelben Blätter der Linden mit grüner Farbe behandelt. «Was bleibt da noch Natur, wenn solches geschieht. Selbst die Landschaften werden zu Ländereien, die der Macht Schönheit bieten oder vortäuschen. Auch wenn hie und da vor den Füßen ein Stückchen liegt, das vom Staat noch nicht besetzt ist, traut man ihm nicht.»[395] So fehlt bereits in den Erinnerungen an die Landschaft der Kindheit jeder idyllische Zug der Naturdarstellung. Eine aufgelöste und zerschnittene Landschaft korrespondiert dem Schlachthaus des totalitären Staates.

Herta Müllers Aufmerksamkeit für die Phänomenologie von Bruch und Riß leitet sich aus der Erfahrung der Ortlosigkeit her, die sie jedoch von der emotionalen Interpretation und bewertenden Begriffen des Exils oder der Heimat freigehalten sehen will. «Zu Orten kann man nicht gehören. Man kann im Stein, im Holz, egal, wie es sich fügt, doch nicht zu Hause sein – weil man nicht aus Stein und Holz besteht. Wenn das ein Unglück ist, dann ist Fremdsein Unglück. Sonst nicht», schreibt Herta Müller in ihren Poetik-Vorlesungen «Der Teufel sitzt im Spiegel» (1991). Vermutlich aber ist es das wahre Unglück, daß Dinge und Menschen zusammengezwungen werden sollen. Es ist die leidenschaftslose, sich von aller Ganzheitssentimentalität und -ideologie befreiende Konkretheit der dargestellten Fremderfahrung im Trennungsblick, die die Besonderheit von Herta Müllers negativer Topographie ausmacht. So hat Herta Müllers eigentümliches Bekenntnis zum Deutschtum und zur deutschen Sprache sie in krassen Gegensatz zur landsmannschaftlichen Heimatideologie gebracht.

Jeder Ort ist für Herta Müller ein Ensemble von Einzelheiten: «An jedem Ort, an dem wir etwas tun, gibt es unzählige kleinste Orte, aus denen sich das, was wir Ort nennen, zusammenfügt. Alles, was größer als der Augapfel ist, besteht aus nicht zusammengehörenden einzelnen Dingen.» Im Text wird ein solcher analytischer Blick seiner selbst ansichtig, Schreiben ist selbst ein Trennungsvorgang in umfassender Dimension, der den Text der gedeuteten Welt zerschneiden muß, um verborgene Sinndimensionen freizulegen. Destruktion und Konstruktion, Abtötung und Belebung des Textkörpers sind gleichrangige Momente der Erzeugung des Wahrnehmungsprozesses: «Beim Schreiben, will man dieses Hintereinander und all die Brüche fassen, muß man das, was sich im Fort-Schreiben des Gedankens zusammenfügt, zerreißen.» Wie schon bei Böhme und tragisch bei Heinrich von Kleist erscheint bei Herta Müller die Sehnsucht nach einer materiellen und körperlichen Wahrheit jenseits der Abstraktionen der gedeuteten Welt, die über die Konkretheit der Erfahrung je hinaus sind: «Manchmal wünsch ich mir, daß sich alles, was ich tu, auf die Maße des Körperteils beschränkt, mit dem ich es tu.» Wie Kleist weiß sie um «die gebrechliche Einrichtung der Welt»; diese Einsicht aber wird bei ihr zur klaglos, wenngleich nicht kritiklos akzeptierten Voraussetzung und Konsequenz des Schreibens in der Moderne. Kontinuität als Vorstellung von Zusammengehörigem, von Teilen, die sich suchen, wird nur durch die Wahrnehmung des Risses hindurch möglich. Bei Herta Müller hat sich jener romantische Glaube an eine ursprüngliche Integrität des Texts der Natur längst verloren. So entsteht die eigentümliche Poesie ihrer Dorfgeschichten nicht aus der verklärenden Erinnerung an einen idyllischen Zustand, sondern aus einer als schmerzhaft und körperlich vorgestellten Durchdringung des Gedächtnisses: «Und in der Nacht muß ich wie im Schlaf das mitgebrachte Land in dichten und genauen Bildern durch den Körper treiben.»

Die historische und zugleich von aktuellster Erfahrung tingierte ästhetische und politische Konzeption Herta Müllers opponiert gegen falsche Kontinuitäts- und Ganzheitsvorstellungen. Der Enteignung der Sinnlichkeit, auf die jede instrumentelle Herrschaft abzielt, kann nicht mit Wunschträumen von Unmittelbarkeit begegnet werden; deren Vorspiegelung liegt vielmehr im Interesse der Machterhaltung. Landschaft kann nur als zerschlagen, gebrochen und zerschnitten wahrgenommen werden. Nur in den Zwischenräumen, letztlich im Trennungsverfahren selbst, verbirgt sich unintegrierbar das Wahrheitsversprechen, der Gedanke eines Unerzwungenen, der aber als ortlos und unwirklich erkannt wird.

In Herta Müllers erstem Roman «Der Fuchs war immer schon der Jäger» (1992) zeigt sich umfassend die Einheit von ästhetischem und ideologiekritischem Verfahren. Er eröffnet unvermittelt mit einem mikroskopierenden Blick auf die Erde: «Die Ameise trägt eine tote Fliege. Die Ameise sieht den Weg nicht und kriecht zurück. Adina zieht den Ellenbogen ein, sie will der Fliege den Weg nicht versperren. Neben Adinas Knie glänzt ein Teerklumpen, er kocht in der Sonne. Sie tupft mit dem Finger darauf, hinter der Hand zieht sich ein Teerfaden, erstarrt in der Luft und bricht.»[396] Von vornherein nimmt Adina Symbole des Todes, der Erstarrung, des Bruchs und des Risses wahr. Die Wahrnehmung des Zerschnittenen und das Zerschneiden bestimmen bis in die kleinste Zelle des Textes hinein inhaltlich wie formal die Struktur des Erzählens. Die Sätze stehen in harter Fügung zueinander. Zwischen ihnen werden die Risse wahrnehmbar, die Bilder der Natur und des Gesellschaftlichen spiegeln sich dabei ineinander. Kurze Zeit später erst erfährt man in filmischer Technik, daß die Szene auf dem Dach eines Wohnblocks spielt. Erst von hier öffnet sich der Blick in die Landschaft. Er verschafft aber keine Befriedung. In Adinas Bewußtsein erscheinen die Elemente der Landschaft selbst als ein Zerschneidendes. «Die Decke liegt auf dem Dach des Wohnblocks, um das Dach stehen Pappeln. Sie sind höher als alle Dächer der Stadt, sind grünbehängt, sie tragen keine einzelnen Blätter, nur Laub. Sie rascheln nicht, sie rauschen. Das Laub steht senkrecht an den Pappeln wie die Äste, man sieht das Holz nicht. Und wo nichts mehr hinreicht, zerschneiden die Pappeln die heiße Luft, die Pappeln sind grüne Messer.»[397] In der undeutlichen Sprache der Natur nimmt Adina nur Symbole der Überwachung und Bedrohung wahr. Sie wird im Verlauf des Romans vor allem als Bedrohung der freien Rede konkret und im Körper sinnlich wahrnehmbar. «Wenn Adina die Pappeln zu lange ansieht, drehen sie die Messer von einer Seite zur anderen im Hals.»

Im Zentrum der Bildwelt des Romans liegt ein Fuchsfell; tote Natur, die als Zerschnittenes zu einem beängstigenden Leben und zur symbolische Rede erwacht: «Unter Adinas Schuhspitze schiebt sich der Fuchsschwanz vom Fell weg. Dann der erste, der zweite, der dritte Fuß. | Dann der vierte. | Adina schiebt den Schwanz mit den Fingerspitzen ans Fell. Dann den rechten Hinterfuß, dann den linken, den rechten Vorderfuß, und den linken. Das ist die Reihenfolge, sagt sie.»[398] Das bezeichnet symbolisch die Darstellungsstrategie des Romans, der selbst zerschneidend im Zerschnittenen das Wesen des Totalitären entziffert. Die filmische Technik des Schnitts wird virtuos als Darstellungsmittel eingesetzt und mit einem Mehrfachsinn versehen. Wo Dinge und Menschen zu falscher Identität zusammengezwungen werden sollen, senkt sich die Angst als Schnitt in alle Verhältnisse, und nur eine selbst trennende Wahrnehmung kann sie darstellen. Der zerschnittene Fuchs ist im Kopf und in den Gefühlen. Nähe ist Täuschung, Gefühle sind verdinglicht. Nur in der Negation kann Wahrheit sein, aber kein Sinn und kein Ort.

Am Ende lockt nur die Nähe der Grenze, ohne daß man sich eine Topographie vorstellen könnte. Negation, Nichtmitmachen ist die einzige Hoffnung.

Das antitotalitäre Engagement Herta Müllers ist durch ihr ästhetisches Verfahren der Entstellung, durch ihre spezifische Schnittechnik, so weit entfernt von sogenannter biographischer Aufarbeitung wie von der wie immer gut gemeinten aufklärerischen Zuversicht, man müsse dem Menschen nur die Furcht nehmen, um ihn glücklich und friedlich zu machen. Daß die Angst in der Gesellschaft schlimmere Folgen zeitigen sollte als die Furcht vor der Natur, haben die Romantiker dunkel geahnt, die Flucht zurück in die kirchliche Bindung oder in eine machtgeschützte Innerlichkeit war die Folge enttäuschten Veränderungswillens. Später sollte die Identifikation mit dem Nationalen helfen. Bei Herta Müller ist die Flucht in die Natur, wie sie den Dichtern deutscher Innerlichkeit als symbolischer Ausweg erschien, versperrt, denn in ihr entziffert sich nur, was ihr selbst und den Menschen angetan wurde. Ebensowenig hilft die nationale Identifikation, die Herta Müller von früh an als einen Zwang empfunden hat, der die Angst nicht löst, sondern verdoppelt. Sich gleichwohl als deutsch zu begreifen ist eine Sache «des anderen Diskurses des Alleinseins» und entbindet gerade nicht von der Verpflichtung, eine Einzelne zu sein und sich den falschen Ganzheiten zu verweigern.

Vor dem Auge der Macht hilft kein Wegsehen, und so gestaltet Herta Müller den «wachsamen Blick» als eine symbolische Form des Standhaltens der Überwachung gegenüber. Herta Müllers zweiter Roman «Herztier» (1994) setzt eindringlicher als alle Texte zuvor eine befremdliche Topographie ins Bild, eine geschriebene Landschaft, die im Verlauf der Geschichte jedoch immer deutlicher lesbar wird. Das Bild der Urlandschaft des Paradieses bestimmte die Anstrengungen der Romantiker; in der Reflexion auf dessen Verlust wurde es als Park und Garten, als von menschlicher Schöpferkraft belebte Landschaft zu einem zentralen romantischen Motiv, dem noch bei Hofmannsthal, Borchardt und George Integrations- und Heilungskraft zugeschrieben wurde. Herta Müller aber weiß mit Kleist, daß das Paradies von vorn verriegelt ist, ob es von hinten noch offen ist, steht bei ihr dahin.[399] Die Struktur des Romans wird jedenfalls von lauter unhintergehbar beschädigten Paradiesen bestimmt. Da ist der Garten der Kindheit, in dem sich der Nazi-Vater sein schlechtes Gewissen abhackt. Er zeigt keine Welt wiederzuerlangender ganzheitlicher Erfahrung wie bei den Romantikern, sondern gerade eine noch in der Enge zerteilte Welt, die auf niemanden gewartet hat. In ihm bildet sich das Gefängnis der Diktatur im kleinen ab. In der Erinnerung der Erzählerin wünschte sich das Kind einst, daß die dummen Pflanzen vor der Hacke fliehen und überleben. Die Austreibung aus diesem Paradies wäre keine Strafe, aber an Flucht ist nicht zu denken. Da ist der Sommergarten der Bodega, in dem niemand ein Gast ist, in dem «das Proletariat der Blechschafe und Holzmelonen» die Angst mit Schnaps betäubt. Aber diese Art der Flucht führt nur um so tiefer in den dumpfen Zwangszusammenhang. Da ist der immer wieder aufgesuchte struppige Park vor dem Haus mit den vierzig Vierecken, in denen die Studenten hausen: ein Garten Eden, in dem alle Wünsche längst verdorrt sind. Er erscheint als Mikrokosmos des im Zwangssystem erstarrten Glücksverlangens, das der emphatischen Idee der Bildung als einer Befreiung von der Tyrannei der Natur ehedem zugrunde lag. Die Diktatur ist wie in den «Niederungen» auch in «Herztier» noch ein Dorf, denn «alles ist klein, wenn es bewacht wird». Die Verbindung der unidyllischen Kindheitserinnerungen aus dem Banatschwäbischen mit der zerteilten Erfahrung der Freunde in der Gegenwart des totalitären Staats Rumänien ist so bereits im Räumlichen hergestellt. Auch bei Herta Müller setzt sich, wie schon bei Eichendorff, alles in Raumerlebnisse um.

Nur ein verwilderter Garten ähnelt der romantischen Gestaltung: dort sind die verbotenen Bücher aus Deutschland versteckt, eine andere lesbare Wahrnehmung führt ein geheimes Dasein, das der falschen Wirklichkeit der verordneten Texte Paroli bieten könnte. Er steht als Bild jener anderen deutschen Tradition, die auf Autonomie, auf das mündige Subjekt setzt. Das Lesen deutscher Bücher erscheint hier als Einübung in den Widerstand, Entwicklung von abweichenden Deutungen. So steht das Deutsche für die Verheißung eines Anderen. Aus den Büchern dieser Tradition lernt die Erzählerin vor allem den Unterschied zwischen Kinderbettsprache, Staatssprache und Muttersprache. «Wo man anders denken und schreiben kann», denkt die Erzählerin, «da kann man auch anders gehen.» So gewöhnt sie sich das Streunen und Straßenlaufen an, das Lesen in der Stadtlandschaft und in den Gesichtern. So kann sie mit ihrem landschaftlich geschulten Blick bald die Gegend erkennen, aus der jemand kommt. Menschen, Bücher und Bäume werden in der Metaphorik der Blätter miteinander in Zusammenhang gebracht. Anderslesen und Neusehen wird analytische Topographie, in der virtuell die Dinge wie die Menschen aus der falschen Identität geschnitten werden, zu der sie zusammengezwungen worden sind. In der Landschaft kommen bei Herta Müller die Gewaltspuren zur Sprache.

Auch die Personen werden in diesem Blick lesbar wie Landschaften. Das Gesicht des konformistischen Opfers pervertierter Verhältnisse liest die Erzählerin als Gegend: «Lola kam aus dem Süden des Landes, und man sah ihr die armgebliebene Gegend an. Ich weiß nicht wo, vielleicht an den Knochen der Wangen, oder um den Mund, oder mitten in den Augen. Sowas ist schwer zu sagen, von einer Gegend so schwer wie von einem Gesicht. Jede Gegend im Land war armgeblieben, auch in jedem Gesicht. Doch Lolas Gegend, und wie man sie an den Knochen der Wangen, oder um den Mund, oder mitten in den Augen sah, war vielleicht ärmer.»[400] Noch die Kratzer an ihren Beinen, die vom Geäst des struppigen Parks herrühren, wo Lola mit fremden Männern schläft, werden im entziffernden Blick der Erzählerin zur Schrift, in der Mangel und Entfremdung lesbar werden.

Im Krieg hat der Vater der Erzählerin als SS-Mann «Friedhöfe gemacht», dann der Frau ein Kind. Die Friedhöfe werden bei ihm keine Worte, die Vergangenheit ist hinter dem Riegel des Kehlkopfs eingesperrt. Diese Landschaft spricht nicht. Die Todeslandschaft als Friedhof ist ein Leitmotiv des Romans. Sein Anblick fordert noch schärferes Sehen: «Als Edgar und ich den Friedhof verließen, wehten die Bäume. Der Himmel drückte auf ihre krummen Zweige. Erfrorene Fresien und Tulpen standen auf den Gräbern wie auf Tischen. An den Baumstämmen hätten Türklinken sein müssen. Blind wie ich war, wie damals im Wald, sah ich sie nicht.»[401] Der Friedhof und das überwachte Zimmer spiegeln sich ineinander. Dem Geheimdienst stehen alle Türen offen, und er macht, wie die SS, Friedhöfe auch an Orten, die er nicht betritt; Friedhöfe auch in Köpfen.

Die andere zentrale Metapher des Textes deutet die Spiegelung von Landschaft und Bewußtsein als Sprache: «Das Gras steht im Kopf. Wenn wir reden, wird es gemäht.

Auch wenn wir schweigen. Und das zweite, dritte Gras wächst nach wie es will.»[402] Tereza, die heikle Freundin, die später nach Deutschland kommt, um die Erzählerin auszuspionieren, erscheint als Textkörper: in dem, was an ihr lesbar ist. Die Wunden, die Beschädigungen der Menschen kann man, sowenig wie die Gewaltspur in der Natur, für sich lieben; und «ob die Liebe nachwächst, wie das gemähte Gras», das steht dahin. Die Liebe zu den Menschen wie zur Natur aber überlebt gerade da, wo sie sich der harmonisierenden Darstellung und der Sentimentalität des Freundschaftlichen verweigert. «Terzas Tod tat mir so weh, als hätte ich zwei Köpfe, die zusammenspringen. In dem einen lag die gemähte Liebe, im anderen der Haß. Ich wollte, daß die Liebe nachwächst. Sie wuchs wie Gras und Stroh durcheinander und wurde die kälteste Beteuerung in meiner Stirn.»[403]

Für Herta Müller ist nicht anders als für Adorno die deutsche Sprache ortloses, immaterielles Exil. Die Behausungsversprechen nationaler Stereotypen widerlegen sich in der Begrifflichkeit. So führt die Ausreise der Mutter der Erzählerin ins «Mutterland» nur in Müdigkeit und Orientierungslosigkeit, ein falsches Eigenes wird mit einem falschen Fremden vertauscht, das nur behauptet, ein Eigenes zu sein. Die Sprache ist kein Ort, sondern immaterielle Bewegung, die niemals ins Gewisse führt. Aber noch in den radikalsten Bildern entfremdeter Landschaft bleibt der Glücksanspruch des Subjekts anwesend, wie er sich mit dem Motiv der Einholung der Kindheitserfahrung immer wieder verschränkt. Bei Herta Müller aber erscheint dieser Anspruch als betrogener. Das Trennverfahren der Erzählerin löst wie schon in «Niederungen» die Begrifflichkeit der Kinderbettsprache aus dem Kontext und transformiert sie zu Symbolen von umfassend verweisender Mehrdeutigkeit. Zuletzt wird die Kinderbettsprache erzählerisch an ihren Ursprung zurückgegeben und verwandelt sich gerade dadurch noch einmal. «Ruh dein Herztier aus», sagt die Erzählerin zur Großmutter, von der sie das Wort gelernt hat. Zeit ist es nun, sich auf eine andere Tradition zu besinnen, Heimat gibt es nicht mehr. «Zu Hause ist dort, wo du bist», schreibt die Erzählerin an die Mutter in Deutschland. «Was zu Hause ist, das kannst du nicht wissen», antwortet diese.[404]

Herta Müllers Werk zeigt die widerständige Produktivkraft der literarischen Landschaftsgestaltung, resümiert ein mehrere Jahrhunderte wirksames Paradigma der deutschen Literatur und Ästhetik, in dem sich die Frage nach der Landschaft immer wieder mit der nach den Bedingungen einer Mündigkeit des Subjekts verknüpft. Bei aller Einsicht in die Beschädigung des Subjekts und das Fortwirken totalitären Denkens gibt Herta Müller nichts endgültig verloren. Sie ermutigt so zur Anknüpfung an eine deutsche Tradition, die sich sowohl der kritischen Verdinglichung wie den konformistischen Stereotypen verweigert. Der wache Blick ins Freie erscheint als Widerstand gegen die funktionalistische Naturbeherrschung von Machtsystemen, die den Menschen in Angst halten, während sie ihm das Glück versprechen.

Anmerkungen

Einleitung: Die Lesbarkeit der Landschaft

1 Rudolf Borchardt, Der Deutsche in der Landschaft, Verlag der Bremer Presse 1927, S. 487.
2 op. cit., S. 488.
3 op. cit., S. 488.
4 op. cit., S. 496.
5 Joachim Ritter, Landschaft. Zur Funktion des Ästhetischen in der modernen Gesellschaft; in: ders., Subjektivität, Frankfurt am Main 1974, S. 154. Zu weiteren historischen und systematischen Aspekten des Landschaftsproblems: Manfred Smuda (Hg.), Landschaft, Frankfurt am Main 1986. Darin bes. die fundamentalästhetische Beschreibung des Landschaftsproblems von Werner Flach, S. 11 ff. Friedrich Achleitner, Die Ware Landschaft, Salzburg 1977. Hartmut Böhme, Natur und Subjekt, Frankfurt am Main 1988. Werner Busch (Hg.), Landschaftsmalerei, Berlin 1997.
6 Walter Benjamin, Gesammelte Schriften, Bd. III: Kritiken und Rezensionen, Frankfurt am Main 1972, S. 93.
7 op. cit., S. 93.
8 op. cit., S. 94.
9 Leo Balet u. E. Gerhard, Die Verbürgerlichung der deutschen Kunst, Literatur und Musik im 18. Jahrhundert, Straßburg u. a. 1936.
10 Wolf Lepenies, Melancholie und Gesellschaft, Frankfurt am Main 1969, S. 99 ff.
11 op. cit., S. 100.
12 op. cit., S. 103.
13 vgl. z. B. Arbeitsstelle 18. Jh., Park und Garten im 18. Jahr-

hundert, Heidelberg 1978. Zum Verhältnis von Literatur und Landschaftstheorie v. a.: Norbert Miller, Die beseelte Natur. Der literarische Garten und die Theorie der Landschaft nach 1800; in: Helmut Pfotenhauer (Hg.), Kunstliteratur als Italienerfahrung, Tübingen 1991, S. 112ff.

14 Borchardt, op. cit., S. 494.

15 zit. nach der neuen vermehrten Auflage, Bd. III, Leipzig 1793, S. 145ff.

16 Hans Blumenberg, Die Lesbarkeit der Welt, Frankfurt am Main, 1981, S. 10.

17 vgl. Benjamin, op. cit., S. 93–94.

18 Blumenberg, op. cit., S. 199.

19 Willard Van Orman Quine, Die Wurzeln der Referenz, Frankfurt am Main 1989. Quine bezeichnet denn auch seine Ausführungen als «psychogenetische Spekulation».

20 op. cit., S. 189.

21 op. cit., S. 15.

22 op. cit., S. 9.

23 op. cit., S. 46.

24 op. cit., S. 47.

25 op. cit., S. 42.

26 vgl. z.B. Arnold Gehlens Ausarbeitung Herderscher Ideen in: Der Mensch. Seine Natur und seine Stellung in der Welt, Frankfurt am Main 1995, S. 31ff.

27 Richard Alewyn, Eine Landschaft Eichendorffs; u. a. in: ders., Probleme und Gestalten, Frankfurt am Main 1974, S. 203ff. Darin auch: Eichendorffs Symbolismus, S. 232ff.

28 op. cit., S. 239.

29 op. cit., S. 223.

30 op. cit., S. 224.

31 vgl. Elisabeth Décultot, Christian Helmreich (Hg.), Le Paysage en France et en Allemagne autour de 1800, Paris 1997. (Revue Germanique Internationale, Bd. 7).

[32] Freilich sollten aus dem deutschtümelnden Geraune z. B. eines Paul Hankamer (Jacob Böhme. Gestalt und Gestaltung, Bonn 1924; Neudruck, Hildesheim 1960) keine Suggestionen entstehen.

[33] vgl. neuerdings: Gernot Böhme u. Hartmut Böhme, Feuer, Wasser, Erde, Luft. Eine Kulturgeschichte der Elemente, München 1996, S. 28ff.

[34] Blumenberg, op. cit., S. 38.

[35] Hans Blumenberg, Säkularisierung und Selbstbehauptung, Frankfurt am Main 1974, S. 157.

[36] Ritter, op. cit., S. 146.

[37] Theodor W. Adorno, Ästhetische Theorie; in: Gesammelte Schriften, Bd. VII, Frankfurt am Main 1970, S. 102.

[38] vgl. Blumenberg, Lesbarkeit, op. cit., S. 58ff.

[39] op. cit., S. 65.

[40] Abraham von Franckenberg, Ausführlicher Bericht von Jacob Böhmes Leben, 1651; in: Jacob Böhme, Sämtliche Schriften, Bd. X, Stuttgart 1961, S. 4.

[41] op. cit., S. 11.

[42] Jacob Böhme, Aurora oder Morgenröthe im Aufgang; in: Sämtliche Schriften, Bd. I, Stuttgart 1955 (Faksimile-Neudruck der Ausgabe von 1730), S. 251.

[43] Böhme, Bd. VI, 1957.

[44] op. cit., S. 7.

[45] op. cit., S. 4.

[46] Georg Wilhelm Friedrich Hegel, Vorlesungen über die Geschichte der Philosophie III; in: Werke, Bd. XX, Frankfurt am Main 1986, S. 118.

[47] Will-Erich Peuckert, Einleitung zu Böhme, op. cit., Bd. I, S. 7.

[48] Böhme, Bd. VI, S. 95ff.

[49] op. cit., S. 7.

[50] vgl. vor allem op. cit., S. 112f.

[51] op. cit., S. 7.

[52] Hegel, op. cit., S. 118.

Natur als Bild und Text

53 Oswald Bayer, Zeitgenosse im Widerspruch. Johann Georg Hamann als radikaler Aufklärer, München 1988.

54 Johann Georg Hamann, Aesthetica in nuce; in: Schriften, Zweiter Band / 1758–1763, Historisch-Kritische Ausgabe von Josef Nadler, Wien 1950, S. 210.

55 Reinhart Koselleck, Kritik und Krise, Frankfurt am Main 1971.

56 Josef Nadler, Hamann, Kant, Goethe; in: Deutscher Geist und Deutscher Osten, München, Berlin 1937, S. 107.

57 op. cit., S. 113.

58 op. cit., S. 115.

59 vgl. das Kapitel zu Nadler.

60 Nadler, Bd. II, S. 101.

61 op. cit., S. 104.

62 Hamann, op. cit., S. 197.

63 op. cit., S. 198.

64 op. cit., S. 208.

65 op. cit., S. 206.

66 op. cit., S. 211.

67 op. cit., S. 199.

Der sinnliche Mensch und Leser

68 Johann Gottfried Herder, Ideen zur Philosophie der Geschichte der Menschheit, Martin Bollacher (Hg.); in: Werke in zehn Bänden, Bd. VI, Frankfurt am Main 1989, S. 336f.

69 op. cit., S. 342.

70 op. cit., S. 344.

71 op. cit., S. 350.

72 op. cit., S. 351.

73 op. cit., S. 352.

74 op. cit., S. 166ff.

75 vgl. op. cit., S. 168f.

76 vgl. op. cit., S. 173f.

77 op. cit., S. 181.

78 Herder, Abhandlung über den Ursprung der Sprache [1772], Wolfgang Pross (Hg.), München, o. J.

79 Herder, Ideen, op. cit., S. 145.

80 Dieter Henrich, Selbsterhaltung und Geschichtlichkeit; in: Geschichte – Ereignis und Erzählung (Poetik und Hermeneutik V), München 1973, S. 461.

81 Blumenberg, Lesbarkeit, op. cit., S. 178.

82 vgl. op. cit., S. 178f.

83 9. Sammlung, 113. Brief; in: Herders Werke, Heinrich Düntzer (Hg.), Berlin, o. J., Bd. XIII, S. 545.

84 op. cit., S. 545.

85 op. cit., S. 553.

Naturerfahrung und Autonomie

86 Blumenberg, Lesbarkeit, op. cit., S. 190

87 op. cit., S. 196.

88 Immanuel Kant, Kritik der Urteilskraft, Wilhelm Weischedel (Hg.), Frankfurt am Main 1977, S. 293.

89 op. cit., S. 294.

90 Julien Offray de la Mettrie hatte sein aufsehenerregendes Werk «L'homme machine» 1748 vorgelegt. Vgl. auch die kommentierte, zweisprachige Ausgabe von Claudia Becker, Hamburg 1990.

Landschaft und unglückliches Bewußtsein

91 Karl Philipp Moritz, Anton Reiser. Ein psychologischer Roman, Frankfurt am Main 1981, S.96.

92 op. cit., S. 97.

93 op. cit., S. 97.

94 Sulzer, Landschaft, op. cit., S. 147.

95 Moritz, op. cit., S. 99.

96 op. cit., S. 231.
97 op. cit., S. 233.
98 op. cit., S. 237.
99 op. cit., S. 244.
100 op. cit., S. 245.
101 Heinrich Heine, Schriften über Deutschland, Frankfurt am Main 1968, S. 112.
102 Hugo von Hofmannsthal, Reden und Aufsätze III, Frankfurt am Main 1980, S. 37.

Waldeinsamkeit

103 Ludwig Tieck, Werke in vier Bänden, Bd. II, München 1964, S. 9.
104 op. cit., S. 9.
105 op. cit., S. 11–12.
106 op. cit., S. 13.
107 op. cit., S. 14.
108 op. cit., S. 16.
109 op. cit., S. 17–18.
110 op. cit., S. 26.

Individualismus und Naturerfahrung

111 Arnold Hauser, Sozialgeschichte der Kunst und Literatur, München 1972, S. 575–576.
112 Leserbrief in der Frankfurter Allgemeinen Zeitung vom 24.2.1997.
113 Friedrich Schlegel, Kritische Ausgabe. Philosophische Vorlesungen. Erster Teil, Paderborn 1964, S. 344.
114 op. cit., S. 345.
115 op. cit., S. 347.
116 op. cit., S. 347.
117 op. cit., S. 368.
118 op. cit., S. 368.

[119] op. cit., S. 375.
[120] vgl. op. cit., S. 417 f.
[121] vgl. op. cit., S. 431.
[122] op. cit., S. 446.
[123] vgl. op. cit., S. 450.
[124] op. cit., S. 468.
[125] op. cit., S. 473–474.
[126] Blumenberg, Lesbarkeit, op. cit., S. 268.
[127] Friedrich Wilhelm Joseph Schelling, Über das Verhältnis der bildenden Künste zu der Natur, Hamburg 1983, S. 43.
[128] op. cit., S. 43.
[129] op. cit., S. 44.
[130] Heinrich Heine, Die romantische Schule; in: Werke, Bd. IV: Schriften über Deutschland, Frankfurt am Main 1968, S. 237.
[131] op. cit., S. 238.
[132] op. cit., S. 233.
[133] vgl. op. cit., S. 34f.
[134] Borchardt, op. cit., S. 494.
[135] Theodor W. Adorno, Die Wunde Heine; in: Noten zur Literatur I, Frankfurt am Main 1958, S. 151 f.

Die Chiffernschrift der Natur

[136] Novalis, Schriften, Bd. I, Stuttgart 1960, S. 95 f.
[137] op. cit., S. 94.
[138] Friedrich Gundolf, Shakespeare und der deutsche Geist, München 1959, S. 290.
[139] Novalis, op. cit., Bd. I, S. 101.
[140] op. cit., S. 89.
[141] op. cit., S. 108.
[142] Rupert Sheldrake, Die Wiedergeburt der Natur, Bern, München, Wien 1991.
[143] Böhme u. Böhme, op. cit., S. 310. Vgl. James Lovelock, Gaia. A New Look at Life on Earth, Oxford 1979.
[144] vgl. Novalis, op. cit., S. 192.

145 op. cit., S. 329.
146 op. cit., S. 205.
147 op. cit., S. 350.

Die Landschaft der Kindheit und das Ganze

148 Thomas Mann, Doktor Faustus. Das Leben des deutschen Tonsetzers Adrian Leverkühn erzählt von einem Freunde, Gütersloh o. J., S. 120.
149 Friedhelm Kemp, Nachwort zu Clemens Brentano; in: Brentano, Werke, München 1968, S. 1318.
150 Godwi oder Das steinerne Bild der Mutter, Bremen 1801.
151 op. cit., S. 218–222.
152 op. cit., S. 260–268.
153 Hans Magnus Enzensberger, Brentanos Poetik, München 1964.
154 vgl. Winfried Hümpfner, Clemens Brentanos Glaubwürdigkeit in seinen Emmerick-Aufzeichnungen. Untersuchung über die Brentano-Emmerick-Frage unter erstmaliger Benutzung der Tagebücher Brentanos, Würzburg 1923.
155 Walter Benjamin, Das Kunstwerk im Zeitalter seiner technischen Reproduzierbarkeit, Frankfurt am Main 1970, S. 48.
156 Mann, op. cit., S. 184.
157 op. cit., S. 187.
158 op. cit., S.186.
159 op. cit., S.187.

Landschaft und Selbstbefreiung

160 vgl. das Kapitel zu Nadler.
161 Wilhelm Michel, Das Leben Friedrich Hölderlins, Frankfurt am Main 1967.
162 vgl. Stefan Breuer, Ästhetischer Fundamentalismus. Stefan George und der deutsche Antimodernismus, Darmstadt 1996.
163 Maximen und Reflexionen, Nr. 1031.
164 Pierre Bertaux, Hölderlin und die Französische Revolution,

Frankfurt am Main 1970, S. 178, wo er gegen allzu komplizierte Deutungen Hölderlins polemisiert.

165 op. cit., S. 124.

166 Friedrich Hölderlin, Werke und Briefe, Bd. II, Frankfurt am Main 1969, S. 641.

167 op. cit., S. 641.

168 op. cit., S. 643.

169 vgl. Bertaux, op. cit., S.125.

170 Hölderlin, op. cit., S. 646.

171 vgl. Bertaux, op. cit., S. 180f.

Der Held vor der Landschaft

172 Zum kunstheoretischen Kontext vgl.: Jörg Traeger, «... als ob einem die Augenlider weggeschnitten wären.» Bildtheoretische Betrachtungen zu einer Metapher von Kleist; in: Kleist-Jahrbuch 1980, S. 86–106. Vgl auch: Christian Begemann. Brentano und Kleist vor Friedrichs «Mönch am Meer», Aspekte eines Umbruchs in der Geschichte der Wahrnehmung; in: Deutsche Vierteljahrsschrift für Literaturwissenschaft und Geistesgeschichte 64, 1990, S. 54–95.

173 Produktionsästhetisch gewendet findet sich dieser Gedanke später bei C.D. Friedrich: «Schließe dein leibliches Auge, damit du mit dem geistigen Auge zuerst sehest dein Bild. Dann fördere zu Tage, was du im Dunkeln gesehen, daß es zurückwirke auf Andere, von Außen nach Innen.» Friedrichs «Äußerungen bei Betrachtung einer Sammlung von Gemälden ...» fanden sich im Nachlaß und wurden zum ersten Mal von C. G. Carus im Morgenblatt für gebildete Stände, Kunstblatt Nr. 87, 1840 mitgeteilt.

174 Rosemarie Puschmann, Heinrich von Kleists Cäcilien-Erzählung. Kunst- und literarhistorische Recherchen, Bielefeld 1988.

175 vgl. R. Puschmann, op. cit. An der Kontroverse um das Bild, die durch den heftigen Angriff Basilius von Ramdohrs (Über ein zum Altarblatt bestimmtes Gemälde von Herrn Friedrich in Dresden, und über Landschaftsmalerei, Allegorie und My-

stizismus überhaupt; in: Zeitschrift für die elegante Welt, 1809) war auch der «Phöbus» beteiligt.

176 vgl. hinsichtlich der Dichtung: Christian Moser, Verfehlte Gefühle: Wissen, Begehren und die Aporien mimetischer Repräsentation bei Kleist und Rousseau, Würzburg 1993: «Die Kluft zwischen Körper und Bild, zwischen Wirklichkeit und Vorstellung, wirft ein fundamentales ästhetisches Problem auf. Wenn die Wirklichkeit eine Wirklichkeit der Körper und der in materieller Dichte zuhandenen Gegenstände, die Dichtung jedoch eine Sphäre der Bilder ist, die dem Körperlichen inkommensurabel erscheint, was kann die Dichtung dann anders vermitteln als sich selbst?»

Der Schauer der Landschaft

177 Mario Praz, Liebe Tod und Teufel, München 1970, S.20.

178 Norbert Miller, Strawberry Hill. Horace Walpole und die Ästhetik der schönen Unregelmäßigkeit, München 1986, S. 392.

179 Ernst Theodor Amadeus Hoffmann, Sämtliche Werke in sechs Bänden, München 1961–81, Bd. IV, S. 768. Zum Stellenwert von Hoffmanns Rosa-Rezeption im Zusammenhang seines Konzepts der phantastischen Belebung von Bildern vgl.: Bernard Dieterle, Erzählte Bilder. Zum narrativen Umgang mit Gemälden, Marburg 1988, S. 56ff. Zur Beziehung auf den Schauerroman vgl. ebda S. 58.

180 Hoffmann, op. cit., Bd. III, S. 55.

181 Goethe, Berliner Ausgabe, Bd. 18, S. 361 (Foreign Quarterly Review, Juli 1827).

182 E.T.A. Hoffmann, Sämtliche Werke in sechs Bänden, hg. v. Hartmut Steinecke (Frankfurter Ausgabe), Bd. III, S. 127.

183 op. cit., S. 129.

184 op. cit., S. 130.

185 op. cit., S. 131.

186 op. cit., S. 131.

187 op. cit., Bd. II/2, S. 57–58.

188 Annette von Droste-Hülshoff, Sämtliche Werke, München 1978, S. 267.
189 op. cit., S.267–268.
190 op. cit., S. 271.
191 Peter von Matt, Verkommene Söhne, mißratene Töchter. Familiendesaster in der Literatur, München und Wien 1995.
192 op. cit., S. 272.
193 Droste-Hülshoff, op. cit., Bd. I, S. 240.
194 Zum Zusammenhang von Feuersymbolik und Landschaftsdarstellung vgl.: Silvia Bonati-Richner, Der Feuermensch. Studien über das Verhältnis von Mensch und Landschaft in den erzählenden Werken der Annette von Droste-Hülshoff, Bern 1972.
195 Droste-Hülshoff, op. cit., Bd. II, S. 271.
196 op. cit., S. 272.
197 op. cit., S. 276.
198 op. cit., S. 281.
199 op. cit., S. 281.
200 op. cit., S. 282.
201 op. cit., S. 286.
202 op. cit., S. 287–288.
203 op. cit., S. 288.
204 op. cit., S. 289.
205 op. cit., S. 292.
206 op. cit., S. 289.
207 vgl. op. cit., S. 292.
208 op. cit., S. 313.
209 von Matt, op. cit., S. 225.
210 op. cit., S. 228.
211 vgl. op. cit., S. 229f.
212 Angelika Jakob, Muß wandeln ohne Leuchte. Annette von Droste-Hülshoff – eine poetische Biographie, Paderborn 1994, S. 27.

Natur und bürgerliche Anpassung

213 Borchardt, op. cit., S. 101 ff.
214 Jutta Müller-Tamm, Kunst als Gipfel der Wissenschaft. Ästhetische und wissenschaftliche Weltaneignung bei Carl Gustav Carus, Berlin, New York 1995.
215 op. cit., S. 22.
216 vgl. op. cit., S. 167.
217 Carl Gustav Carus, Denkwürdigkeiten aus Europa, Darmstadt 1963, S. 194.
218 vgl. Müller-Tamm, op. cit., S. 211.
219 Carus, Neun Briefe über Landschaftsmalerei, Leipzig 1835, S. 118.
220 Carus, Natur und Idee oder das Werdende und sein Gesetz, Wien 1861, S. 28.
221 op. cit., S. 46.
222 vgl. op. cit., S. 170f.
223 op. cit., S. 193.
224 op. cit., S. 47; vgl. auch S. 454f.
225 op. cit., S. 456.
226 op. cit., S. 273.
227 Carus, Neun Briefe, op. cit., S. 41.
228 op. cit., S. 31.
229 op. cit., S. 33.
230 op. cit., S. 55.
231 op. cit., S. 91.
232 Carus, Denkwürdigkeiten, op. cit., S. 306–307.
233 op. cit., S. 294.
234 op. cit., S. 318.
235 vgl. op. cit., S. 301.
236 op. cit., S. 362.

Effis Weg ins Freie

237 Fontanes Werke, Bd. IV, Effi Briest, Berlin, Weimar 1991, S. 266–267.

[238] op. cit., S. 267.
[239] op. cit., S. 305.
[240] op. cit., S. 308–309.
[241] op. cit., S. 309.

Landschaft und Erlebnis

[242] Wilhelm Dilthey, Das Erlebnis und die Dichtung, Göttingen 1970, S. 243.
[243] Wilhelm Dilthey, Der Aufbau der geschichtlichen Welt in den Geisteswissenschaften, Frankfurt am Main 1970, S. 269.
[244] op. cit., S. 267.
[245] Dilthey, Erlebnis, op. cit., S. 343f.
[246] vgl. Einleitung.
[247] Dilthey, Erlebnis, op. cit., S. 245.
[248] op. cit., S. 307.
[249] op. cit., S. 316.

Nach der Lese

[250] Theodor W. Adorno, Prismen. Kulturkritik und Gesellschaft, Frankfurt am Main 1977, S. 212.

Landschaft und deutsche Sendung

[251] Hugo von Hofmannsthal, Erzählungen. Erfundene Gespräche und Briefe. Reisen, Frankfurt am Main 1979, S. 497.
[252] Michael Worbs, Nervenkunst. Literatur und Psychoanalyse im Wien der Jahrhundertwende, Frankfurt am Main 1983.
[253] Hofmannsthal, op. cit., Prosa II, S. 40.
[254] Novalis, Schriften, op. cit., Bd. II, S. 419.
[255] Hofmannsthal, op. cit., Erzählungen, S. 498.
[256] op. cit., S. 499.
[257] op. cit., S. 501.

[258] op. cit., S. 502.
[259] Hermann Nitsch, Zur Theorie des Orgien Mysterien Theaters, Salzburg 1995.
[260] Hofmannsthal, op. cit., Erzählungen, S. 503.
[261] op. cit., S. 507.
[262] Hofmannsthal, op. cit., Prosa III, S. 24.
[263] op. cit., S. 26.
[264] op. cit., S. 30.
[265] op. cit., S. 31.
[266] Hofmannsthal hatte sich nämlich mit Borchardt verschworen, durch Einwirkung vor allem auf Karl Vossler, den damaligen Rektor der Münchener Universität, dem die Rede auch gewidmet ist, Nadler auf einen Lehrstuhl in München zu bringen. Vgl. Ernst Osterkamp, «Verschmelzung der kritischen und der dichterischen Sphäre». Das Engagement deutscher Dichter im Konflikt um die Muncker-Nachfolge 1926/27 und seine wissenschaftsgeschichtliche Bedeutung; in: Jahrbuch der deutschen Schillergesellschaft 33, 1989.
[267] Hofmannsthal, op. cit., Prosa III, S. 32.
[268] op. cit., S. 33.
[269] op. cit., S. 35.
[270] op. cit., S. 36.
[271] op. cit., S. 38.
[272] op. cit., S. 40.
[273] op. cit., S. 41.
[274] Ernst Robert Curtius, Kritische Essays zur europäischen Literatur, Bern 1950, S. 161 ff.
[275] op. cit., S. 164.
[276] Stuttgart, Berlin 1932.
[277] Hofmannsthal, op. cit., Prosa III, S. 23.

Der Deutsche in der Landschaft

[278] Rudolf Borchardt, Reden, Stuttgart, o.J., S. 68–69.
[279] op. cit., S. 69.
[280] Theodor.W. Adorno, Die beschworene Sprache. Zur Lyrik

Rudolf Borchardts; in: Noten zur Literatur IV, Frankfurt am Main 1976, S. 64.

281 op. cit., S. 74.

282 Rudolf Borchardt, Pisa und seine Landschaft; in: Helmut Heissenbüttel (Hg.), Rudolf Borchardt, Stuttgart 1968, S. 133.

283 op. cit., S. 133–134.

284 op. cit., S. 160.

285 Susanne Hofmann, Bildung und Sehnsucht. Untersuchungen zum Mittelalterbild Rudolf Borchardts, Paderborn 1995, S. 244.

286 Rudolf Borchardt, Die Entdeckung Amerikas: Die Poesie von Edna St. Vincent Millay, in: op. cit., S. 166.

287 Ebenso stellen sich jedoch im Motiv einer unterirdischen Verbindung der alten und der neuen Welt Anklänge an den Arethusa-Mythos ein.

288 op. cit., S. 167.

289 op. cit., S. 172.

290 op. cit., S. 172.

291 op. cit., S. 173.

292 op. cit., S. 183.

293 op. cit., S. 189.

294 op. cit., S. 183.

295 op. cit., S. 192.

296 op. cit., S. 193.

297 op. cit., S. 194.

298 Swinburne deutsch. Besorgt von Rudolf Borchardt, Berlin 1919.

Am deutschen Schicksalsstrom

299 Leo Sternberg (Hg.), Der ewige Strom. Rheinische Erzählungen, Dortmund 1921, S. 5.

300 op. cit., S. 7.

301 op. cit., S. 11.

302 Jahrgang 4, Heft 2, Juli 1925, S. 152.

303 Sternberg, op. cit., S. 139f.

304 op. cit., S. 140.
305 vgl. Franz Janssen, Bewahrendes und progressives Wertebewußtsein. Der rheinische Feuilletonist und Erzähler Otto Brües, Phil. Diss., Düsseldorf 1992.
306 Otto Brües, Gedichte, Berlin 1926, S. 227.
307 Eva Brües, Zwischen Rhein und Maas war ich jung. Der Schriftsteller Otto Brües (1897–1967), Krefeld 1997, S. 52.
308 Nadler, s. u., Bd. IV, S. 289.
309 op. cit., S. 314.
310 op. cit., S. 332.
311 op. cit., S. 315 f.
312 Janssen, op. cit., S. 287.

Deutscher Stamm, deutsche Landschaft

313 Sie erschien nun unter dem neuen Titel: Josef Nadler, Literaturgeschichte des Deutschen Volkes. Dichtung und Schrifttum der deutschen Stämme und Landschaften. Zweiter Band: Geist, Berlin 1938; Vierter Band: Reich, Berlin 1941.
314 Nadler, op. cit., Bd. II, S. 3.
315 op. cit., S. 2.
316 op. cit., S. 515.
317 op. cit., S. 517.
318 op. cit., S. 3.
319 op. cit., S. 3.
320 Vgl. die entsprechenden Kapitel.
321 Nadler, op. cit., Bd. II, S. 632.
322 op. cit., S. 637.
323 op. cit., S. 639.
324 Joachim Fest, Staatsstreich. Der lange Weg zum 20. Juli, Berlin 1994, S. 23.
325 In: Josef Nadler, Deutscher Geist / Deutscher Osten. Zehn Reden, München, Berlin, 1937.
326 op. cit., S. 191.
327 op. cit., S. 192.
328 op. cit., S. 198.

329 op. cit., S. 202.
330 op. cit., S. 205.
331 op. cit., S. 172.
332 Nadler, Literaturgeschichte, op. cit., Bd. IV, S. 5.
333 op. cit., S. 6.
334 op. cit., S. 213.
335 op. cit., S. 213.
336 op. cit., S. 578. Schlußzitat aus Hans Grimms «Die Olewagen Saga», mit welchem Werk Nadler die Vereinigung des niederdeutschen Volkes in Europa und Afrika fordert.

Landschaft und Ordnung

337 Neue Zürcher Zeitung vom 20. Dezember 1966. Mit den Reaktionen dokumentiert in: Sprache im Technischen Zeitalter 22 und 26, 1967 und 1968.
338 Neue Schweizer Rundschau, H. 3, 1933, S. 157–168.
339 op. cit., S. 165.
340 Peter Szondi, Briefe, Frankfurt am Main 1993.
341 Emil Staiger, Die Zeit als Einbildungskraft des Dichters. Untersuchungen zu Gedichten von Brentano, Goethe und Keller, Zürich 1953.
342 op. cit., S. 45–47.
343 op. cit., S. 46.
344 op. cit., S. 47.
345 op. cit., S. 47.
346 op. cit., S. 48.
347 op. cit., S. 63.
348 op. cit., S. 64
349 op. cit., S. 70.
350 op. cit., S. 89.
351 op. cit., S. 215.
352 Emil Staiger, Friedrich Schiller, Zürich 1967, S. 423.
353 Szondi, Briefe, op. cit., S. 226.
354 op. cit., S. 228.

Deutschtum und Landschaft

355 Thomas Mann, Doktor Faustus, op. cit., S. 17.
356 op. cit., S. 21.
357 Johann Georg Hamann, Des Ritters von Rosencreuz letzte Willensmeynung über den göttlichen und menschlichen Ursprung der Sprache; in: Schriften zur Sprache, Frankfurt am Main 1967, S. 144.
358 Friedrich Schlegel, Kritische Ausgabe, op. cit., Bd. IX, S. 30.
359 Mann, op. cit., S. 21.
360 vgl. Kant, Briefwechsel, Akademie-Ausgabe, Bd. X, S. 28.
361 Mann, op. cit., S. 23.
362 op. cit., S. 27.
363 op. cit., S. 28.
364 Daniel Goldhagen, Hitlers willige Vollstrecker, Berlin 1996.
365 Mann, op. cit., S. 120
366 op. cit., S. 120.
367 op. cit., S. 121.
368 vgl. op. cit., S. 121–122.
369 op. cit., S. 123.
370 op. cit., S. 128.
371 op. cit., S. 129.
372 op. cit., S. 513.

Der kritische Leser der Landschaft

373 Theodor W. Adorno, Minima Moralia, Frankfurt am Main 1974, S. 208.
374 Theodor W. Adorno, Kulturkritik und Gesellschaft; in: Prismen. Kulturkritik und Gesellschaft, Frankfurt am Main 1955, S. 23.
375 Theodor W. Adorno, Ästhetische Theorie, op. cit., S. 102.
376 op. cit., S. 102.
377 Adorno, Minima Moralia, op. cit., S. 54f.
378 Dilthey, Erlebnis, op. cit., S. 244.

379 Theodor W. Adorno, Antwort auf die Frage: Was ist deutsch; in: Gesammelte Schriften, Bd. X/2, S. 697.

380 op. cit., S. 700.

381 op. cit., S. 701.

382 op. cit., S. 692.

383 Adorno, Ästhetische Theorie, op. cit., S. 108.

384 op. cit., S. 106.

385 Vgl. das Schlußkapitel.

386 Adorno, Ästhetische Theorie, op. cit., S. 109.

387 vgl. op. cit., S. 114.

388 op. cit., S. 121.

389 op. cit., S. 115.

390 Adorno, Antwort auf die Frage: Was ist deutsch, op. cit., S. 701.

Schluß: Landschaft als Totalitarismuskritik

391 Herta Müller, Hunger und Seide. Essays, Reinbek bei Hamburg 1995, S. 26.

392 op. cit., S. 38.

393 op. cit., S. 59.

394 vgl. das Kapitel: Natur als Bild.

395 Müller, Hunger und Seide, op. cit., S. 11.

396 Herta Müller, Der Fuchs war immer schon der Jäger, Reinbek bei Hamburg 1992, S. 7.

397 op. cit., S. 9.

398 op. cit., S. 275–276.

399 vgl. op. cit., S. 14.

400 Herta Müller, Herztier, Reinbek bei Hamburg 1994, S. 9.

401 op. cit., S. 248.

402 op. cit., S. 8.

403 op. cit., S. 250.

404 op. cit., S. 245.